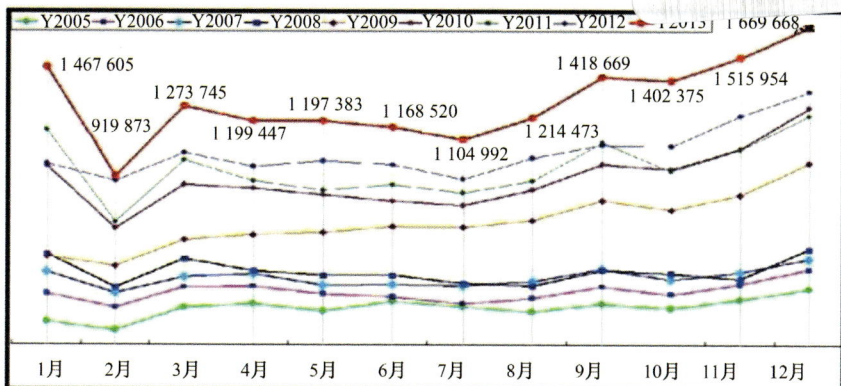

图 1.8　2005—2013 年我国汽车销量走势图

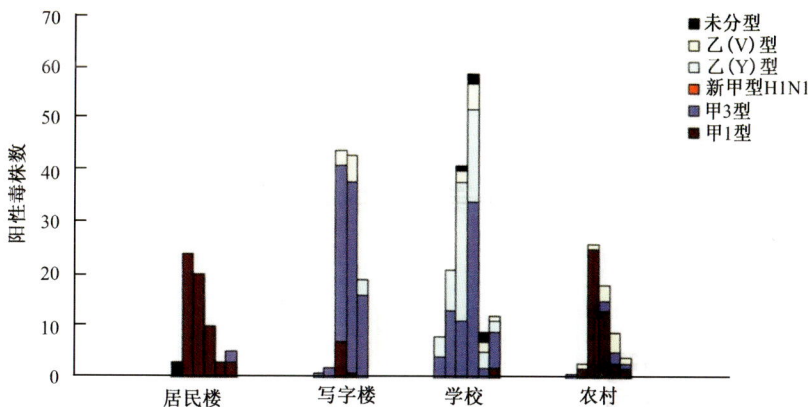

图 2.7　流感病毒在不同地区的存活密度（春季）

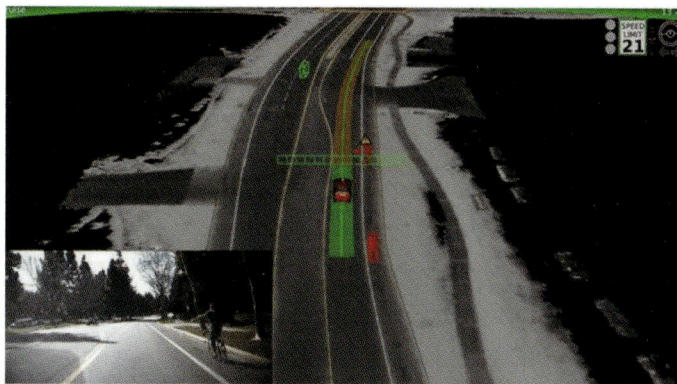

图 4.4　谷歌自动驾驶汽车模拟图

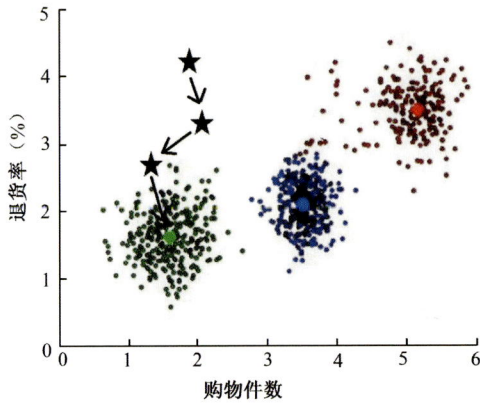

图 4.7　顾客退货率与购物件数的聚类图

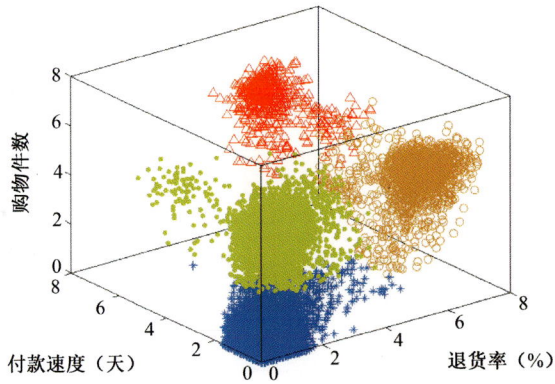

图 4.8　退货率、购物件数、付款速度的三维聚类图

图 7.5　购物篮分析结果示意图

数据挖掘
你必须知道的 32 个经典案例
（第 2 版）

任昱衡　姜　斌　李倩星　米晓飞　著

电子工业出版社

Publishing House of Electronics Industry

北京·BEIJING

内 容 简 介

本书是为广大数据分析师量身定制的入门读物，它旨在帮助读者站在大数据时代的制高点。数据分析处于统计学、计算机信息科学、运筹学、数据库等多个领域的交叉地带，大数据时代的到来大大丰富了数据分析的内涵，数据分析师的职责与以往相比发生了巨大的改变。

本书全面介绍了经典数据分析、模式识别、机器学习、深度学习、数据挖掘、商务智能等多个领域的数据分析算法，将大数据时代的数据分析热点技术一网打尽。本书为每个数据分析算法都搭配了一个经典案例，并按照由易到难的原则构建知识框架，充分照顾了不同水平读者的阅读习惯。

通过阅读本书，读者将对大数据时代下的数据分析有一个全面的认识。无论是入门级的数据分析员还是有一定基础的数据分析师，都能通过本书完善、加深对数据分析的认识。

图书在版编目（CIP）数据

数据挖掘：你必须知道的 32 个经典案例 / 任昱衡等著. —2 版. —北京：电子工业出版社，2018.10
ISBN 978-7-121-35112-9

Ⅰ. ①数… Ⅱ. ①任… Ⅲ. ①商业信息—数据采集—案例 Ⅳ. ①F713.51

中国版本图书馆 CIP 数据核字（2018）第 220125 号

策划编辑：李　冰
责任编辑：朱雨萌
印　　刷：北京虎彩文化传播有限公司
装　　订：北京虎彩文化传播有限公司
出版发行：电子工业出版社
　　　　　北京市海淀区万寿路 173 信箱　邮编　100036
开　　本：720×1 000　1/16　印张：18　字数：230 千字　彩插：1
版　　次：2016 年 1 月第 1 版
　　　　　2018 年 10 月第 2 版
印　　次：2024 年 12 月第19次印刷
定　　价：59.00 元

凡所购买电子工业出版社图书有缺损问题，请向购买书店调换。若书店售缺，请与本社发行部联系，联系及邮购电话：(010) 88254888，88258888。
质量投诉请发邮件至 zlts@phei.com.cn，盗版侵权举报请发邮件至 dbqq@phei.com.cn。
本书咨询联系方式：(010) 88254750。

前　言

自 2015 年以来,"大数据时代"已成为最热门的名词之一。大数据在企业决策中扮演着越来越重要的角色,各个行业都不约而同地提出了大数据的口号,与大数据相关的新名词、新产品不断涌现,"统计分析和数据挖掘"跻身最受欢迎的求职技能行列,数据分析师的薪酬待遇也远远超过平均薪资水平。与数据分析技能之火爆相对应的是数据分析人才的缺失。麦肯锡公司的研究报告表明,截至 2018 年,全球面临 150 万数据分析人才方面的缺口。这意味着,有 150 万的其他行业从业人员将有可能把握住机会,转型为令人艳羡的数据分析师。

全面的数据改革迫在眉睫,但如何真正落实大数据的应用,仍然是一个富于争议的话题。数据分析行业内部面临着相同的困境,在大数据时代,新的数据分析方法层出不穷,原有的数据分析方法也在不断完善,这些都导致数据分析师这一工作发生了令人措手不及的变化。为了帮助新的从业人员尽快熟悉数据分析这一工作,以及帮助原有的数据分析师尽快完成转型,本书精心选择了 32 个流行的数据分析算法,并佐以案例,供大家了解大数据时代下数据分析行业的最新动态。

本书特色

1. 条理清晰,内容翔实,全面介绍了大数据时代下的数据分析算法体系

数据分析处于统计学、人工智能、模式识别、机器学习等多个领域的交叉处。本书分为 8 章，每章都有独立的主题，涵盖了数据分析所涉及的大部分学科。同时，本书不同章之间存在紧密的关联，揭示了不同学科之间的异同，以及它们是如何丰富数据分析的内涵并影响数据分析学科发展的轨迹的。通过阅读本书，读者将站在制高点，一览大数据时代下不同数据分析算法是如何彼此关联而构成完整体系的。

2. 语言通俗易懂，内容由易到难，适合各层次的读者学习

本书语言诙谐有趣，对每个数学公式都不厌其烦地举例讲解，即使毫无高等数学基础的读者也能够读懂本书所讲解的内容。同时，本书严格按照由易到难的学习规律编写，从较为简单的经典数据分析方法写起，逐渐过渡到较为晦涩的模式识别、机器学习等内容，通过阅读本书，读者将从一个"数据分析小白"迅速进阶为基础扎实、能独当一面的数据分析师。本书的内容涵盖了每个算法的原理、公式、适用场景和优缺点。无论是数据分析菜鸟，还是有一定经验的数据分析师，本书都能够帮助你拓展、加深对数据分析的认识。

3. 案例丰富精彩，应用贴近实际，满足读者的多重需求

本书为每个算法都配备了一个精心选择（兼顾时效性）的商业案例，这些案例横跨十几个行业，将大数据时代为人称道的经典案例一网打尽，满足了读者的三大需求：首先，结合案例能将算法讲解得更加清楚，加深读者对算法的认识；其次，这些案例展示了数据分析在各行各业的最新应用，读者能够通过它们切实感受到数据分析的魅力，激发读者学习数据分析的热情；最后，这些案例涉及多个领域，不仅能够迎合从事不同领域工作的读者的口味，也能够让读者了解数据分析在不同领域的现状，从而帮助读者选择进一步深入学习的方向。

第 2 版说明

第 2 版在第 1 版的基础上，对每章的综述部分内容进行了扩充，增加了诸如现实进展、应用初窥、算法类型介绍、技术发展历程等内容。以便读者能够更加充分地了解这些算法及其落地应用的前世今生，清晰地把握算法是如何提出的、如何迭代的，以及如何应用在解决实际问题当中。此外，为了保证本书的时效性，第 2 版还修正和补充了一些新的案例和数据，添加了 2015—2018 年数据挖掘/数据分析领域中的一些新的进展和新的成果。这些努力的目的都是力图使本书变得更加丰富和形象化，引起读者对数据挖掘和数据分析相关方面的兴趣。此外，鉴于作者水平有限，可能存在谬误之处，希望您在阅读本书之时，带有一些批判的眼光，给予指正和批评。

本书内容及体系结构

第 1 章　经典的探索性数据分析案例

本章介绍了 4 种最基本的数据分析方法，分别是数据收集、数据可视化、异常值分析和对比分析。通过学习这 4 种数据分析方法，读者将对数据分析师的工作内容有一个初步的了解，使读者能够完成初级的数据分析任务。

第 2 章　经典的相关分析与回归分析案例

本章的主题是相关分析和回归分析。这两种分析方法经典、古老而有效，至今仍被广泛应用。其中，相关分析能够为回归分析做准备，回归分析又从侧面验证了相关分析结果的正确性。本章涉及 1 种最常见的相关分析方法和 3 种最常见的回归分析方法，通过阅读本章，读者将获得解决小数据样本下的一大类数据分析问题的能力。

第 3 章　经典的降维数据分析案例

本章介绍了粗糙集算法、因子分析、最优尺度分析、PCA 降维算法等 4 种降维算法。本章是小数据分析和大数据分析交界的一章，这 4 种降维算法既可以为小数据分析服务，也可以为大数据分析服务。本章展示了降维分析与相关分析、回归分析的关联，加深了读者对小数据分析的理解，并为读者打开了大数据分析的大门。

第 4 章　经典的模式识别案例

本章感兴趣的问题是模式识别问题。模式识别算法研究的是如何让机器像人一样认识世界，它运用了较多的数学知识，并借助编程方法来实现。图像分析、遗传算法、决策树、K 均值是本章关心的主题，本章选取了与数据分析关系最密切的案例，旨在使读者了解模式识别与数据分析的区别与联系。

第 5 章　经典的机器学习案例

本章关心的内容是机器学习，机器学习学科致力于让机器拥有和人类一样的思考能力。通过阅读本章的语义搜索、顺序分析、文本分析、协同过滤 4 个算法，读者将发现机器学习更多的是从机器的角度来思考问题，这要求读者拥有更深入的编程思维方式，以便于更好地实现机器学习算法。

第 6 章　经典的深度学习案例

本章是对上一章的延伸，介绍了支持向量机、两种神经网络和 RBM 算法。深度学习是一个很大的命题，本章仅选取了与数据分析最相关的部分。另外，除向读者介绍 4 种深度学习算法以外，还向读者指明了机器学习未来的发展方向，这将同样影响到数据分析未来的发展。

第 7 章　经典的数据挖掘案例

本章介绍了判别分析、购物篮分析、马尔可夫链、AdaBoost 元 4 种算法，实质上是对以上 6 章的查漏补缺。大数据时代加速了各个学科的融合，数据科学家借鉴了不同学科知识后创造出的数据分析算法也就具有了多种学科的特质。本章将这些"混血"算法集合起来，向读者展示了数据分析最多变的一面。

第 8 章　经典的商业智能分析案例

本章是对数据分析的升华和总结，在真正的数据分析项目中，数据分析师总是会运用多种数据分析方法来构建模型，本章所介绍的案例就是这样运用多种方法构建模型的例子。同时，本章还进一步辨析了数据分析和数据挖掘的异同，并隐含了作者对所有读者的寄语，读完本章后，读者就能对大数据时代下的数据分析有一个全面深入的认识了。

本书读者对象

- 刚刚入行的数据分析人员；

- 统计学、管理学、金融学、计算机技术与科学等专业的学生；

- 想要提高数据分析能力的数据分析师；

- 希望转行做数据分析的从业人员；

- 想要增加对数据分析的了解的主管人员；

- 其他对数据分析感兴趣的读者。

目 录

· · · · · · · ·

目　录
Contents >>>

XI

第 1 章

经典的探索性数据分析案例

数据的筛选、重组、结构化、预处理等都属于探索性数据分析的范畴，探索性数据分析是帮助数据分析师掌握数据结构的重要工具，也是奠定后续工作的成功的基石。本章选取了 4 个经典案例，从 4 个角度展示了探索性数据分析是怎样工作的。通过对本章的学习，读者将掌握基本的数据分析方法。

1.1　探索性数据分析综述

当一个数据分析任务放在我们面前的时候，一般需要先对数据进行一些简单的统计和结构的梳理等操作。千万不要小看这些看似简单的操作，数据分析师们发现，在大部分的实际应用中，预先进行数据探索是项目成功的必要条件。通过阅读本节，读者将会对数据收集和预处理等方法有基本的理解。

1.1.1　什么是探索性数据分析

正如学习英语要从 A、B、C、D 开始一样，我们学习数据分析也要从数据的收集和预处理开始。有一些急于求成的人认为数据的收集和预处理很简单，没有什么技术含量，马马虎虎看一下就好了，重点还是应该放在后续的数据分析算法上。这种看法是非常肤浅的，在数据分析项目中，数据的收集和预处理往往占据整个项目工作量的十之八九，正是这些简单的工作决定了整个项目的成败。

举个例子,当我们对一份数据进行回归分析,发现吸烟越多得癌症的概率就越小时,我想正常人的反应都是返回检查数据是否出错了,而不是欣喜若狂地赶快去医学杂志发表论文。再比如,当我们分析一份数据时,发现甲二苯甘酸越多胞嘧啶就越少时,请问大家能一眼判断出这个结果是否具有发表论文的价值呢?对于欠缺相关专业知识的人来说,只有首先进行探索性数据分析,才能准确理解分析结果的意义。这就是为什么我们需要进行探索性数据分析的原因。

从广泛意义上讲,探索性数据分析主要包括数据的预处理和数据的探索性分析。其中数据的预处理是指对数据进行清洗、转化、重组和筛选,而数据的探索性分析则包括基本的五数总括、数据分布等,简单的相关分析和方差分析等,也都属于数据的探索性分析的范畴。通常情况下,我们不认为探索性数据分析包含数据的收集,但篇幅所限,本书将数据的收集也归入探索性数据分析这一章。

数据的收集是整个数据分析项目的原点,没有收集来的数据,什么数据分析技术都是纸上谈兵。对于一小部分较为常见的问题,比如预测市政府的财政收入,预测未来某一时间的天气数据等问题,都可以从相关的公开网站下载相关的数据包。但对于大部分商家根据自身情况提出的特定问题来说,则需要专门设计收集数据的方法,一个巧妙的方法可以节约成千上万的资金。本章要介绍的红牛营销案例就是一个经典的例子。

在真实生活中,收集的数据往往是不能直接用来进行高级数据分析的,这是因为原始数据中会包含许多残缺值和错误值,比如将一个人的身高记录为 17.5 米,这显然是一个录入出错的值,数据预处理就是要将原始数据中的残缺值和错误值一一剔除,只留下有意义的数据。除此之外,也并不是所有的数据变量都适合进行数据分析,因此数据预处理还要承担起挑选有价值的数据变量的任务。

简单的探索性数据分析主要用于研究数据的分布结构。研究一个数据变量的极大值、极小值、中位数各是什么，数据呈正态分布还是偏态分布是十分重要的。例如，回归分析就要求分析变量具有正态分布的特征。探索性数据分析可以使数据分析师直观掌握数据的各项特征，这一点将帮助数据分析师在后续分析中选择更合适的数据分析技术。

总的来说，数据的收集、预处理和简单分析考验了数据分析师的细心、耐心和观察力。正是这些基本功将好的数据分析师和坏的数据分析师区分开来，这些工作就好比建房子时的基石，只有花力气细致地做好这些工作，才能在数据中挖掘有价值的信息。

1.1.2　如何收集数据

探索性数据分析展开的重要一步就是数据源的获取，对于比较特殊的没有数据源的任务，我们应该如何搜集有效数据呢？答案就是网络爬虫——爬虫的基本思想是沿着网页的超链接内容逐步抓取数据分析师需要用到的数据。

那么爬虫究竟是如何分析并抓取网页的内容呢？通常来讲，一个网页由 HTML 文件、CSS 文件和 JavaScript 文件 3 部分组成。一般来讲，在网站上面我们看到的所有内容都是存在于图 1.1 的 "<>…</>" 中被称为锚标签的内容中的。

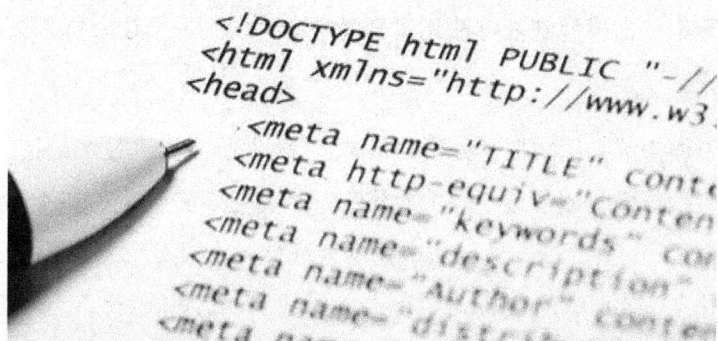

图 1.1 简单网页代码

根据上面提到的网页结构性质，爬虫通过模拟浏览器对网页进行访问，并对感兴趣的文本标签位置进行对应解析操作，在这中间还会涉及一些模拟登录、验证码等技术的使用，将解析得到的结果返回，便是数据分析师需要的数据。这就是一个完整的爬虫过程。

1.1.3　数据预处理技术

数据挖掘或数据分析的一般流程是：确定目标→获取数据源→数据探索→数据预处理→挖掘分析建模→模型效果评价。随着开源社区的活跃和技术的发展，越来越多的算法和框架被创造出来简化数据挖掘和数据分析工程师们的工作。近年来，随着相关算法的日趋成熟，决定一个项目是否成功的关键因素逐渐从算法本身变成了"数据探索+数据预处理"这个部分。

在机器学习/模式识别领域有句话很经典："Garbage in, Garbage out.。"顾名思义，这句话的意思就是说，如果你的数据本身就是有问题的（数据特征非常不规律，缺失值很多，特征和结果联系不紧密等），那么无论什么模型都没办法化腐朽为神奇，得到一个让分析人员满意的结果。

下面简单介绍数据预处理的基本步骤：数据预处理技术的第一步，要衡量数据本身的质量——如收集来的数据是否完整、各类属性特征齐全与否等。接下来，就要对数据本身进行一些探索，通过使用 Excel 可视化工具、R 中的 ggplot2、Python 中的 Matplotlib、Seaborn 等一系列可视化工具，对数据结构进行直观展示（分位数图、散点图等）。与此同时，也可以分析特征或者数据之间的相似/相异性，认识数据的数值、序列等本质属性，并用均值、中位数、众数等基本统计指标将数据刻画出来，如图 1.2 所示。

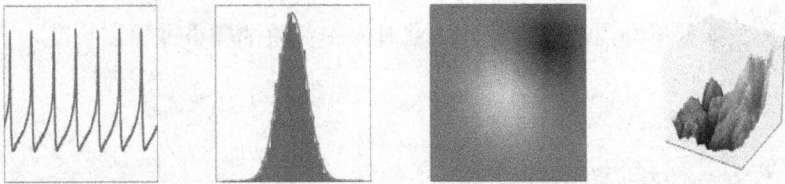

图 1.2　数据可视化

在数据探索的过程中，一般还涉及组织数据集的方法：如对特征进行检查，将非结构化数据转换为结构化数据；基于现有数据，引入或构建新的特征；对多个小数据集进行合并和去重；从大数据集中抽样出一些中小型数据集等。

数据清洗是数据预处理中最关键的一步，也是前处理阶段中应用复杂算法最多的地方，它的主要作用是填充空缺值、平滑噪点并识别显著离群点（outlier）进行后序处理。以时间续列数据为例，在个别空缺值处理中，通常采用人工规则、平均值、中位数、拉格朗日插值、牛顿插值和线性规划求解等方法；噪声平滑目前来讲箱形图技术用得比较多，平滑方法有滑动窗口法、按箱平均值/中值平滑法等。至于噪声点的识别，离群点检测的经典算法是最 K 近邻算法（KNN），还可以使用一元/多元回归分析来拟合光滑数据，从而使噪声点暴露出来。

数据规约——它是数据预处理技术中用于降低数据量、提取核心信息的方法，主要体现在 3 个方面：（1）属性（特征）维度的规约。即删除不相关/不重要的属性来减少数据量，通常的方法是子集选择和树形合并，即通过决策树归纳、前向选择、向后删除等完成集合筛选。（2）数据压缩。小波变换是数据压缩领域的典型算法，对于有稀疏、倾斜等情况出现的数据集，基于小波变换的有损压缩方法往往可以得到很好的结果。除了小波变换，主成分分析方法（PCA）将原有的多维特征根据重要性排序，只提取重点关注的特征，它和它的扩展算法在实际中应用非常广泛。（3）数值规约。数值规约的概念就比较广了，小到将整型数据属性类型从 long 变为 int，大到使用对数线性模型等方法将数据划分为多维空间并进行相应规约。它们都属于数值规约的部分。

数据离散化技术目前也较为常用，它用于解决特征中连续特征比例过高的问题，其主要思路是基于分箱或直方图分析的方法将连续特征变为离散特征，从而达到减少连续特征的目的。这种方法对于处理连续特征比较困难的 ID3 决策树算法，有非常大的帮助。

除了上述方法之外，数据预处理中最重要的其实是根据实际情况来制定预处理的规则和标准。只有理解了业务才能抓住重点，才能有效地避免盲目和浪费时间。

1.2 数据巧收集——红牛的大数据营销案例

红牛是首批进军中国市场的功能饮料,也是中国饮料界的龙头企业之一。但是,随着优秀竞争对手的不断涌现和市场销量的日益下滑,红牛企业对大数据营销的需求越来越迫切。本节将围绕红牛企业如何成功运用大数据营销赢取了一大批消费者的案例展开,具体阐述大数据营销思想是如何帮助现代企业取得成功的。

1.2.1 状况百出的红牛企业

红牛功能饮料源于泰国,作为一个家喻户晓的品牌,它在 1995 年进入中国市场,至今已有 20 多年的销售历史。

在 1995—2004 年期间,我国本土功能饮料"健力宝"日渐衰退,红牛品牌可谓立于不败之地。尤其在 2004 年"非典"期间,红牛在全国 88 家媒体上都强力宣传红牛饮料有增强体质的作用,同时向医务人员进行捐赠,这一举措使得红牛的销量猛增,但同时这也使得其他商家看到了功能饮料市场的巨大商机。

2004 年以后,脉动、尖叫、乐百氏等功能饮料纷纷上市,红牛难以继续保持一枝独秀的局面。此外,马口铁价格的逐渐攀升,也使得红牛饮料的成本上涨。这些都是不利于红牛饮料发展的因素,但最重要的因素却是红牛自身的状况百出。

2008 年 4 月，英国媒体称一名英国男子因为经常加夜班，每晚都喝至少 4 瓶红牛，持续两年以后，该男子于一天夜晚饮完红牛后猝死，尸检报告称这名男子心脏肥大，死亡原因似乎和持续饮用红牛有关。

2009 年 5 月，从奥地利运至中国台湾地区的红牛饮料被查出含有一级毒品可卡因，台北地检署扣查了 40 多万瓶红牛饮料，北京、湖北、海南也对红牛的生产基地进行了检查。这件风波刚刚过去，2012 年 2 月，又有报道称红牛饮料疑似添加违规食品添加剂。

到了 2014 年，红牛再次卷入司法纠纷。红牛在美国市场的广告语如下："红牛给你一双翅膀。"一名美国男子称自己在过去 10 年中连续服用"红牛"饮料，但"并未长出翅膀"，因此这名男子要求红牛支付高达千万的赔偿。这并不是红牛第一次卷入司法纠纷，在加州，红牛同样遭遇了两场集体诉讼，诉讼者均称红牛具有虚假宣传的行为。

外有强劲的竞争对手虎视眈眈，内有连续不断的负面新闻，走过了几十年风雨的红牛企业正是迫切需要转型的时候。对于红牛来说，2014 年的司法纠纷，赔钱事小，失节事大，如何将危机转为机遇，利用这次案件树立正面形象才是红牛最关心的问题。

1.2.2 红牛企业巧妙收集消费者数据

红牛在全球 130 多个国家和地区都有销售，销售额达几十亿美元之多。在欧洲和美国，红牛的广告语为"红牛给你一双翅膀"，纽约男子本杰明·卡瑞瑟斯依据这一广告语向法院提出对红牛的诉讼。差不多同一时间，加州也提出了两起对红牛企业的集体诉讼，这些诉讼者都声称饮用红牛并不能提高自己的体能、注意力或反应速度，这两起诉讼由纽约法院统一审理，红牛企业最终和消费者达成和解，同意赔款。

这件事在中国得到了铺天盖地的报道，不仅中国人觉得匪夷所思，就连英国人也不能理解。英国《每日电报讯》就此发起了一项投票。让读者就"红牛是否应该支付天价赔偿"这一事件进行投票，结果显示，在两万余名的投票者中有 88% 的人都持反对票，也就是不支持红牛支付赔偿。

但是，如果仔细读一读红牛的和解协议，就不难理解红牛的精明之处了。红牛的和解协议是这样说的：红牛同意向 2002 年 1 月 1 日至 2014 年 10 月 3 日期间在美国购买过红牛饮料的人赔偿总计 1300 万美元的赔偿金，每人得到的赔偿金按申请赔偿的总人数计算。申请赔偿的消费者不必出具发票等证明，只需下载申请表填写即可。

不需要任何证明，只需要登录网站填一份申请表，就能得到红牛支付的赔偿，作者如果也在美国的话，一定发动所有的亲朋好友都去填申请表。同样地，美国人听闻红牛的和解协议后，也立刻蜂拥而至。自 10 月 8 日起，也就是消息放出来 5 天后，红牛企业负责这项纠纷的网站就被挤得瘫痪了。

据统计，红牛官网在过去数天内有 4600 多万次的访问，最终有 400 多万人填写了申请表，留下了他们包括姓名、性别、银行卡号、年龄、邮箱等各项详细信息。显然，这些人当中并不全都是购买过红牛的人，但红牛企业并不在乎这一点，因为他们即便没有买过红牛饮料，也是对红牛饮料感兴趣的人，是红牛饮料的潜在消费者。就这样，红牛企业向每个人支付了 3 美元，就得到了海量的消费者信息，更重要的是，这些信息都是绝对真实可信的。

这些信息的意义主要在于数据分析师可以从中分析出红牛消费者的特征形态及消费倾向。

红牛企业一直非常注重对体育活动的赞助，其赞助的领域一直集中在飞行运动、大学生体育联赛等各个针对年龄较大的消费者的赛事。但是，如今中学生的学习压力日渐增大，年轻白领女性每天面对电脑带来的强辐射，这两种潜在消费者也是红牛需要关注的对象。有了这400 多万消费者的信息，红牛就可以直接分析出红牛的潜在消费者中究竟含有什么阶层的人，从而有针对性地做出广告宣传。这一举动可要比大量的市场调查准确而廉价。

400 多万消费者的数据除了可以指导红牛企业的广告投放策略以外，同样也可以指导红牛企业进一步改善产品。对于中学生来说，红牛可以特别生产关于强化脑力的产品；对于白领阶层来说，红牛则应当生产关于提高免疫力的产品。只要了解了潜在消费者的信息，红牛企业就可以做出有针对性的产品部署。这一切都不是空口白话，而是建立在真实可信的数据分析上的。

固然，红牛企业签下和解协议也有法律等诸多方面的因素，如果真的和本杰明没完没了地纠缠的话，美国政府势必会对红牛企业的实验数据进行苛刻的检查，到时候红牛不但要承担高昂的诉讼费用，还有可能受到巨额的惩罚性罚款。1992 年，老太太斯黛拉·莉柏克在麦当劳被热饮烫伤，麦当劳收到 300 万美元罚款单的案例就是一个典型的惩罚性罚款案例。对比红牛和麦当劳面对同一困境的举动，红牛的处理就高明得多了，不过，谁让 1992 年的时候还没有大数据呢。

1.2.3　数据收集小结

数据的收集是每个数据分析项目的第一个步骤。解决不同的问题需要用不同的数据收集方法，有时候可以从相关网站下载现成的数据，而更多情况下，商家想要解决某个具体问题就需要专门为此设计收集数据的方法，花费大量的时间和人力去得到有效的数据。

数据的质量高低直接决定了数据分析的成功与否。好的数据满足时效性、准确性、客观性、全面性、结构性等多个条件。时效性指数据是比较新的、还有效用的数据；准确性和客观性则指数据是准确客观的，不是人为捏造的；全面性指数据的数量较多，而且能够代表整体数据的各个部分；结构性则是指数据具有好的变量结构，具有可分析性，能够支持数据分析师从中得到有效的信息。"巧妇难为无米之炊"，如果没有高质量的数据，再高明的分析师也无法开展工作。

好的数据往往没有太多的缺失值，也不需要太多的清洗工作就可以呈现清晰的分布情况，数据分析师分析较为容易。不过，有时候无论付出多少努力都不能获得较好的数据，有时是数据过于稀疏，如在几十万个病人中可能仅有几千人得了癌症；有时是数据缺失值过多，如几千万个观影者去看几千万部电影并为其评分，将其列为一个几千万乘以几千万的大矩阵，其中肯定有许多缺失值。数据分析师只有掌握足够的知识和经验才能游刃有余地应对这些情况。即便是这种棘手的情况，也需要保证数据准确有效，否则更难得到有用的结论。

我们在收集数据时应当秉承细致耐心的原则，使用巧妙的方法尽量收集更多更好的数据，准确有效的数据可以使后续的分析工作更加顺利而轻松。同时，掌握更多的数据分析知识也能够帮助我们在分析工作中拥有更多的优势。总之，准备工作越充分，后续的工作就越顺利，这也正是数据收集环节的重要之处。

1.3 数据可视化——数据新闻促使英军撤军

2010 年 10 月，《卫报》利用维基解密的数据做出一则数据新闻，新闻发表后引起轰动，最终促使英军做出撤出驻伊拉克军队的决定。这个案例是数据新闻的经典成功之作，掀起了新闻界的新一轮革命，同时也表明了图形展示的力量。本节围绕该案例展开，介绍了数据可视化的重要性，并总结出数据可视化中常见的基础知识。

1.3.1 维基解密带来的海量数据

2006 年，阿桑奇创办了以信息自由、揭开事实真相等为宗旨的维基解密网。阿桑奇本人是一名技术顶尖的黑客，以还原历史真相为乐，其做出的最大贡献就是发布了阿富汗战争日志和伊拉克战争日志。维基解密共公开了关于驻阿富汗美军的 9.2 万份文件，以及关于驻伊拉克美军的近 40 万份文件。这些文件都是美国的机密，这种行为遭到了美国政府的封杀。

这两份战争日志包括 3 种形式："日记挖掘"（Diary Dig）、"战争日志"（Warlog）和 BT 下载，格式有 CSV 和 SQL 两种。"日记挖掘"
允许用户搜索材料，并可以按事件或地区等主题浏览。"战争日志"站
点允许读者打造自己的事件"分析"，并可以投票，应该对哪些战争日
志进行"深入调查"。

维基解密同时还联合谷歌地图，以及英国《卫报》等机构进行了
数据可视化处理，以便读者理解战争日志的含义。在两份战争日志中，
内容更翔实、影响更广泛的无疑是伊拉克战争日志。

关于伊拉克战争的秘密文档的时间跨度为 2004 年年初至 2009 年年
末，在这 6 年时间里，伊拉克战争共造成 28.5 万人死伤，其中至少有
10.9 万人死亡。在死亡人数中，包括 6.6 万名伊拉克平民，近 2.4 万名
"敌人"，逾 1.5 万名伊拉克安全部队成员及 3700 多名驻伊拉克美军及联
军士兵，这些数字高于早前外界对同期伊拉克战争死亡人数的统计。

文件同时显示，大量伊拉克平民惨遭强奸、虐待，但美军对虐囚
行为不闻不问。伊拉克战争日志一经发布，立即引起轩然大波，但美
国媒体在报道时刻意避开了关于伊拉克死伤平民的报告，在美国电视
台采访阿桑奇时也将重点放在阿桑奇的强奸案上，而非伊拉克战争日
志中提到的平民问题。这种回避的态度也从另一方面说明了美军虐杀
伊拉克平民的严重性。

阿桑奇从近 40 万份文件中统计出的死伤人数毕竟只是一行数字，
英国《卫报》根据战争日志制作的数据新闻让人更加容易理解。数据
新闻可以对公开数据进行挖掘和重整，完成深度报道。国外甚至出现
了 Narrative 算法，使计算机每隔 30 秒左右就能撰写一则新闻报道。
这种技术目前主要运用于金融新闻和体育新闻。

数据新闻的长足发展引发了新闻界的革命，但值得注意的是，数据新闻这种形式仍然立足于海量数据的收集、整理，以及优秀的数据可视化手段，而非高深的数据分析方法。

1.3.2　百花齐放的数据新闻

2010 年 10 月 23 日，《卫报》利用维基解密的数据制作了一幅精致的地图，地图上将伊拉克战争中所有的人员伤亡情况标注了出来，共计 39 万多个红点。地图中一个红点便代表一次死伤事件，谷歌地图提供的软件使这幅地图成为交互式的地图，只需用鼠标单击红点，便会弹出与死伤者相关的信息：伤亡人数、时间，造成伤亡的具体原因等。

这 39 万多的死伤者不仅有美国大兵，也有伊拉克的无辜平民。维基解密总结出来的一条条数据展示在地图上后显得更加触目惊心。这张红点地图所揭示的新闻事实引起英国社会的轰动，并在很大程度上推动了英国做出撤军伊拉克的决定。

这并不是《卫报》第一次成功运用数据可视化的手段制作新闻，2009 年，它根据英国下院公布的 5500 个 PDF 文档挖掘出关于英国议员开销的数据报道。

在我国，数据新闻也正在变得越来越普及，利用各类新闻数据制作的数据图表具有生动活泼、信息丰富、易解读等优点，被广泛应用于各类新闻报道中。财新网所创办的"数字说"栏目就是这样一个专门用数据做新闻的栏目。

　　图 1.3 由两幅相互关联的小图组成，左边图片的主题是华人富豪财富积累途径，右边图片的主题是华人富豪在各行业中的占比，这两幅图均摘自"数字说"栏目，统计数据来源为 1577 位资产超过 20 亿元的华人（及其家族）。

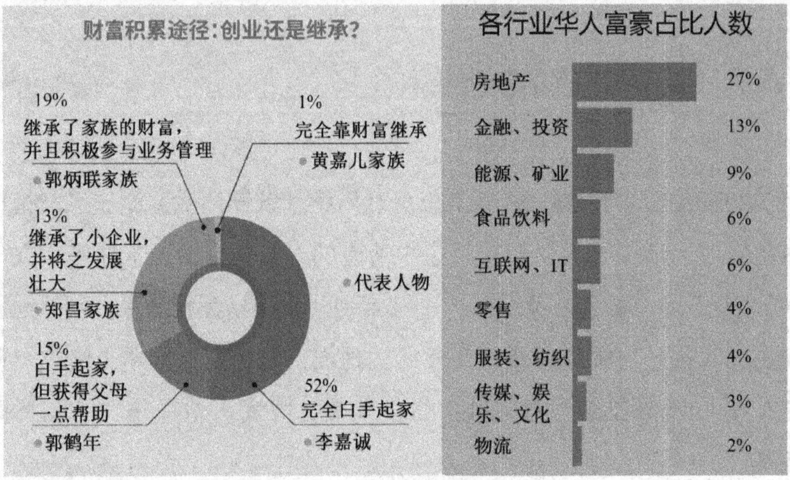

图 1.3　华人财富来源图

（引自财新网"数字说"栏目）

　　图 1.3 左侧图片的制作者考虑了 5 种不同的财富积累途径，并使用环形图作为信息载体。创业和继承是两种截然不同的财富积累途径，左侧图片按照财富积累途径的不同性质递进地进行罗列。从"完全靠财富继承"开始，按逆时针方向旋转，财富积累途径中的继承成分逐渐减少，创业成分逐渐增多，直到"完全白手起家"为止，构成了一个完整的圆。与直接按照比重大小罗列相比，这种排列方法能够更加突出华人富豪财富积累途径中，创业所占的绝对优势地位。

　　图 1.3 右侧则是一张简单的条形图，它递减地罗列了 9 类华人富豪较为集中的行业。显然，房地产行业以 27% 的比例独占鳌头，是排

名第二的金融、投资行业所占的 13% 的两倍还多。另外，互联网业也有不俗的表现，作为一个新兴行业，互联网业不仅能够造出富豪，同时也吸引了众多富豪的投资。将这 9 类行业的比重相加仅为 74%，显然，这是由于还有 26% 的富豪分散在其他行业中。

图 1.4 同样引自"数字说"的一条数据新闻，这条新闻统计了网上发布的 100 名外逃贪官的男女比例、年龄分布和职级等信息，图 1.4 是汇总这些数据后画出的饼图。观察这些图片，容易发现外逃贪官中男性要远多于女性；39 岁以下和 70 岁以上的外逃贪官很少，40～69 岁是外逃贪官的主要年龄段，其中又以 50～59 岁的外逃贪官最多；职级为一把手的外逃贪官也占了将近一半的比重。

图 1.4　百名外逃贪官数据概览图

(引自财新网"数字说"栏目)

与图 1.3 中的环形图相比，图 1.4 的文字注释非常少，图片吸引了读者绝大部分注意力。这种做法能够加强数据的对比效果，凸显出外逃贪官中男性、一把手的比例之高。但是，由于我们通常更多地注意扇形的弧长而非扇形的面积，因此饼图会削弱相似大小的扇形之间的细微差距，故而饼图只适合表现对比强烈、分类较少的数据。

一则数据新闻想要成功就需要大量翔实可靠的数据及精美的数据
可视化手段。成功的数据可视化并不是多么繁复、令人眼花缭乱的图
形，而是能够突出重点信息的图形。只要运用恰当，最简洁的图形反
而是最有力度的图形，这些要点不仅在制作数据新闻时很重要，数据
分析师在制作数据报告时也同样应遵守。

1.3.3　数据可视化小结

数据可视化是一个十分庞大的命题，与数据可视化相关的专业软
件有许多，也有许多书籍专门讲述如何做好数据可视化。英国《卫报》
的伤亡地图是数据新闻史上的经典之作，"数据说"栏目则是数据图表
新闻的新兴代表，本节通过案例解读了散点图、条形图、饼图等基本
图形的用法。在数据可视化中，最基本的图形有 6 种：条形图、折线
图、散点图、气泡图、饼图和雷达图。

条形图的用途最广泛，它是最为简洁明了的基本图形。条形图用
于二维数据之间的对比，利用条形的长短对比不同数据的差异。对于
所有的中小规模数据集，条形图都工作得非常好；折线图同样用于对
比二维数据，与条形图不同，它展示的重点不是不同数据的差异，而
是数据整体的趋势走向，因此在所有涉及时间的数据都会运用折线
图，对于金融数据来说，尤其是这样。

散点图既可以用于对比二维数据，也可以用于对比三维数据。散点
图注重多个维度之间的比较，如果拿不准数据集是否适合做回归分析，
散点图可以帮助数据分析师看清数据的分布趋势。在聚类分析中，散点
图同样能够帮助数据分析师直观了解不同类别的差别；气泡图是散点图

的升级版，它不但能够在三维空间里体现出数据的分布，还可以通过气泡的大小体现不同数据的重要度。例如，在词频分析中，一个单词出现的次数越多，这个单词就越大，这就是一种气泡图的经典变形。

饼图不是一种好操纵的图形，饼图最明显的两个局限在于它不能同时展示过多的数据类，也容易缩小不同类别的差距。使用饼图时的通常做法是将一个整圆切割为几个扇形，每个扇形代表一类数据，通过对不同扇形面积的比较来判断不同数据的差异。与条形图不同，人类很难区分出饼图中的细微差异，因此将一个饼图划分为过多的小扇形是没有意义的，同一个饼图中最多不要超过 5 个扇形。

雷达图也称蜘蛛图，它可以同时比较 5 维左右的数据，但不能超过 6 维。此外，雷达图也不能比较太多的数据。这种局限性使得雷达图的用处十分有限，但对于适合使用雷达图展示的数据来说，雷达图能最大限度地展示数据信息。

尽管基本图形只有 6 种，但这 6 种图形可以延伸出更多的图形，如条形图就可以延伸出复式条形图、堆栈条形图等，折线图可以延伸出曲线图等。此外，图形的颜色对比、图形线条的粗细、数据标识的摆放等细节同样决定了一幅图形的成功与否，在保证了数据翔实的同时，做好图形的细节是数据可视化成功的重要因素。

1.4　异常值分析——Facebook 消灭钓鱼链接

异常值是远离大部分样本数据的数据值，异常值产生的原因可能是录入错误或偶然因素。通常情况下，数据样本中的异常值属于需要清理的数据，但在某些特定的情况下，异常值也有它存在的意义。本节通过 Facebook 调整算法的案例展示了异常值是如何在特殊问题中起到作用的。

1.4.1　Facebook 和广告商之间的拉锯战

动态汇总算法是 Facebook 网站最出名的算法，它用于实时计算每个用户感兴趣的内容，在 Facebook 的 News Feed 页面上进行个性化的内容推荐，被推荐的内容包罗万象，各个进驻 Facebook 的广告商所发布的内容也在推荐之列。

这个推荐算法就好比谷歌搜索的排名算法，直接影响了每个广告商的流量。2012 年，Facebook 调整了它的动态汇总算法，自 2012 年 9 月以后，各个广告商的流量都或多或少地受到了影响。Facebook 声称算法的调整是为了惩罚那些发送太多无聊内容的广告商，并称生活远比广告重要。为此，美国外卖送餐公司 Eat24 特地发布了一封"分手信"："Facebook，看来我们得谈谈了。我们也想说。'不是你的问题，是我们的问题'，但其实就是你的问题，是你是你还是你。说句不好听的话，你已经不是我们几年前爱上的那家又聪明又有趣的社交网站了，你再也不像以前那样爱我们了，你变了，全变了。"

这封声泪俱下的"分手信"无疑是 Eat24 在控诉 Facebook 调整算法这件事对广告商利益的损害，想必推荐算法的调整使 Eat24 在 Facebook 上页面的浏览量直线下降。不过好笑的是，这封用于控诉自己在 Facebook 上怎么也火不起来的"分手信"一出，Eat24 反而以光速火了起来。Facebook 对于"分手信"的回应则称:"我们以前喜欢你的段子,但它们现在都不好笑了,生活每天都在继续,我们关心的是真正有趣的事,而不是商业广告。"

面对广告商们的质疑,Facebook 是绝不肯承认自己在恶意贬低广告商的内容,故意不将广告商的文章展示给读者看,进而强迫他们缴纳广告费的。对于算法调整这件事,Facebook 表示,News Feed 的目的是把对的内容,在对的时间,展示给对的人看,通过调整算法,用户的动态消息中将出现更多精准的文章。

Facebook 对于算法调整的公告中提到,新排名算法对于钓鱼链接的认定主要基于两个方面:用户在链接页花费的时间,以及点击数和分享数的比例。简单来说,用户在链接页停留很短的时间就再次回到原来的页面,或点击数非常多但分享数却很少,这两种情况都在暗示钓鱼链接的存在。

这种算法机制听起来十分合情合理,Facebook 也表示新算法的用处在于打击那些标题和正文内容相差太多的文章,而不是专门针对广告商的文章。但问题在于,Facebook 不肯公布算法内幕,也不肯发布更清楚的标准,同时广告商们的文章到达率直线下跌,这使得广告商们仍然疑虑重重。

姑且不论媒体方和广告主之间永远停不下来的拉锯战,仅观察 Facebook 贴出的公告就可以发现,新排名算法是利用检测异常值将钓鱼网站筛选出来。而本节正是要探讨异常值分析在 Facebook 算法更新中起到的作用,以及它的更多应用。

1.4.2 异常值分析指导排名算法工作

异常值是指一组数据中偏离平均值两倍标准差的数据，而偏离平均值 3 倍标准差以上的数据则成为高度异常值，我们通常对高度异常值更感兴趣。在箱线图的制作中，一般不会将异常值画到箱线图的轴须中，而是在箱线图长长的须外单独使用小圆圈标注出来，在 R 环境中计算平均值、极差等指标时，也可以设定参数，求出去掉异常值后的指标，这样可以得到更精确的数值。

虽然异常值往往是由于数据录入错误等原因造成的偶然数据，不具备研究的价值，但有些异常值背后含有一定意义。在 Facebook 用于判定钓鱼链接的算法中，明确提到使用了浏览时间和点击分享比这两个数据指标，除了这两个指标以外，用户一点击进去立即就跳出的比例，以及推送到的用户和点击进去的用户之比也是判断网页好坏的重要指标。

在表 1.1 中列出了用户对 4 篇文章的不同反应，跳出率就是用户一点击进去立即离开的比例，到达率则是在 Facebook 推广的人群中确实点击进去的用户比例。通常来说，用户点击进入优质文章后会浏览较长的时间，随后回到 Facebook 还会执行分享、点赞、评论等操作，而如果大部分用户一点进链接就立刻跳回 Facebook，或者用户的到达率和跳出率都非常高，这常常意味着该链接很可能是个钓鱼链接。

表 1.1　文章四种指标对比表

文章编号	平均浏览时间（s）	点击分享比	跳 出 率	到 达 率
1	40	0.14	0.10	0.7
2	230	0.23	0.15	0.4
3	105	0.10	0.06	0.9
4	15	0.08	0.20	0.8

对文章 1 来说，平均浏览时间比较低，但点击分享比较高，而且跳出率较低，所以这应该是一篇还不错但是篇幅有点短的文章，Facebook 应当考虑将其放在新闻头条的最末几个位置上；文章 2 的平均浏览时间和点击分享比都很高，但跳出率很高，到达率也很高，这大概是一篇艰涩的科技文章，Facebook 应该为它谨慎选择推广人群；文章 3 的问题在于点击分享比不高，但它的跳出率是最低的，同时到达率是最高的，这也许是一篇八卦文，大家都爱看的那种；文章 4 则确切无疑是个钓鱼链接了，所有的指标都不怎么好看，除了到达率，而到达率很可能是文章使用了欺骗性标题的缘故。

由表 1.1 可以看出，判断一篇文章是否是钓鱼链接是不能只看一两个指标的，只有在绝大多数指标上偏离平均数，属于异常值的文章才可以定性为钓鱼链接。除了表 1.1 列出的 4 个指标以外，同样还有一些常见指标影响钓鱼链接的判定。

在 Facebook 上经营账号的广告主们都在努力扩充粉丝数，广告主们每天向粉丝发送软文，而查看了这些文章的粉丝和全体粉丝之比就是粉丝到达率。粉丝到达率客观地体现了广告主们的营销效果，同时也指导 Facebook 确定每个广告主的内容究竟是否有趣、适不适合放到动态新闻里去。

如图 1.5 所示，根据 EdgeRank Checker 的调查数据，我们发现

Facebook 上粉丝数和粉丝到达率呈一个明显的反比关系。对粉丝数小于
1000 人的广告主来说，粉丝到达率可以达到 50%以上；而对于粉丝数大
于 2500 万人的广告主来说，粉丝到达率仅有 2%。这意味着如果 Facebook
使用粉丝到达率评价广告主的文章质量，那将大大不利于粉丝众多的广
告主们。

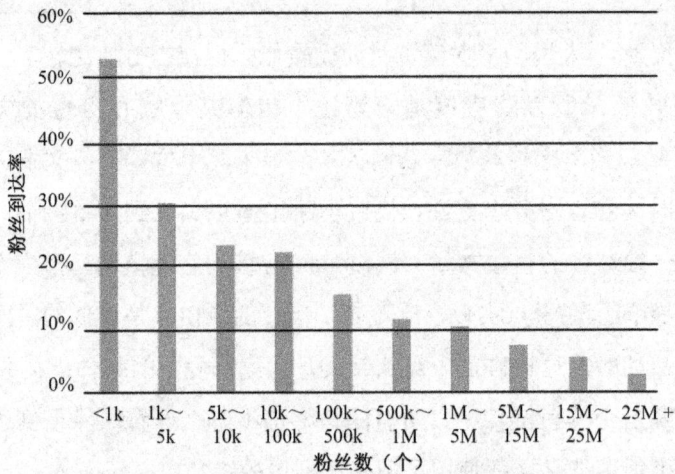

图 1.5　Facebook 上粉丝数与粉丝到达率的关系图

　　好在对 Facebook 上粉丝到达率的后续监测显示 Facebook 对这些广告
主还是一视同仁的。2012 年 9 月之后，也就是 Facebook 调整算法过后不
久，所有广告主的粉丝到达率都有明显下降，其中粉丝数小于 1000 人的
广告主的粉丝到达率下降至 30%，而粉丝数大于 2500 万人的广告主的粉
丝到达率继续下跌一个百分点。

　　图 1.6 展示了 Facebook 从 2012 年 9 月到 2013 年 12 月间的平均粉丝
到达率的变化趋势，这个指标是一路狂跌，从 26%一直降到了 7.7%，这
也怪不得 Eat24 要发"分手信"了。实际上，Facebook 的排名算法掌管
了数亿网页的生死，算法上的一点小小改动就可能引起广告主网站流量

的剧烈波动。

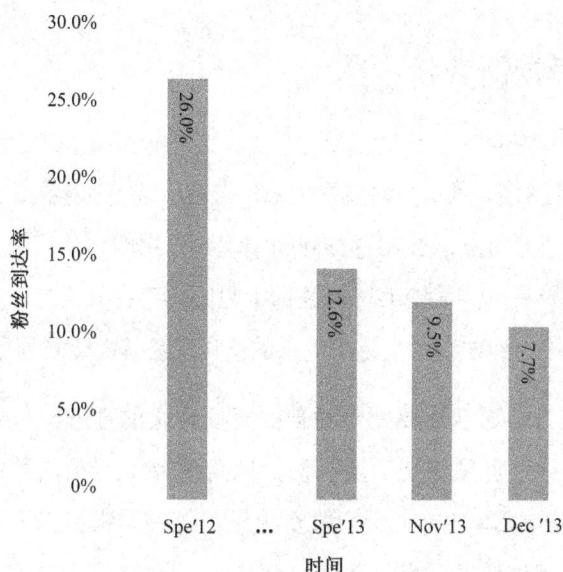

图 1.6　Facebook 上平均粉丝到达率变化趋势

　　此外，越来越多的人涌入 Facebook，以及随着粉丝数增多，广告主们难以满足所有用户的口味等各种原因都会影响粉丝到达率。另外，知名社交网络分析机构 Locowise 对 Facebook 页面的增长率，粉丝到达率及参与率这 3 个重要指标进行调查分析后发现，每当一个信息流的到达率上升 1 倍，对应的信息流参与率就下降 58%。这表明过多的商业推荐行为会削弱用户进行参与互动的意愿。据 Facebook 的产品经理介绍，算法的改进主要是为了避免信息过载，遏制垃圾内容及推送高质量内容以增加用户在 Facebook 上的有效使用时间。2018 年 1 月初，Facebook 创始人马克·扎克伯格再次宣布调整信息流推荐算法，使用户能够更多更方便地看到身边的家人朋友的消息内容，虽然新算法会导致到达率降低，但是其最终目的是提高用户体验，从而掌握高质量流量入口，进而获取更高的广告收益。

但总的来说，Facebook 确实没有以前那样爱广告主们了。

1.4.3　异常值分析小结

本节通过对 Facebook 调整算法来打击钓鱼链接的案例进行了详解，展示了异常值分析是怎么在特殊问题中起到作用的。从广义上说，不仅存在数值型异常值，某些字符型数据中也同样存在异常值，如正常邮件中夹杂的垃圾邮件或正常交易中夹杂的欺诈交易等，都是异常的。

异常值分析通常需要配合对数据背后含义的理解，只有明确了异常值的含义，才能更好地运用它们。电商平台 1 号店的数据分析师发现 1 号店的一些客户有上千个收货地址，这种异常引起了数据分析师的警惕，他通过研究发现这些客户都是山寨版 1 号店的店主，他们通过买低卖高的方式损害了 1 号店的利益，1 号店的主管人员听取数据分析师的报告后迅速采取措施，从而挽回了损失。

因此，我们发现异常值后，武断地对其进行删除是绝对不理智的，聪明的数据分析师会谨慎地考虑其背后的含义。尽管一百个数据样本中未必能有一个样本中的异常值是具有特殊意义的，但谨慎总是没错的。

字符型异常值往往比数字型异常值更重要，实际生活中有很多侦测欺诈交易或辨别流失客户的问题。但遗憾的是，发现字符型异常值要比数字型异常值困难得多。为了解决字符型异常值的辨别问题，人们发明了数十种算法和模型，在下文中我们将学习最经典的几种。

除却其自身的特殊含义外，异常值也是数据样本中不可或缺的一部分。过多的距离数据均值、过远的异常值可能提示我们数据样本的容量太小，难以代表整体数据；极个别的异常值则可能代表的只是偶然情况，不必挂怀。

真实世界是不完美的，从真实世界中收集的数据有许多疏漏和噪声，这也正是为什么我们要花费许多精力在数据预处理上。对于数据样本中的异常值我们没必要赶尽杀绝，在清洗数据时，正确的做法是剔除那些明显错误的数据，保留那些稍有瑕疵的数据，这个度应该根据数据本身的表现去掌握。这样做的好处是让模型尽可能地贴近现实，从而提高预测的精度，毕竟数学模型还是要用来解决现实世界中的实际问题的。

异常值分析是描述性数据分析的重要组成部分。对于数据分析师来说，拿到一份新数据后，首先要考虑其极值、极差、均值、中值等基本指标并观察其分布，然后应当观察其异常值，看一看数据样本的异常值是仅分布在一侧还是两侧都有，距离大部分数据的距离是否过远等。掌握这些信息有助于培养数据分析师的数据感，磨刀不误砍柴工，这些准备工作越充分，后续的分析工作就越顺利。

1.5 对比分析——TrueCar 指导购物者寻找最合算的车价

TrueCar 是一个十分火爆的购车网站，该网站在价格透明度方面表现十分突出，是最透明的购车网站。通过和汽车经销商合作，TrueCar

开辟了一片新天地，本节对 TrueCar 的运营模式进行了一番细致的探讨，并展示了对比分析在 TrueCar 中的应用。

1.5.1 火中取栗的 TrueCar 网站

汽车行业和钢铁行业、化合行业、交通规划行业等诸多领域搭界，每个国家的汽车行业都带来高额的税收和就业率。如今，汽车成了一种普及率很高的代步工具，在中国，驾驶技术已成为一种几乎人人都会的基本技能，而拥有一辆属于自己的小汽车，也是许多人的梦想。

汽车品牌形形色色，每辆汽车的价格都随着时间不停地上下浮动，每个决定购买汽车的人首先要在琳琅满目的汽车品牌中大挑特挑一番，挑好以后还要花费数个周末辗转于不同的经销商之间，为了一个合理的价格大打"口水仗"。每个买过汽车的人都知道其中的酸甜苦辣。

不过好在 TrueCar 出现了。TrueCar 成立于 2005 年，经过一些年的发展，到 2010 年，TrueCar 已成为美国最大的购车平台之一。与其他网站不同，TrueCar 勇于挑战经销商们的底线，总是告诉网站的用户们每种车型最低的价钱是多少。这种做法为 TrueCar 赢来诸多用户的同时，也侵蚀了经销商们的利润。

在 2012 年上半年，也就是 TrueCar 预计上市的时候，汽车经销商们联合政府及全行业的有生力量对 TrueCar 做出了反抗，这一抵制行为给 TrueCar 造成了约 4000 万美元的损失，原本 2012 年的上市计划也搁置了。但在 2012 年下半年，TrueCar 的运营情况再次好转，经过两年的发展，TrueCar 成功在 2014 年上市，并取得了不错的成绩。

为了在消费者和经销商之间取得平衡，火中取栗的 TrueCar 网站最终放弃了给消费者提供最低价格的行为，转而给消费者提供不错的价格。实际上与上万美元的车价相比，消费者并不在乎购车时几百美元的浮动，TrueCar 所提供的公开透明的环境才是消费者所钟爱的。省去了和经销商之间的"磨嘴皮"，不需明察暗访便可以一个合理的价格买到自己心爱的车，这种方便快捷正是 TrueCar 的魅力所在。

经销商每接待一位 TrueCar 介绍来的顾客并成功卖出一辆汽车，就需要向 TrueCar 支付一笔佣金。这笔佣金的价格和车的类型有关，所有新车的佣金都是 299 美元，所有二手车的佣金都是 399 美元。截至 2015 年，TrueCar 平台一共卖出了 95 万辆车，为消费者节省了 23 亿美元。有 1/3 的经销商都和 TrueCar 形成了合作关系，在全美的购车市场，TrueCar 占据了 2%~3%的份额。

作为一个小而美的网站，TrueCar 最大的亮点并不在于颠覆了整个汽车行业的销售模式，而是在于通过打造透明的汽车价格体系，赢得了消费者的信任和喜爱。消费者通过对比 TrueCar 提供的汽车价格趋势和其他消费者购车价格等一系列数据，即可快速确定一辆车的价格究竟是多少才合算。

1.5.2　数据对比赢得消费者信赖

消费者在 TrueCar 上购车需要经过 3 个步骤。首先，选择车型和颜色，TrueCar 将给出车辆的价格和配置参数。然后，用户提交邮箱等验证信息，获得经销商的优惠价格。最后，用户拿着 TrueCar 提供的价格凭证去经销商处提车。

在这 3 个步骤中，最重要的步骤无疑是第一步，TrueCar 需要在第一步说服用户相信网站提供的价格是相当不错的价格，只有这样，用户才会进行后续的操作。在第一步中，TrueCar 提供了车辆详细费用表（包括各种税收等杂费），4 种不同的参考车价，以及 TrueCar 为顾客节约的价格。翔实的数据使消费者感到真实可信，促使消费者进行后续操作。

在 TrueCar 上购买宝马 X3 的顾客所进行的第一个步骤页面如图 1.7 所示。图 1.7 主要分为三大块，上方的长条区域给出宝马 X3 的各项杂费及最终的总价格。左下方的长条区域则说明了 TrueCar 给出的价格和厂商指导价的差距。

图 1.7 右下方是最重要的区域。这个背景为正态分布图的区域首先被等分成 4 个小区域，从左至右依次是超低价、好价格、不错的价格及超高价。在该区域下方的横轴上有 3 个蓝点和 1 个黑点，这 4 个点从左至右依次是标价 38 920 美元的 TrueCar 价格、标价 39 445 美元的工厂发票价格、标价 39 683 美元的平均支付价格，以及标价 41 595 美元的厂商指导价。

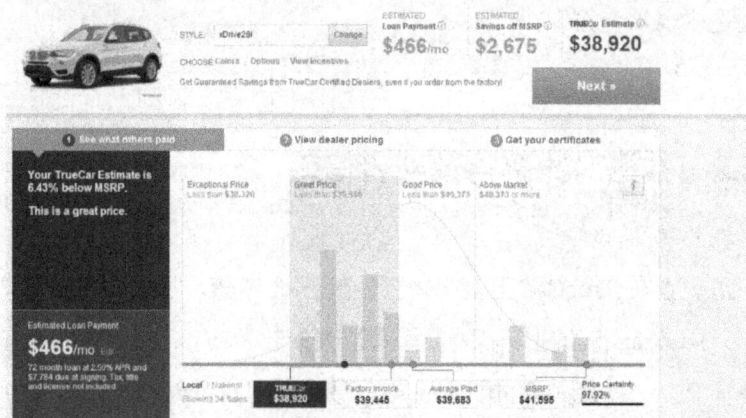

图 1.7　宝马 X3 的 TrueCar 购车页面

其中，工厂发票价格是厂商提供给经销商的价格，它和 TrueCar 价格都落在超好的价格区间；平均支付价格紧挨着工厂发票价格，落在不错的价格区间，在图 1.7 中，TrueCar 价格要比平均支付价格低很多，但有时这二者也会很接近，这是经销商和 TrueCar 相互妥协的结果；厂商指导价则远远地落在了超高价区间，一般来说，真实售价都要低于厂商指导价。图 1.7 中的条状图则表示每个价格所对应的销量。

随着汽车销售数据库的充实，TrueCar 不仅能在具体的车辆购买问题上给消费者可靠的参考，同时也能在宏观趋势上给出购车建议。

不论是国内还是国外，人们通常认为 12 月是一年中车价最低的月份。经销商要清理库存为来年的新车腾出地方，或 12 月要冲击年度销售额等都是很好的理由。图 1.8 是我国 2005—2013 年这 9 年来的汽车销量走势图。图中给出的信息很丰富，首先我国汽车销量每年都在上涨，其次每年的 12 月都是汽车销量最高的月份，而 2 月份的销量往往是最低的，这可能和春节有关。

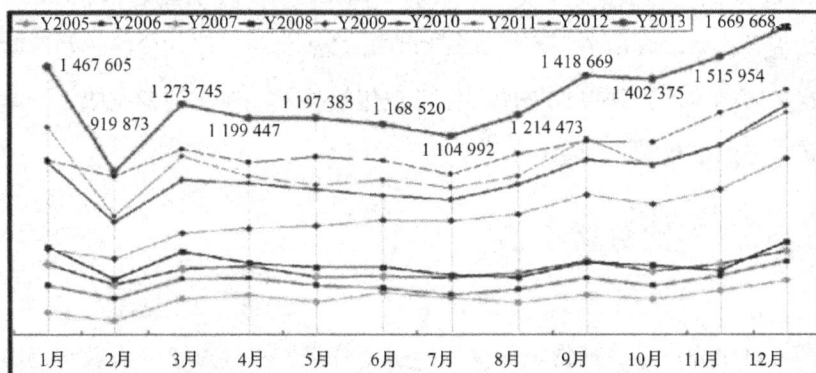

图 1.8　2005—2013 年我国汽车销量走势图

虽然大家都相信 12 月买车最便宜这一说法，纷纷在 12 月冲进汽车市场，但 TrueCar 的数据显示，这种说法是完全没有道理的。TrueCar 通过统计过去 5 年轿车和卡车的新车销售价格，震惊地发现，事实上 12 月是买车最贵的时间。数据显示，12 月的汽车平均售价是 31 146 美元，位居榜首。而买车最便宜的月份应该是 8 月，平均销售价格为 29 296 美元。

TrueCar 网站在 2012 年的销售纪录是 25 万辆汽车，在 2013 年的销售纪录则攀升至 40 万辆，按照一辆汽车 300 美元的佣金计算，TrueCar 在 2012 年和 2013 年的毛利润分别是 7500 万美元和 1.2 亿美元，这一数据与 AutoBytel、AutoNation 和 CarMax 等其他美国大型在线售车网站的收入完全不在一个量级。在销售情况上，这 4 个网站在美国汽车市场占比 1%～3%不等，TrueCar 的市场份额并不是最多的，但它的市场增长速度是最快的。

在 TrueCar 的购车客户中，超过 70%的客户在两周之内完成了交易，交易时间超过一个月的客户不足 3%，购车过程的高效化正说明 TrueCar 提供的数据之有效。纵观整个网站设计，小而美的 TrueCar 网站正是很好地利用了厂商指导价和 TrueCar 价格、平均价格趋势等数据之间的对比，佐以优秀的数据可视化等技术，促使顾客完成了一笔又一笔的汽车销售交易。

1.5.3　对比分析小结

对比分析是一种常见的探索性数据分析方法。对比分析通常局限于数值型数据中，它将两个以上的相似的数据拿来进行比较和分析。在对比分析中，最重要的是选择合适的对比标准，对于进行对比分析的一组数据来说，除了拿来对比的指标以外的其他指标应尽量保持一致，这样的对比才有意义。

对比分析分为横向对比和纵向对比。本节中，厂商指导价和 TrueCar 价格的对比就是一种横向对比，百度和谷歌的广告收入的对比也是一种横向对比。横向对比是同一时间内不同主体的对比，在横向对比中，对比主体应该尽量相似，将人人网的广告收入和世纪佳缘的广告收入作对比似乎就不太恰当。本节中，我国全年汽车销售走势图中就蕴含着纵向对比，我们对一整年中的汽车销售量进行对比，发现 12 月是汽车销量最高的月份，对 8 年来的汽车销量进行对比，发现每年的销量都在走高。

人类天生善于在对比中进行学习，仅观察一个单独的个体往往不能客观了解其全貌，而和其他个体的对比则能补充重要信息。小学生考试得了 50 分，妈妈很生气，但是听说全班同学都没及格，妈妈就不生气了。这就是一个对比分析的例子。所以说，对比分析虽然很简单，但它隐藏着数据分析师的智慧，数据分析师们使用对比分析使自己和他人看到一些隐含在数据表象下的内容。

对比分析同样可以用于研究字符型数据，在语言学中有一个专门的分支就叫对比分析。这门学科认为，不同种的语言之间存在差异，这种差异导致人们学习语言时犯错，而对比分析就用于研究这些差异在哪里存在，以及它们是怎样影响人们的思维的。

将对比分析进行拓展后就得到了方差分析，方差分析通过对比不同组之间的均值，确定这些组是否来自一个整体。方差分析是一项非常有用的统计方法，通常用于医学领域和公共事务领域。我们应该明白对比分析在揭示数据内部规律、帮助读者理解数据意义等方面的潜在价值，并在平时的数据分析报告中善加利用。

第 2 章

经典的相关分析与回归分析案例

相关回归综述

皮尔逊相关值——纽约市政府利用相关分析监控违法建筑

时间序列分析——人寿保险的可提费用预测

线性回归分析——梅西百货公司的 12 项大数据策略

Logistic 回归分析——大面积流感爆发的预测分析

本章将介绍基础数据分析中最重要的两种分析方法，即相关分析和回归分析。这两种分析方法历史悠久，尤其是回归分析，在长时间的发展中已接近完美。本章介绍了 3 种最重要的回归分析方法，通过本章的学习，读者将对相关分析和回归分析的原理有所了解，同时读者也将了解到这两种分析方法是如何接近更实际的问题的。

2.1　相关回归综述

相关分析和回归分析作为数据挖掘领域中最基础且应用最广泛的算法，在商业、工业、教育业等各行各业都有着成功的应用，本节将简单介绍相关分析和回归分析的概念和发展情况。

2.1.1　相关回归简介

降雨量和粮食产量之间存在什么样的数量关系？天气晴朗与否和当地游客数量是否存在关联？受教育程度和收入又有什么关系？早在数百年前，电子计算机还没有出现的时候，数学家们就在尝试研究这些涉及多个变量的问题，并针对这些问题总结出了一套行之有效的办法，那就是相关分析和回归分析。

随着时代的发展，我们的计算能力日新月异，但相关分析和回归分析的思想却长盛不衰。在数据挖掘领域，发现数据中的原有规律和预测数据在未来某段时期内的表现是数据分析师最主要的两项工作，而相关分析和回归分析，就主要用于研究不同变量之间是否存在相互联系，以及这些联系究竟是怎样的。

常识告诉我们，如果一对兄弟中的哥哥很高，那么弟弟可能也会很高。数据分析师通过研究上百组兄弟的身高，发现哥哥的身高和弟弟的身高之间确实隐含着一种规律，即二者同时增大或减小。那么，我们就认为兄弟的身高存在相关关系，但是并不是哥哥的身高导致了弟弟的身高，从实际来看，这二者之间并不存在因果关系，影响兄弟俩身高的因素是父母的身高、运动的强度和频率、营养物质的摄入等更深层的因素。这些因素和兄弟俩的身高之间是存在因果关系的（同时也存在相关关系），而使用数据量化这种因果关系后就能得到回归方程式。

相关分析和回归分析都是针对小样本数据提出的，当数据量多于几百万条时，复杂的运算过程会挤爆计算机的内存。此外，相关分析和回归分析假设所分析的变量存在的关系是线性关系；所有的变量均服从正态分布且方差相同；回归分析中的自变量之间彼此独立，不存在相关关系等。

在实际生活中，满足这些假设前提的情况有很多，这就给相关分析和回归分析提供了用武之地。在金融数学领域，回归分析仍然是最重要的一项分析方法，华尔街的数学家们使用回归分析模型计算每日的股价变化，以及每种投资组合的盈利概率，许多经典的金融模型都是用回归方程式写成的。

大数据时代的到来带来了层出不穷的新型数据挖掘算法，在这些算法的背后也隐藏着相关分析和回归分析的影子。如流行于推荐系统中的协同过滤算法、神经网络中的径向基函数、各种各样的聚类算法等，都借鉴了相关系数的计算方式及回归方程式的表达方式。因此，掌握相关分析和回归分析的原理不仅能够解决常见的小问题，同时也有助于学习更高深的数据挖掘算法。

2.1.2 相关性分析的发展介绍

什么是相关性分析？相关性分析一般是指对存在关联关系的变量之间进行分析，进而用量化的方式判断变量的相关性程度的分析方法。相关性分析要求被分析变量之间需要存在一定的联系才可以进行。需要注意的是：相关性不同于因果性，它分析的是各变量之间的关联程度，而非因果分析中要求的根据变量的发展情况预测未来的情况。

在生活中，相关性涵盖的范围和领域几乎覆盖了我们所见到的方方面面。除了上面提到的哥哥的身高和弟弟的身高有着强相关性外，还有一些典型的例子能够体现出这种关联——小明平日用功学习，那么他期末考试的成绩就会很好；小强平时经常吃奶油蛋糕，那么他变胖的可能性就会较大等。不过，相关性分析的重要之处其实在于挖掘那些人们无法直观将变量关联起来的情况。例如，下文介绍皮尔逊相关系数一节中，纽约市数据分析工作室发现房屋是否申请改建令与火灾发生与否有着非常重要的联系。可以说相关性分析主要是用于找出那些不易为人所知的关系并加以分析。

一般来讲，相关系数的经典方法有皮尔逊相关系数、肯德尔相关系数及斯皮尔曼相关系数。对任何相关系数，其取值一般介于-1~1，当取值为 0 时，代表变量之间完全不相关；而越接近于 1 或者-1，则代表变量之间的正/负相关性越强。当然，还有可以计算各个变量组成的协方差矩阵、计算互信息等方法来衡量变量之间乃至变量对结果的影响程度，人们可以根据需要在其中灵活地做出选择。

相关系数的测量和使用在 SPSS 软件和 R 语言中都有着比较丰富的程序支持，数据分析师们可以方便地使用这些指标来对数据进行分析，很容易地找到各个变量之间的相互关系，为下面的数据挖掘工作做好准备。

2.1.3 回归分析的发展介绍

回归分析方法属于因果分析法的一种，因果分析是根据事物变化发展的前因后果进行科学预测的方法。它是一种根据事物发展变化情况，找到影响事物发展变化的主要、次要因素，研究自变量对因变量的影响情况，并通过建立模型对结果进行预测分析的方法。

目前，经典的因果分析法就是回归分析法。根据自变量（解释变量）个数的不同，我们将回归分析分为一元回归分析和多元回归分析。回归分析通过拟合线或面乃至高维结构，使得数据点到线、面和高维结构的距离最小。根据使用场景的不同，我们通常使用不同的回归分析方法：如在预测问题中经常使用的线性回归模型，线性回归通过梯度下降方法修正自变量的系数，进而在因变量（y）和一个或多个自变量（x）之间建立最佳拟合，进而使得模型对于未来能够有很强的预测能力；逻辑斯蒂回归（Logistic Regression）虽然叫作回归，实际上它是一种分类算法，在 2.5 节我们将对它进行讲解，它也是目前数据分析中应用非常广泛的一种算法，它通过使用叫作 Sigmoid 的函数，增加了模型的非线性表述能力。

2.2 皮尔逊相关值——纽约市政府利用相关分析监控违法建筑

拥有超过 820 万人口的纽约市每年发生 2.5 万余次火灾，这些火灾大多发生在违规改建的建筑中，纽约市政府每天接到 6 万多次投诉电话，但只有 200 个监察员根据投诉电话随机检查被投诉建筑。市长数据分析办公室帮助消防局改变了这种被动的局面。本节将讨论数据分析师们是如何使用 60 个指标完成相关分析，从而将违规建筑从合法建筑中找出来的。

2.2.1 简约而不简单的消防检测系统

纽约市的市长数据分析办公室成立于 2013 年，这个办公室主要分析这几类项目：信息辅助救灾应用和重建、帮助纽约机构改善服务质量、预测经济发展趋势、与纽约机构共享数据等。纽约市有大约 100 万栋建筑物，每年有差不多 3000 栋会因为火灾损毁，数据分析办公室要解决的一个重要问题就是降低火灾的发生率。

为了偿还高额的房贷，纽约市的一些房主选择将房子改建成家庭旅馆，用隔板把一个房间隔成多个房间，这样做的话，一栋原本可容纳 6 个人的房子就可以容纳 60 个人了。家庭旅馆可以带来暴利，但这种行为是绝对违法的。这种改建过的家庭旅馆更容易发生火灾，在发生火灾时，由于出口被封死，消防员和居民也更容易受伤或死亡。

消防局专门拨出 200 个监察员用于监察非法建筑的存在，监察员们的常规做法有两种：伪装成租客前去家庭旅馆勘察是否存在非法改建情况，或者根据纽约市 311 投诉电话的居民投诉随机检查非法建筑。这两种做法都存在缺陷，前一种做法成本高昂，后一种做法效率低下。纽约市每天收到 65 000 次投诉，有关非法改建的投诉通常来自曼哈顿区，而实际上非法建筑常常存在于布鲁克林、皇后和布朗克斯各区的外围。

由于有许多非法建筑并未被纽约市民举报，监察员需要根据经验来自主选择被检查的建筑。为了提高监察员工作的效率，数据分析办公室决定帮助他们建立更完善的房屋评估系统。市长数据分析办公室的主管 Michael Flowers 在纽约市街头走访，和消防员、警察、大楼管理员等人进行交谈，尝试找出与建筑物是否违法改建相关的因素。

作为一个之前没有过程序设计和统计基础的分析师，Michael Flowers 最终带领手下的 7 个数据分析师成功地建立了一个消防检测系统，该系统将全市的 33 万栋建筑划分为 60 个火灾风险等级，纽约市的 341 个消防单位根据这个系统决定每周的常规检查路线和重点检查建筑。这个系统将监察员现场签发房屋腾空令的比例从 17% 上升至 70%。

除了消防检测系统外，Michael Flowers 还协助纽约市政府做了许多其他的工作，他帮助纽约政府在桑迪飓风来袭后完成灾后重建系统，通过标注每栋建筑是否含有发电机确定它是否应该优先投入使用；他也通过对比未使用卡丁车油污运输服务的餐厅和发生下水道油污堵塞问题的地图结合起来，帮助食品安全局找出向下水道倒入废油的违法餐厅。

尽管波士顿、伦敦等大城市也在尝试数据化管理城市，但没有一个城市的数据项目可以在广度和深度上与纽约市相媲美。这些项目一方面节约了纽约市的资源，另一方面也使纽约市政府为市民提供了更有效的服务。但是 Michael Flowers 并不青睐"那些炫目的高技术"，他认为洞察问题的本质才是最重要的，而消防检测系统正是这样一个使用经典简约的数据分析方法解决问题的最好例子。

2.2.2　使用相关分析洞察 60 个变量的关系

与一栋大厦是否可能发生火灾相关的常见因素有大厦的类型（家庭、工厂、商场）、大厦的高度、施工材料、建筑的新旧程度等，即便是不了解消防知识的普通市民也能将这些因素和火灾联系起来。在短时间内集齐纽约市上百万栋建筑的资料是不大可能的，好在数据分析办公室之前为了金融危机后的房屋抵押贷款欺诈案收集了大量的房屋数据，尽管数据分析办公室最终没有起诉那些人，但这些房屋数据在消防检测系统中起到了作用。

但只有这些数据是不够的，通过和消防员交流，Michael Flowers 惊奇地发现建筑的位置、建筑是否建于 1983 年之前（1983 年后修改过建筑规范），建筑是否丧失税收留置权，以及建筑是否申请过房屋改建令等因素也起到了区分的作用。

图 2.1 是 6 栋建筑的 5 个指标形成的相关矩阵，其中变量"是否

发生过火灾""是否丧失留置权""是否申请改建令"均为 0 表示"否"，1 表示"是"；变量"建筑物位置"是一个三维的有序变量，数值越大表示该位置越危险（如皇后区就要比曼哈顿区危险）；变量"建筑物年份"的 1 表示该建筑建于 1983 年前，0 表示建于 1983 年后。

	是否发生过火灾	建筑物位置	建筑物年份	是否丧失留置权	是否申请改建令
建筑物A	0	1	0	0	0
建筑物B	0	2	1	0	1
建筑物C	1	3	1	1	1
建筑物D	1	2	1	0	1
建筑物E	0	1	0	1	1
建筑物F	0	1	1	0	0

图 2.1　建筑物与火灾潜在因素相关矩阵

有了相关矩阵，是否发生火灾和其他因素的皮尔逊相关系数就可以计算得到了。皮尔逊相关系数的计算公式为：

$$\frac{\sum_{i=1}^{n}(X_i - \overline{X})(Y_i - \overline{Y})}{\sqrt{\sum_{i=1}^{n}(X_i - \overline{X})^2}\sqrt{\sum_{i=1}^{n}(Y_i - \overline{Y})^2}}$$

其中，$\overline{X}$ 和 $\overline{Y}$ 分别表示两个变量的均值。根据皮尔逊相关公式可得：是否发生过火灾和建筑物位置、建筑物年份，是否丧失留置权，是否申请改建令的相关系数分别为 0.79、0.5、0.25、0.5。

皮尔逊相关系数总是落在-1~1，为正时表示两个变量成正相关，即一个变量增大时另一个变量也增大，如气温越高，树上的叶子越多，这二者就是正相关关系；为负时表示两个变量成负相关，即一个变量增大时另一个变量减小，如温度越低，下雪的概率越大，这二者就是负相关关系。其绝对值的大小则表示相关程度的强弱，大于 0.6 为强相关，小于 0.4 为弱相关，介于二者之间则为中度相关。

在图 2.1 所示的相关矩阵里，是否发生火灾和建筑物位置成强相关，和建筑物年份及是否申请改建令成中度相关，和是否丧失留置权成弱相关。实际生活中，与火灾相关的因素有很多，研究它们与是否发生火灾的相关关系，能够帮助我们找出最重要的火灾潜在因素。数据分析师在找出重要的火灾潜在因素后，就可以使用回归方程或决策树，从诸多火灾潜在因素中得到最终的火灾风险指数。

同时，相关关系还能够帮助我们发现火灾潜在因素之间的关系，如建筑物位置和是否申请改建令的相关系数达到 0.63，这两个因素互相之间存在某种联系，除此之外，还有许多火灾潜在因素之间是相互联系的。火灾潜在因素之间的相互关系可以指导数据分析师选择合适的降维方法，减少它们之间的共线性，这能够提高预测系统的准确性。

正如 Michael Flowers 所说，解决问题的关键并不在于使用了多么高深的技术，而在于洞察问题的本质和使用正确的数据。纽约市居住着超过 800 万人口，约 100 万栋建筑，每天接到 6.5 万余次投诉（其内容从蟑螂投诉到路树横倒无所不有），诞生约 25 万条推特，产生约 1.2 万吨垃圾……纽约市每天要产生大量的数据，而这些数据绝大部分都集中在纽约市政府的数据库中。

纽约市政府是全世界范围内公开数据最多的政府，图 2.2 展示了它所公开的数据类型，其中数据文件占据压倒性的优势，这意味着纽约市政府所公开的数据中绝大部分是可供下载并进行分析的。Michael Flowers 正是使用了这些数据找出与火灾相关的因素，如区域居民平均收入、建筑物年龄、是否被投诉过、是否存在电气性能问题等都和火灾风险指数有着重要的关系。

Michael Flowers 成功的关键并不在于他使用了多么复杂的方法,而在于他通过和消防员等人的交流,对发生违法改建的原因(还不起高额房贷)和一般流程(申请改建令后违法改建)有所掌握,从而发现居民平均财产、是否申请改建令等看似和火灾没有关系的因素和火灾之间的潜在联系。尽管详细的数据统计并未公布,但负责风险管理的助力署长说:"这个项目最终会让我们看到火灾发生次数减少,火灾的严重程度也会降低。"

美国国家机构网站上可获得的数据类型

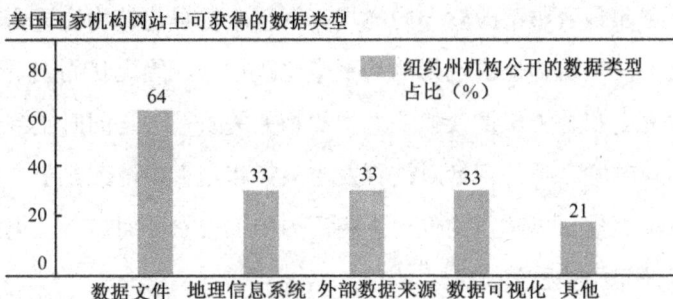

图 2.2 纽约市政府公开的数据类型

2.2.3 相关分析小结

相关分析用于研究两个或多个变量间的密切程度,在相关分析中变量之间是平等的,不存在哪个是因哪个是果的区别。在相关分析中最重要的指标是相关系数,相关系数主要有皮尔逊相关系数、等级相关系数、偏相关系数等。

皮尔逊相关系数也叫简单相关系数,它是用途最广的一种相关系数。在上一节所提到的例子中，判断是否发生火灾和其他因素的密切程度就使用了皮尔逊相关系数。这种相关系数对绝大多数数值型变量都是适用的；等级相关系数则专门用于研究定序变量，如本案例中，使用数字 1、2、3 来表示建筑位置的危险等级，这些数字之间存在递进的等级关系，数字越大位置就越危险，因此这就是一个定序变量，使用等级相关系数衡量它和其他因素的密切程度也是合理的。

偏相关系数关心的是矫正后的相关系数。如案例中是否发生火灾和建筑物位置有关系，建筑物位置和是否申请改建令也有关系，是否发生火灾和是否申请改建令同样具有关系，但是建筑物位置影响是否发生火灾，建筑物位置也影响是否申请改建令，因此我们就不知道是否发生火灾和是否申请改建令之间的相关关系是不是同时受到建筑物位置的影响才产生的。针对是否发生火灾和是否申请改建令，偏相关分析可以衡量去掉建筑物位置影响后的相关关系，而这时使用的相关系数就是偏相关系数。

相关分析和偏相关分析在 SPSS 里都可以十分简便地完成，SPSS 也提供了多种相关系数供数据分析师加以选择。相关分析不但能够自己解决问题，同时进行相关分析也是聚类分析、回归分析、因子分析等分析方法的必要工作之一，在做这些分析之前，都需要首先进行相关分析，以了解数据是否适合这些分析。

聚类分析的目的在于将相似的样本聚为一类，因此只有变量存在相关关系的样本才有可能聚为一类；回归分析研究的是自变量和因变量的关系，自变量和因变量必然存在相关关系，否则回归方程往往是不可信的；因子分析和聚类分析相似，它同样是将存在相关关系的变量整合为一个因子。在做上述 3 种较为复杂的分析之前，首先进行相关分析可以帮助数据分析师提前了解自己的数据特征，预知其他分析中可能出现的结果，这在实际工作中将节约许多时间和资源。

相关分析同样具有缺点，它对于数值型数据的分析效果最好，对其他数据则可能出现偏差。同时，相关系数的计算受到数据样本量的影响，数据量较小的样本的相关系数常常较高，这和相关系数的计算公式有关。因此，我们在使用相关分析时，数据量应尽量大于 50。总的来说，相关系数具有简洁、可靠的优点，是数据分析师进行数据分析工作时的一个重要参考指标。

2.3 时间序列分析——人寿保险的可提费用预测

保险业每天产生成千上万的数据，它涉及金融、医学统计等多种学科，是数据分析的主要应用领域之一。可提费用是保险业界的一项重要指标，它和保险公司当年的营业额、利润，以及未来一段时间的保险费率息息相关。通过阅读本节，读者可以了解到时间序列分析的工作原理，并看到它是如何应用在可提费用的预测这一问题上的。

2.3.1 人寿保险公司和可提费用

中国人寿保险公司是中国较大的商业保险集团，是国内几家资产过万亿的保险集团之一，业务涵盖寿险、财产险、养老险、资产管理、海外业务、电子商务等多个领域，多次入选全球 500 强企业和全球 500

强品牌，是我国重要的国有公司之一。

可提费用是保险公司保费收入的一项重要组成部分。人寿保险公司每年的保费收入超过千亿，运营支出也超过千亿，而且其收入项和支出项均包含数十种细分类目，十分复杂。可提费用的预测直接影响到保险公司的收入预测和支出预测，准确预测可提费用对于保险公司制订未来一定时期的资金流动计划和进行各项预算都具有指导作用，根据这些预算制订的当前保险费率更是十分重要。因此，对于保险公司来说，可提费用的预测问题是一个十分重要的问题。

人寿保险公司的可提费用有如下 3 个特点：

首先，影响可提费用的因素大部分都是不确定的，如市场因素、分期投保客户比例、季节因素、意外灾害、银行利率等。这些变量的数据具有难以提前收集或不服从正态分布的特点，因此难以使用这些变量针对可提费用拟合出可信的线性回归方程。

其次，可提费用和人寿保险的产品有一种交互影响的关系，可提费用的预测结果指导人寿保险公司开发新保险产品，新的保险产品又反过来影响可提费用。同时，由于人寿保险公司的险种非常多，因此投保组合也非常多，这一方面使预测可提费用更加重要，另一方面也使预测可提费用更加困难。

最后，与股票债券等以时间为单位波动的金融数据相似，可提费用同样是一个围绕时间周期来回波动的变量，由于受季节影响，它一般以年为周期，以月为单位，呈现较为规律的波动。保险公司累积了数年的可提费用数据，这为使用时间序列分析进行可提费用的预测提供了可靠的数据样本。

由于上述 3 个特点，我们在预测可提费用的问题上选择了时间序

列回归模型，也就是从往期的可提费用数据入手，对未来的可提费用
加以预测。在下文中读者将发现时间序列模型在这个问题上工作良好。
值得注意的是，由于历史数据不同，预测可提费用并不能总结出一个
通用的时间序列模型，这意味着每年都要对模型进行修正。

2.3.2 使用 4 种时间序列回归预测模型解决问题

我们的数据来源是人寿保险公司 2001 年 2 月至 2003 年 11 月的当
年可提费用。由于这是一个累积数据，因此每年的可提费用会逐月
增大。

在表 2.1 中罗列了人寿保险公司 3 年的可提费用数据。观察这些
数据可以发现它每年都呈直线增长，而且随着年份的增加，每年的起
点越来越高，增幅越来越大。由于人寿保险的可提费用明显以年为周
期波动，且每年的波动规律都相似，因此这份数据十分适合进行时间
序列分析。

表 2.1　2001—2003 年的人寿保险可提费用实际数据

时间	可提费用（元）	时间	可提费用（元）
2001 年 02 月	70 206 718.00	2002 年 07 月	818 654 019.00
2001 年 03 月	121 749 942.00	2002 年 08 月	892 420 722.00
2001 年 04 月	169 019 567.00	2002 年 09 月	972 676 699.00
2001 年 05 月	219 390 130.00	2002 年 10 月	1 052 640 000.00
2001 年 06 月	300 211 727.00	2002 年 11 月	1 141 090 000.00
2001 年 07 月	335 291 882.00	2002 年 12 月	1 307 030 000.00
2001 年 08 月	378 507 947.00	2003 年 01 月	125 559 320.00
2001 年 09 月	432 963 413.00	2003 年 02 月	254 347 251.00
2001 年 10 月	501 246 241.00	2003 年 03 月	423 082 098.00

续表

时间	可提费用（元）	时间	可提费用（元）
2001 年 11 月	570 384 793.00	2003 年 04 月	522 826 250.00
2001 年 12 月	681 629 911.00	2003 年 05 月	622 851 723.00
2002 年 01 月	111 256 282.00	2003 年 06 月	780 113 851.00
2002 年 02 月	278 063 085.00	2003 年 07 月	857 885 567.00
2002 年 03 月	467 054 714.00	2003 年 08 月	961 393 046.00
2002 年 04 月	560 789 011.00	2003 年 09 月	1 090 480 000.00
2002 年 05 月	641 523 777.00	2003 年 10 月	1 229 680 000.00
2002 年 06 月	739 883 866.00	2003 年 11 月	1 365 290 000.00

时间序列分析同时对数据的趋势性和周期性加以分析，它一方面研究数据在一个固定周期内的趋势性，如 2002 年一整年的可提费用变化趋势；另一方面研究同一个点在不同周期内的变化趋势，如 2001 年 4 月、2002 年 4 月、2003 年 4 月这 3 个月的可提费用的变化趋势。

在预测未来一段时间内的时间序列时，常用的方法类型有算术平均法、加权平均法和指数平滑法，每种类型中又有许多具体的方法。算术平均法将过去多期观察值的算术平均值作为下一周期的预测值，这种办法只适合每个周期都变化不大的数据，在可提费用的预测中，由于每年某月份的可提费用都比上一年同月份的可提费用高，因此不适合这种办法；加权平均法则在算术平均法的基础上为每年的观察值赋权，年份较近的观察值的权重较大，年份较远的观察值的权重较小，这种方法能较合理地反映数据的整体趋势变化；指数平滑法根据上期实际值和预测值，使用指数进行加权预测，这种办法不需要过多的数据，在短期预测中表现良好。

在本节的可提费用预测问题中，我们最终选择了逐步自回归模型、Winters Method-Additive 模型、ARIMA 模型和 Winters Method-Multiplicative 模型 4 种时间序列预测方法。它们都对时间序列的趋势性和周期性加以分析，但它们使用的具体算法并不一致，因此会导致不同的结果。

表 2.2 列出了 4 种时间序列模型的预测数据和误差对比。容易发现，逐步自回归模型没能很好地捕捉数据在单个周期内的快速增长趋势，它所给出的 2004 年预测数据在前 3 个月里的变化是十分平缓的，这明显不符合事实，因此它的误差率是最高的。Winters Method-Additive 模型所捕捉的周期内增长趋势同样不太合理。

表2.2　4种时间序列预测模型对比（单位：亿）

	2003年12月	2004年1月	2004年2月	2004年3月	误差率
实际值	14.43	1.579	3.200	5.584	/
逐步自回归模型	13.79	10.75	9.641	9.595	2.14
Winters Method-Additive 模型	14.61	5.854	7.949	9.351	1.21
ARIMA 模型	15.34	3.532	4.830	6.527	0.49
Winters Method-Multiplicative 模型	14.56	1.600	3.682	6.586	0.08

Winters Method-Multiplicative 模型是表现最好的模型，它采用了乘法季节因子来捕捉季节性的变化，这使得它可以根据可提费用序列的季节波动对该趋势进行修正。这个模型对可提费用的周期性和趋势性都把握良好，它的误差率只有 8%。

图2.3将真实的历史数据和使用Winters Method-Multiplicative模型预测的数据标注在了图上，图中的一条竖线将历史数据和预测数据隔开，2003 年 11 月之前的是真实数据，之后的是根据真实数据预测的数据。可以看出，Winters Method-Multiplicative 模型所预测的数据同样具有起点比往期数据较高，且增幅更加明显的特点，而趋势性和周期性的准确计算正是成功的时间序列分析的关键。

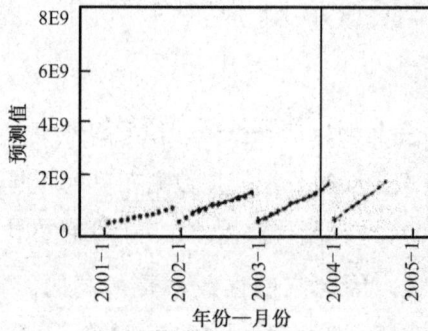

图 2.3　Winters Method-Multiplicative 模型预测图

2.3.3　时间序列分析小结

时间序列分析根据过去的变化趋势预测未来的发展，通常用于研究一定时间内的社会事务问题或金融经济问题。在时间序列分析中，历史数据需要满足如下 3 条前提假设：过去的数据规律会延续到未来；数据呈现明显的周期性；在某一周期内，数据的变化趋势符合某种规律。

时间序列中的数值受到 3 方面的影响：周期性，如可提费用每年 4 月的数值都有所增长；趋势性，如可提费用每年 4 月的数值要大于 3 月的数值；随机性，数据在符合整体趋势的前提下的小幅度随机浮动。在实际情况中，这 3 方面的影响都会存在，但我们通常关心前两种影响而不考虑后一种影响。在具体分析时，要将历史数据中的随机波动排除后，再计算周期性和趋势性的具体参数。

在具体的模型分类中，根据所平均的数据是全部数据还是部分数据，时间序列模型可分为序时平均数法和移动平均法；根据不加权还是令时间较近的数据权重更大，时间序列模型可以分为简单平均法和加权平均法。不同的赋权方法产生不同的模型。此外，还有趋势预测法、指数平滑法、季节性趋势预测法、市场寿命周期预测法等。

时间序列分析可以用于解决经济问题，如探讨每年的农业总产值；可以用于解决金融问题，如根据以往的股价计算未来股价变化；也可以用于解决公共事务问题，如预测每个月参加体育锻炼的人数。此外，一些周期性并不明显的问题也可以使用时间序列分析来解决，如整个中国的人口数量，这个数量每年每月都在增加，并不存在明显的周期性，但它同样适用于时间序列模型。

时间序列模型同样具有缺点，它对于周期性和趋势性的变化并不敏感，只有周期性和趋势性都符合固定规律的数据才能够得到可信的时间序列模型，一旦数据内部的规律发生改变，模型就没有意义了。此外，时间序列模型仅能预测较短时间内的数据走向，通常是预测未来一个周期的数据，超过这个范畴后，由于缺乏历史数据的支持，模型结果往往和真实情况有较大偏差。

经过数十年的发展，数学家们已经开发出数十种具体的时间序列模型供数据分析师们选择。在分析具体的时间序列时，我们要多尝试一些不同的时间序列模型，从中选择最优的结果作为最终模型。同时，对时间序列模型的分析不能只局限于表面，要深入挖掘数据趋势产生的原因，这样才能更加充分地理解时间序列模型的意义。

2.4　线性回归分析——梅西百货公司的 12 项大数据策略

在线上购物以星火燎原之势快速侵入零售市场的今天，传统的百货公司如何完成转身成了一个重要的课题。美国老牌百货公司梅西百货一共采取了 12 项措施来整合线上线下资源，谋取更大的利益。这 12 项措施分别是什么？它们究竟有没有用？本节将分析梅西百货公司究竟是如何和 SAS 公司联手，在一片兵荒马乱中立于不败之地的。

2.4.1　从"一亿豪赌"说起的零售商困境

线上购物和线下购物似乎天生就是冤家对头，早在 2012 年的 CCTV 经济年度人物颁奖盛典上，阿里巴巴总裁马云和万达集团总裁王健林就"电商能够取代传统店铺经营"这一主题大打口水仗，并最终立下赌约：倘若 2020 年电商能够占据中国零售市场的 50% 以上份额，王健林输给马云一亿元人民币；反之，马云输给王健林一亿元人民币。这就是轰动一时的"一亿豪赌"。

这一事件可以看作是线上购物和线下购物之间的正式开战，在当时，人们普遍认为这两种购物方式似乎水火不容，势必要拼个你死我活才行。但随着一年后王健林解除赌约的声明，O2O（线上对线下）的呼声也水涨船高。马云联合百货企业银泰集团，王健林联合腾讯、百度，双方同时组建电子商城，向 O2O 这块肥肉伸出了手。

　　且不论双方集团究竟谁强谁弱，线上线下多渠道联合的销售方式正在被越来越多的商家青睐。线上销售具有便捷便宜的优点，线下销售具有用户体验好的优点。如果能够同时整合多种销售渠道，势必会为商家带来丰厚利润。在这方面，外国的许多企业已经做出了示范。

　　梅西百货公司是美国老牌的百货公司之一，它主要经营高档服装、鞋帽和家庭装饰品。2009—2012 年，梅西百货公司成功将市值从 230 亿美元提升至 270 亿美元，并使第一家梅西百货成功在中国大陆开张。对比这 3 年时间内美国经济的缓慢增长，梅西百货的发展可谓惊人。

　　零售商想要发展，把握消费者心理，为消费者带来好的消费体验永远是最重要的。除去某些极端的老顽固和新潮派以外，绝大部分顾客并不只在线上或线下购物。有 60% 的顾客在商场挑中心仪的衣服后继续在网上搜寻最便宜的价格，最终完成线上购物。

　　许多商场减弱了店面里的信号，以遏制这种行为，但梅西百货的做法并不同。梅西百货斥资 3 亿美元建立了网上商城，并保证线上线下价格的统一。用便捷的方式鼓励消费者在梅西实体店、梅西网上商城、梅西移动购物 App 等多种渠道购物。尽管梅西百货在 IT 设施上投入了大笔金钱，但这种投入是值得的。数据显示，同时使用线上购物渠道和线下购物渠道的顾客比仅使用单一购物渠道的顾客的消费额要高一倍，每 1 美元的线上收入，在此后 10 天里为梅西百货带来近 6 美元的实体店收入。如今，梅西百货的线上业务年销售额已经超过 10 亿美元。

　　除了整合多种渠道、增加收入以外，梅西百货还在节省开支上做出了尝试。在 2017 年二季度财政报告中，梅西百货的营业收入为 55.52

亿美元，相比 2016 年同期下滑了 5.4%，但其净利润为 1.13 亿美元，相比 2016 年同期的 900 万美元增加了 10 倍以上，运营收入为 2.54 亿美元，高于 2016 年同期的 1.17 亿美元。这些利润的增长主要来自成本的压缩和经营策略的变化。

梅西百货的成本控制主要体现在库存控制和物流控制上。通过引入 RFID（Radio Frequency Identification，射频识别）技术（一种扫码技术），梅西的库存补货速度比原先提高了 20 倍。在过去，梅西百货一年只检查一次库存，现在一年要检查 15～20 次，并且在 SAS 公司的帮助下，梅西百货建立了有关库存量的模型，可以充分保证在需要的地方提供合适数量的商品，这同时节约了仓库成本和物流成本。本节所要研究的正是线性回归分析是如何帮助梅西百货确立模型，并从数据中发现有用信息的。

2.4.2　SAS 公司帮助梅西百货构建模型

梅西百货公司成立于 1858 年，到 1920 年在全美奠定了品牌基础，成为知名度较高的公司。1920 年后，梅西百货公司收购了多家服装家政品牌，如家政女皇、Tommy Hilfiger、Donald Trump 衬衫等，这些自营品牌占据梅西百货公司全部品牌的 40%，为梅西百货公司带来一半以上的利润收入。

1990—2008 年，梅西百货处于衰退期，它的竞争对手 J.C 潘妮、科尔士等百货公司快速崛起，对梅西公司的发展造成阻碍。2008 年以后，梅西百货委托经验丰富的 Dunnhumby 数据分析公司帮助梅西百货数据分析消费者心理，并部署一系列大数据战略。这些大数据战略分别是：苹果支付、当日送达、线上购买线下取货、实体店搭配数据、购物 App、图像搜索、手机提供打折信息、RFID 技术、智能试衣间、逛街应用、数字出版、桌面搭配。

这些大数据应用从便捷购物、精准购物、本地化购物等多个方面做出了尝试，其中有一些高智能技术，但大部分都是基于数据得出的结论，如如何将店铺搭配得更合顾客心意或如何找出最受欢迎的促销方式等问题，都需要数据来回答。而预测销量就是这些问题里的一个既基础又重要的问题。

每种产品究竟能卖多少件是零售商们非常关心的问题，如果能够提前知道每个地区未来销量的多少，就能够合理安排库存，进而节约成本。梅西百货公司的网上商城和移动 App 能够帮助梅西百货收集每种产品的用户搜索次数，图 2.4 是一幅产品搜索次数和销量的线性回归图，在图 2.4 中，每个散点都表示一个真实数据，围绕这些散点使用最小二乘法就可以找到离全部散点的距离加起来最小的直线，这就是我们要找的回归直线。

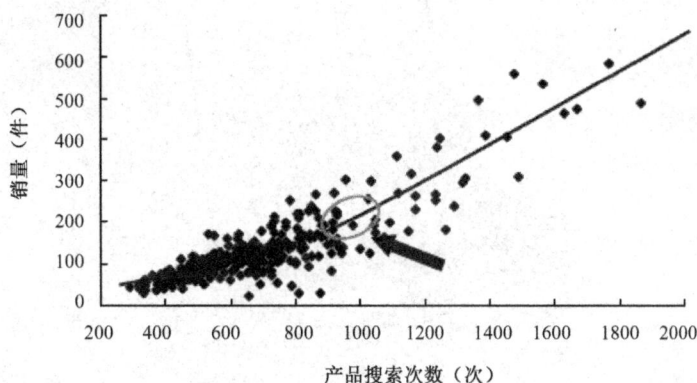

图 2.4　产品搜索次数和销量回归图

　　根据图 2.4 中的散点分布，可以看到大部分产品的搜索次数都是在 1000 次以下的，在图的左下角密密麻麻地聚集着较多的数据，它们呈现一种较缓慢的上升趋势。而当搜索次数超过 1000 次以后，散点变得稀疏起来，同时这部分点的上升趋势似乎有所加快。因此，我们将数据分成了两部分，分别拟合出相应的回归直线。图中箭头所指的点就是这两条回归线交接的地方。

　　产品的用户搜索次数固然和销量有很大的关系，但顾客评价、库存、服务态度、物流时间等同样也在影响产品销量。图 2.5 是一幅关于库存、顾客评价、销量的回归曲面，这三个变量在三维空间中形成了一个光滑的曲面。观察图 2.5，可以发现库存、顾客评价，以及销量之间有明显的相关关系，当库存少于 40% 时，顾客评价和销量都很低；当库存大于 80% 后，顾客评价和销量都呈线性增长。

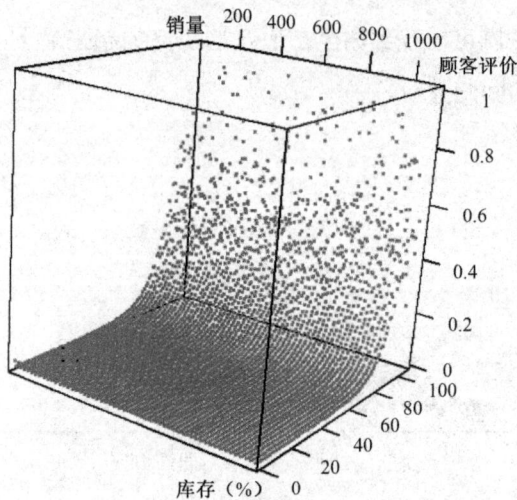

图 2.5　库存、顾客评价、销量回归曲面图

顾客评价和库存共同影响了产品销量，只有当库存大于 80%且顾客评价好于 0.6 的时候，产品才有较好的销量。这三者之间的关系可以用一个二元回归方程量化，但影响销量的因素仍然不止这些，除了上文提到的因素外，折扣力度、广告宣传、购物体验等也在或多或少地影响着销量的高低。所有的这些因素都可以总结到同一个回归方程中。

$Y = a_0 + a_1 \cdot X_1 + a_2 \cdot X_2 + a_3 \cdot X_3 + a_4 \cdot X_4 + \cdots + a_n \cdot X_n$ 是一个典型的多元回归方程式，所有的回归方程都可以写出这样的形式。在本节梅西百货的例子中，Y 指的是产品销量，a_0 是方程的常量，在图 2.4 中，常量就是回归线和 Y 轴交点距 X 轴的距离，它用于矫正方程；X_i 表示不同的自变量，它们可能是顾客评价、库存、服务态度、物流时间、折扣力度、广告宣传等变量；a_i 则是相对应的 X_i 的系数，a_i 越大，说明对于 Y 来说，X_i 就越重要。

有了回归方程，梅西百货就可以轻易地预测每种产品的未来销量了。这种方程不仅可以用来规划库存和物流，同时也可以帮助梅西百货将销量好的产品放在顾客容易注意到的地方，将销量差的产品打折促销或和其他产品捆绑销售等。根据不同的问题，梅西百货可以写出不同的回归方程，进而从消费者数据中发现不同的信息。

2.4.3　线性回归分析小结

线性回归分析是一种用于研究自变量和因变量之间因果关系的分析方法。当自变量只有一个时，称为一元线性回归分析，自变量有多个时，称为多元线性回归分析。线性回归分析使用最小二乘法度量散点到回归线的距离，并寻找使得直线到所有散点的距离之和达到最小的解，以此为依据写出距离所有散点最近的回归线的方程。

线性回归分析被广泛应用于各行各业。在梅西百货的案例中，线性回归分析主要用于预测未来产品销量进而调整库存，预测不同促销组合产生的盈利进而确定促销活动，预测广告策略的影响，给不同消费者评分，进而寻找最有价值的消费者等。线性回归分析善于处理多种变量之间的因果关系，它在评价变量之间是否存在关系，以及变量之间的关系有多强烈这两方面具有特殊的优势。

表 2.3 给出了梅西百货公司从 2013 年第三季度到 2014 年第三季度这 5 个季度的财务报表。其中，2013 年第四季度的收入、支出还有利润都明显高于其他季度，这和节假日是购物高峰期的关系非常大。此外，观察不同季度支出收入比的变化情况可以发现：除了 2013 年第四季度的特殊情况外，尽管 2014 年的支出收入比在来回波动，但一直没有超过 2013 年的支出收入比。

表 2.3　梅西百货财务报表（单位：百万美元）

	2013 年第三季度	2013 年第四季度	2014 年第一季度	2014 年第二季度	2014 年第三季度
总收入	6276	9202	6279	6267	6195
总支出	5916	7853	5836	5696	5773
总支出/总收入	94%	85%	93%	91%	93%
销售、日常、管理开支	2099	2301	2000	2024	2007
销售、日常、管理开支/总支出	35%	29%	34%	36%	35%
毛利润	2459	3738	2443	2595	2429
税后净利润	177	811	224	292	217

除了 2013 年第四季度以外，日常开支对总支出的占比则一直维持

在 35% 左右。这说明梅西百货同时缩减了日常开支和成本开支，也就是在库存费用和物流费用上同时进行了控制。和上百亿的年利润相比，梅西百货投入到 IT 设施中的资金变得不值一提，成本的有效控制正说明了梅西百货所使用的大数据模型的有效性。而梅西百货对数据分析部门持续的资金投入也从侧面印证了梅西百货对于数据分析师们工作的认可。

尽管线性回归分析是当今最赫赫有名的分析方法之一，但它同样具有自己难以回避的缺点：

首先，它只能用于分析线性关系。也就是说，每个自变量和因变量所成的散点图都应当围绕一条直线波动。对于非线性分布，如指数分布或二次分布，就应当将其转化为线性分布后再进行分析。而当非线性分布较为复杂，难以转化成理想的线性分布时，就应当考虑使用神经网络或决策树等模型进行预测。

其次，它要求所有的自变量相互独立。在实际生活中，当自变量过多时，所有的自变量相互独立是一件很难的事情。在本节预测产品销量的回归方程中引入了用户搜索次数、顾客评价、库存、服务态度、物流时间、折扣力度、广告宣传、购物体验等十几个变量，其中顾客评价和服务态度显然是相关的，库存和物流时间同样也是相关的。这时，就必须使用因子分析等方法消除自变量相关带来的影响。

回归分析具有理论基础坚实、适合大部分数据类型等特性，这使得它在实际生活中被广泛应用。对于数据分析师来说，只有理解回归分析里重要参数的意义，了解如何使用数据转换、因子分析等辅助建立回归方程，才能得到具有实际意义的回归模型，并将其应用到实际生活中去。

2.5 Logistic 回归分析——大面积流感爆发的预测分析

从甲型 H1N1 到甲型 H7N9，再到其后爆发的非洲埃博拉病毒，流感的预测和防治一直是医学界关注的热点问题之一。由于流感病毒具有变异快、潜伏期短、传染率高等特点，现有的流感疫苗的研制总是跟不上流感爆发的速度。本节向读者展示了 Logistic 回归算法是如何在流感预测问题中发挥作用的，并比较了它和经典线性回归算法的异同，以及它自身的优缺点。

2.5.1 究竟谁才是流感预测算法之王

自从医学统计这一学科出现后，医学生们就一直在尝试使用统计的方法预测疾病的发生和治愈率。从相关分析、方差分析到线性回归和生存回归，林林总总的统计方法让人眼花缭乱，经过时间的检验，人们一致认为 Logistic 回归模型在疾病预测方面具有天然的优势。

医学生们勤勤恳恳地使用流感就诊人数、药量销售数等预测流感的爆发，但大数据时代的到来改变了这一切。2008 年，谷歌发布的"谷歌流感趋势"地图利用人们对流感搜索的关键词直接预测流感爆发。谷歌认为倘若某个地方的人们突然疯狂搜索感冒、咳嗽、发烧等和流感相关的词汇，那么这个地方马上要爆发流感的可能性相当大。基于这种原理,"谷歌流感趋势"可以计算出每个地区未来一周内流感爆发的概率,并建议用户避开最危险的街区。

"谷歌流感趋势"所预报的流感爆发趋势和美国官方机构发布的数据十分吻合,但"谷歌流感趋势"发布的信息要比官方机构提前两周。一时间,"谷歌流感趋势"的美名传遍全球,而使用传统的统计方法预测流感的医学生们则纷纷担心自己即将饭碗不保。

不过好景不长,仅一年后"谷歌流感趋势"就出现了严重错误,居然没能预测 H1N1 的爆发。谷歌的算法工程师们赶快调整算法以增加算法的敏感度,但这次修改使得"谷歌流感趋势"走向了另一个极端。2013 年 2 月,发表在《自然》杂志上的一篇文章的作者难以忍受地指出:正是因为"谷歌流感趋势"在过去两年里的长期过度预测,导致了 2013 年 1 月美国流感疫苗短缺。

数据分析师们发现,每次谷歌对算法的微调,都是为了修补之前测不准的情况,但每次修补又都造成了另外的误差。由于很难区分人们搜索"感冒"是因为家里有人感冒了,还是因为就是好奇谷歌会给出什么数据,因此很难在上亿次搜索中将真正关于流感的搜索区分出来,这正是谷歌犯错误的一个重要原因。

谷歌最终承认了自己的错误,并表示将和美国官方检测机构联手,通过使用更优质的数据(也就是传统预测方法所使用的流感就诊率、药品销售量等)来提高"谷歌流感趋势"的准确度。找到用武之地的医学生们大松一口气,但谷歌的认输并不意味着传统统计方法的胜利,统计方法仍然没克服其消息滞后,不能以街区为单位进行精准预测等固有缺点。

聪明的统计学家们通过借鉴谷歌算法的原理，向传统的 Logistic 回归模型中引入了更多的相关变量，从而提高了模型响应的速度和精度，本节向读者介绍的正是这样一种融合了大数据思想和统计学逻辑原理的 Logistic 回归模型。

2.5.2　向 Logistic 算法中引入更多变量

对流感的预测本质上是对概率的预测，即我们想要求得的是流感发生的概率，而 Logistic 回归方程式所求的正是一个概率条件。将流感发生的概率记为 P，则流感不发生的概率为 $1-P$。将二者相比后取对数即为 Logistic 回归方程中的因变量，也就是 $Y = \ln\left|\dfrac{P}{1-P}\right|$，同时 Logistic 回归方程式满足形式：$Y = a_0 + a_1 \cdot X_1 + a_2 \cdot X_2 + a_3 \cdot X_3 + a_4 \cdot X_4 + \cdots + a_n \cdot X_n$，其中，$X_i$ 是与流感相关的各种自变量。那么收集自变量的数据后就可以计算出流感发生的概率。

图 2.6 将天津市的流感病例和感冒药销售情况的折线图绘在了一张图里，数据的时间跨度是 2009 年 10 月到 2011 年 1 月。其中，2009 年 10 月到 2010 年 2 月和 2010 年 9 月到 2011 年 1 月的流感样病例明显较多，这两个春季都是流感季。观察感冒药销售情况的折线图，可以发现感冒药销售情况出现了 6 个高峰，分别为 2009 年 10 月到 11 月、2010 年 3 月到 5 月、2010 年 6 月底、2010 年 9 月到 10 月份、11 月底和 2011 年 1 月初。

传统的流感监控系统都是根据感冒药销售情况和急诊门诊中流感病人占比数等变量计算流感爆发的概率。这些变量和流感爆发概率具有直接的关系，如感冒药销售情况的 6 个高峰有 5 个落在流感季，因此，这二者存在明显的相关关系。但是感冒药销售情况的高峰要略微晚于流感高峰，而且急诊门诊中流感病人占比数更是在流感爆发过后才能统计得到。

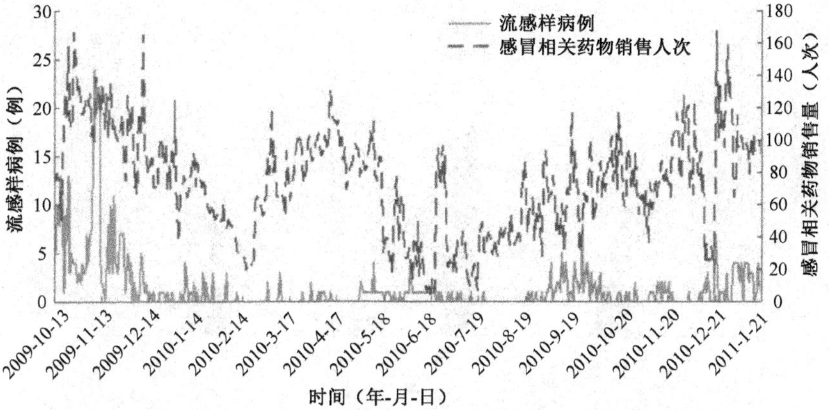

图2.6　天津市 2009 年 10 月至 2011 年 1 月流感病例与药物销售折线图

因此，流感监控系统的信息发布总是晚于流感爆发，为了预测流感爆发的概率，势必要在方程中加入更丰富的变量，而使用多种多样的数据也正是大数据的精髓之一。研究表明，肺炎病例的增加会明显引起流感病例的增加，这是由于这两种疾病发病的原因相似；天气因素也会明显影响流感病例，在寒冷少风的天气里，由于人们不愿意通风透气，流感病毒会在室内大量繁殖，从而导致流感爆发；此外，人口密集的地区流感病毒更容易传播，流感爆发的概率也更高。

通过实验室培养测试，我们发现从不同地区采到的样本中各类病毒的密度有很大差别。如图 2.7 所示，学校中的流感病毒最多，类型也最丰富；写字楼中的病毒也比较多，并且大部分都是甲 3 型。这些区域由于通风条件比较差，人群密度又较大，因此聚集了较多的流感病毒。农村和居民楼区域的流感病毒较少，且多为甲 1 型。在我们构建 Logistic 回归模型时，通过记录不同街区的人口密度和通风情况，可以计算出每个街区的流感爆发概率。

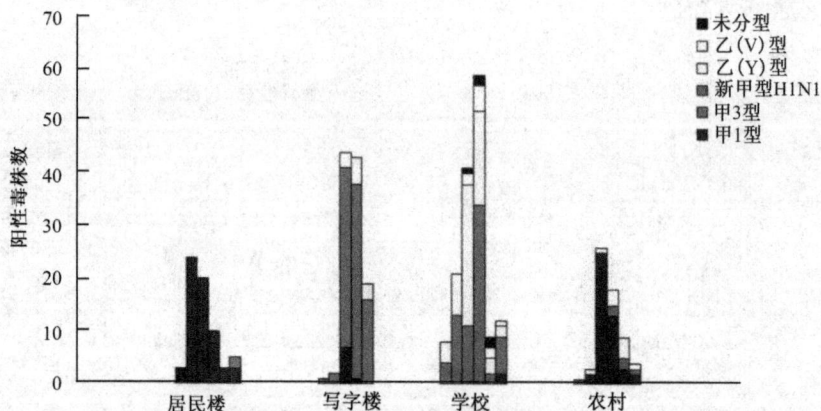

图 2.7　流感病毒在不同地区的存活密度（春季）

除了肺炎病例、温度、风力强弱、人口密度、通风情况等因素外，提前采集空气样本测出的流感病毒密度、最新的药品售量、流感病例数，以及人口的流动等因素也有必要放进 Logistic 回归方程中去。方程中可靠的变量越多，最终的预测结果就越准确。

如今疾病预测系统越来越多，百度大数据推出的疾病预测系统不仅界面十分"高大上"，而且功能也非常丰富，可以预测十几种疾病在每个城市的发病率。据"百度疾病预测"负责人介绍，"百度疾病预测"采用了包括用户搜索记录在内的多种数据，在追求数据更新速度的同时保证了数据的准确性。虽然百度并未披露其算法内幕，但根据整合多种数据源及追求可解释性和准确性这两方面来看，百度无疑同样采用了大数据和统计手段相结合的方法。

2.5.3　Logistic 回归分析小结

Logistic 回归分析和线性回归分析、非线性回归分析并称基本回归分析模型。Logistic 回归分析适用于因变量为分类变量的情况，无论是二分类变量（如是否会发生流感）、无序变量（流感会发生在哪个区域）还是有序变量（流感发生的等级），Logistic 回归分析都能拟合出相对应的方程，可谓非常强大。

从本质上来看，Logistic 回归分析使用一个对数转换，将事件发生的概率转换成因变量，因此 Logistic 回归实际上是一种非线性回归。这使得 Logistic 回归分析具有灵活多变，可以拟合更复杂的曲线的特点。同时与非线性回归分析相比，Logistic 回归又具有易于解释的特点。如本节流感预测的案例中就可以直观地理解每个自变量是如何工作的。

Logistic 回归分析的另一个强大之处在于它能够比较不同自变量对因变量影响的强弱，即比较人口密度和通风情况哪个因素更能影响流感爆发，以及这种差距究竟有多大；同时它也能比较不同的自变量组合有什么差别，即比较其他情况相同时，儿童、青年、老年人中哪些人更容易患流感。

根据自变量之间的相互比较关系，数据分析师就可以给出可靠的建议了。如通风情况强烈影响流感爆发的频率，因此在春季市民应做好通风工作；集体住宿制的学校容易发生流感，因此学校医务室应储备药物，老师们也应带领学生做好预防工作。结果的易解释性使得数据分析师更容易理解方程的含义，从而给出合情合理的建议。

Logistic 回归分析的局限之处在于它所适用的研究领域并不广泛。它通常用于研究流行病学的问题，如研究各类流行病是否会爆发，以及爆发的概率有多大。此外，它也可以用于研究社会科学问题，如预测市民各项幸福指标的升降程度等。在金融领域中需要拟合非线性回归方程时，Logistic 分析也能够派上用场，如研究房价是否会涨，以及涨跌的幅度。

和 Logistic 回归分析相似的方法有非线性分析、神经网络、支持向量机等用于研究非线性拟合问题的数据分析方法。在众多竞争对手的挤压下，Logistic 分析用在经济金融领域的时候并不多，但从本节的案例分析来看，Logistic 分析并不逊色于其他任何分析方法。作为一项业界关注度持续上升的分析方法，Logistic 回归分析方法正在被完善和丰富着，它在不久的将来无疑能够帮助数据分析师解决更多领域的问题。

第 3 章

经典的降维数据分析案例

降维算法综述

粗糙集算法——协助希腊工业发展银行制定信贷政策

因子分析——基于李克特量表的应聘评价法

最优尺度分析——直观评估消费者倾向的分析方法

PCA 降维算法——智能人脸识别的应用与拓展

在大数据时代,如何甄别有效数据、提供计算海量数据的方法是数据分析师们研究的重点问题。降维算法就是通过降低数据维度简化计算过程以达到数据挖掘目的的一类算法。本章选取了 4 种具有代表性的降维算法,它们的算法原理和特点千差万别。通过阅读本章,读者将了解不同的算法是如何完成同一项工作的,以及这些算法之间有什么异同。

3.1 降维算法综述

降维算法是随着近年来数据量爆炸性增长而逐渐为人们所重视的数据挖掘方法之一,它在剔除冗余信息和找出关键信息等方面有着无可比拟的优势。通过阅读本节,读者将会了解降维算法为什么这么重要,并且对常用降维算法有一些基本认识。

3.1.1 为什么要使用降维算法

电子计算机、摄像头、地铁刷卡系统、电商网站泛滥成灾的资讯和评价……现代社会的电子产品已经全面普及,短短数年,累积了令人难以想象的海量数据,凭借这些数据,我们顺利步入大数据时代。可利用数据的数量之多和维度之广正是大数据时代的重要特征,这两项特征为数据分析提供了新的可能,但同时也是数据分析的障碍。

例如,全中国所有的医院每天要接待数万个肺炎病人,这就是肺炎病人数据的数量之多;而医院所能采集的肺炎病人的信息有身高、体重、肺活量、血压、体温、每分钟心跳次数等，这就是肺炎病人数据的维度之广（每种信息都是一个维度）。

从理论上来说，只要收集足够的维度信息，掌握病人的饮食习惯、财富状况、免疫能力等所有和肺炎相关的信息，那么医生就可以构建出关于病人的完美模型，精准地预测出病人是否患有肺炎，以及肺炎的严重程度。但从实际情况考虑，过多的维度在计算过程中会占据过多的内存，维度和维度之间又会产生共线性等问题，导致计算机最终难以计算出正确结果。如何在保证信息足够的同时兼顾计算速度和能力，正是大数据分析迫切想要解决的问题。

降维分析算法正是为了解决这一问题而产生的。总的来说，降维分析算法的共同特点是将模型从较多的维度通过空间映射的方法变成较少的维度，从而达到减少计算量或改善变量间关系的目的。详细来说，有的降维算法将数据中的原始信息全部保留，有的降维算法舍弃了一部分原始信息；有的降维算法使用线性方法，有的降维算法使用非线性方法；有的降维算法适用于连续变量，有的降维算法适用于分段变量；有的降维算法较为简洁，有的降维算法较为复杂。正是由于实际生活中存在多种多样的问题和需求，降维算法才如此丰富多彩。

降维算法的另一个鲜明特点是它特别善于与其他算法相配合，进而解决更复杂的问题。作为一种实用性很强的算法，降维算法不但可以直接从数据中分析得出结论，也可以作为其他算法的前期工作。如因子分析可以用于发现维度之间的相互关系，其所得出的因子得分可以用于为个案聚类，其所得到的因子可以用于回归分析。降维算法和其他算法之间容易形成较好的互补，这也正是降维算法的重要之处。

3.1.2　线性降维算法

如上文提到的那样，降维算法的本质是提取数据中的重要特征并摒弃掉无用特征，以加快计算速度并为后序分析提供类似数据清洗的工作。目前，数据降维算法主要分为线性降维算法和非线性降维算法，如图 3.1。

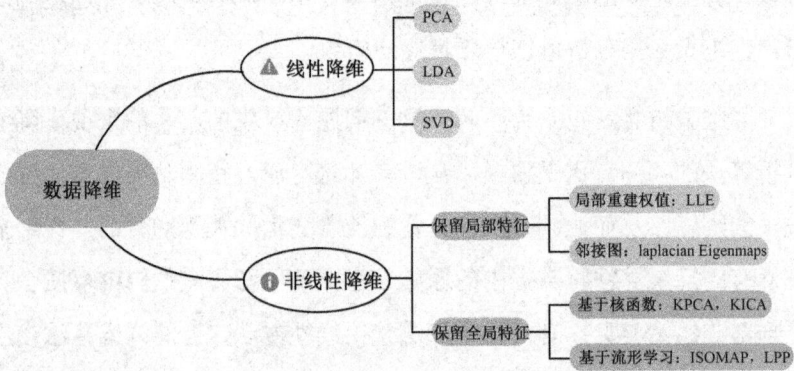

图 3.1　数据降维方法总结

线性降维算法是降维算法中最早被使用的算法。从子集选择（属性选择）开始，慢慢演变发展出了因子分析、主成分分析等可解释性强且效果不错的算法。子集选择算法的目标是找出最小特征集合，使得数据的概率分布尽可能地接近使用所有特征时得到的分布（原分布），常用的方法是前向选择、后向选择等方法。这类算法思路清晰，简单直观，易于使用。

因子分析（FA）的发明是降维技术发展中的一个重要里程碑，它的基本思想是根据特征相关性将原始特征分组，使得同组内的特征相关性尽可能高，不同组内的特征相关性尽可能低。此算法在心理学领域得到了广泛应用。不过，由于因子分析需要预先做好的假设，对误差有特殊要求等原因，它的计算需要很多轮迭代，非常复杂。

目前典型的线性降维算法是主成分分析法（PCA），由 PCA 扩展得到的奇异值分解法（SVD）以及判别分析法（LDA）。主成分分析法及其扩展是目前线性降维算法中应用最为广泛的算法，它在减少数据集特征维度的同时，尽可能地保持数据集对方差贡献最大的特征。主成分分析法的基本步骤是：（1）数据去中心化；（2）构建协方差矩阵；（3）做特征值分解，得到特征值和对应的特征向量；（4）将特征值从大到小排序，特征值大的维度即对应数据集中的重要特征，特征值小的维度即对应数据集中的次要特征，对数据集特征进行筛除。

3.1.3　非线性降维算法

虽然线性降维算法在实际工程中解决了很多问题，不过随着数据量的暴增和特征组合的广泛应用，人们发现线性降维算法忽略了特征之间的非线性关系——线性降维算法将特征视为相互独立的，如仅有年龄和体重这两个特征的其中之一，我们是无法判断一个人的健康程度的，但是当我们将两种特征进行组合的时候，它们能反映的信息就更全面和丰富了。

因此，非线性降维算法的重要性与日俱增。典型的非线性降维算法有"核方法＋线性降维算法"（如 KPCA、KFDA），流形学习（ISOMap、LLE）等。KPCA（Kernel PCA）作为典型的"核方法＋线性降维算法"，本质是通过利用核函数的性质将低维输入空间（欧式空间或离散集合）映射到高维特征空间（希尔伯特空间），然后在得到的特征空间中数据即从线性不可分变成了线性可分的了。ISOMap（等距离映射）作为流形学习的代表算法，它的作用是将流形上的位置映射到欧式空间中（如将一个三维足球的每块格子映射到二维平面中），它是多维尺度分析方法（MDS）的改进算法，用测地线距离代替欧式距离作为空间距离的表示。

由于流形方法是基于数据是分布于一个流形上的假设，而实际情况中并不能确定这个假设的存在，所以对不同类型的数据和任务，需要谨慎地从各类降维方法中进行选择和取舍。

随着深度学习的发展，还有一些基于神经网络的降维方法被发展出来，如多层稀疏编码器等。不过由于这种方法对数据量要求较大，可解释性较差等原因，目前在实际应用中难以见到。

本章选择了粗糙集算法、因子分析、最优尺度分析、PCA 降维算法这 4 种较为经典的降维算法加以讨论，每种算法都围绕现代商业案例展开，这 4 种算法各有特点，除此之外，模糊集算法、多维度 MDS 算法、矩阵分解算法等也是十分优秀的降维算法。通过对本章的学习，读者可以掌握常见的降维算法的原理和特点，并了解它们的适用情况，同时学习本章也有助于读者学习其他降维算法。

3.2 粗糙集算法——协助希腊工业发展银行制定信贷政策

本节通过希腊工业发展银行使用粗糙集算法制定信贷政策的案例，向读者介绍粗糙集的基本概念和原理，以及粗糙集的优缺点和适用范围。通过阅读本节，读者将掌握粗糙集的使用方法，并明白如何将粗糙集与其他算法结为一体，解决更复杂的问题。

3.2.1 银行信贷政策的制定原则

如何在将钱借给别人的同时保证人家会还，这个问题早在银行还未出现的时候就已经有人在研究了。我们每个人都有借钱给别人或向别人借钱的经历，如果是熟人或由熟人担保，我们一般愿意借，如果听说一个人老是借钱不还，我们通常就不会借钱给他。银行向外贷款和个人向外借钱有异曲同工之处，如银行也要考察贷款人的还款能力、信用记录等。与个人向外借钱不同的是，银行向外贷款所遵循的信贷政策和国家经济密切相关。

无论是个人还是公司，想要贷款都要首先向银行信贷部门提交资料，信贷部门将资料转交给风控部门，由风控部门确定贷款是否符合政策、是否可以发放。在银行信贷的流程中，风控部门的判断起到了决定性的作用，好的风控部门可以帮助银行提高利润，维持国家经济的正常发展，不好的风控部门可能会引起全国范围内的资金流转不畅。

风控部门判定贷款申请是否可以通过主要是从贷款人情况，以及国家政策两方面考虑：贷款人是否能够按时还款，银行发放贷款的最终目的还是盈利，不能够偿还的贷款业务是绝不会通过审批的；贷款人的贷款项目是否符合经济政策，如在国家遏制房地产发展的时期，房地产公司想要贷款可谓难上加难。这两个大的方面又可以细分为贷款人的工资收入（贷款公司的财务报表）、贷款人的信用记录、贷款人的财产抵押、货币政策的紧缩或放松、国家对产业的扶持程度等。

自 2008 年以来，全球所有主权国家都不同程度地受到了金融危机的影响。以欧洲为例，各个国家不仅受到金融危机的影响，同时也被

欧债危机所连累。欧盟所属国的经济或多或少都有所衰退，其中作为
欧债危机始发国的希腊更是千疮百孔，难以为继。为了恢复经济，希
腊一方面整顿政府财政，在增加税收的同时削减支出；另一方面实行
经济结构改革，着重发展第三产业。

宽松货币政策给希腊银行带来的影响是贷款申请的增加，为了刺
激经济发展，银行势必要允许希腊企业贷走更多的金额，但经济的衰
退却使企业的还款能力大幅下降。这两方面的矛盾迫使希腊银行风控
部门必须更准确地判断企业是否会还款，为了解决这一矛盾，希腊银
行使用粗糙集算法对以往数十年的贷款记录加以分析，制定出最佳的
信贷政策，最终帮助希腊走出危机。

3.2.2　粗糙集算法的原理和应用

信贷服务是银行业务的重要组成部分，在和无数企业打交道时，
风控经理们早已练就了一双火眼金睛，能够从千万企业中遴选出最具
还款能力的企业。和企业是否会还款相关的因素有企业申请贷款项、
企业类型、企业财产状况等，而银行所关心的内容则有企业是否会还
款，以及企业是否能及时还款等。

粗糙集算法可以同时研究多个自变量和多个因变量之间的关系，
在银行贷款的案例中，风控经理感兴趣的是企业是否会还款，以及什
么时候才会还款。表 3.1 列出了 8 条原始记录，其中有 3 条用来判断
是否批准贷款的条件属性和 2 条风控经理想要提前知道的决策属性。

表 3.1　企业贷款原始数据

编号	企业申请贷款额	企业类型	企业财产状况	企业是否还款	企业还款时间
1	中	第一产业	差	完全	拖延
2	小	第二产业	中	部分	提前
3	大	第一产业	好	部分	按时
4	中	第二产业	好	完全	提前
5	中	第一产业	差	完全不	按时
6	大	第三产业	好	部分	按时
7	大	第二产业	差	部分	提前
8	小	第二产业	差	完全不	按时

　　粗糙集算法可以从这 8 条原始数据中学习企业还款与否的模式，同时还能知道 3 条条件属性哪条更重要。使用粗糙集算法的一个重要前提就是要先将原始数据离散化为算法可以识别的数据。

　　企业申请贷款额：0——小（十万元以内）；1——中（百万元以内）；2——大（百万元以上）。

　　企业类型：0——第一产业；1——第二产业；2——第三产业。

　　企业财产状况：0——好；1——中；2——差。

　　企业是否还款：0——完全不还款；1——还回部分款项；2——完全还款。

　　企业还款时间：0——拖延还款；1——按时还款；2——提前还款。

　　将离散化后的数据用表格展示出来，就有了表 3.2。根据表 3.2 所示的数据，粗糙集可以完成属性简约、测度属性重要性、提取决策规则这 3 项工作。

表 3.2　企业贷款离散化数据

编号	企业申请贷款额	企业类型	企业财产状况	企业是否还款	企业还款时间
1	1	0	2	2	0
2	0	1	1	1	2
3	2	0	0	1	1
4	1	1	0	2	2
5	1	0	2	0	1
6	2	2	0	1	1
7	2	1	1	1	2
8	0	1	1	0	1

　　属性简约的目的是使用尽可能少的属性来完成分类任务。在表 3.2 的数据中，编号 1、5 的企业和编号 2、8 的企业都有相同的条件属性，但其决策属性却不相同，不考虑这 4 个企业的话，根据 3 个条件属性来分类的话，可以将剩下的 4 个企业分为 4 类。分类映射关系分别是 200—11（编号 3），110—22（编号 4），220—11（编号 6），211—01（编号 8）。

　　当不考虑企业申请贷款额这一条件属性时，这 4 个分类映射关系就变成了 00—11，10—22，20—11，11—01，此时这 4 个企业仍然能够互相区分开。当不考虑企业类型这一条件属性时，这 4 个分类映射关系就变成了 20—11，10—22，20—11，21—01，此时这 4 个企业中编号 3、6 的企业的条件属性变得一致了，不过这两个企业的决策属性同样一致，因此这时的 4 个企业仍然能够互相区分开。同样的情况也发生在去掉企业财产状况这一条件属性时。

　　但是当去掉两个属性，只留一个属性时，如去掉前两个属性，只留最后一个属性时，分类映射关系成了 0—11，0—22，0—11，1—01。这时我们没办法知道当企业财产状况为 0 时，决策属性究竟是 11 还是 22。

因此，对于表 3.2 所示的数据我们可以简约化处理，去掉 3 个属性中的任意一个属性，而不影响最终的分类结果。但当简约化处理，去掉 2 个属性时，分类结果就要打折扣了。

尽管这 3 个属性都可以单独去掉而不影响分类，但它们的重要性却不相同。为了更清楚地阐述这一点，我们以 8 条记录为研究对象，观察 3 个属性对分类的重要性。在 8 条记录中，只有记录 3、4、6、7 可以互相区分开，而其他 4 条记录不能够分开。当去掉第一个条件属性时，第 7 条记录的映射由 211—12 变为 11—12，第 8 条记录的映射由 011—01 变为 11—01，这两条记录就混在了一起，我们没办法通过后两个条件属性将第 7 条记录和其他记录区分开了，此时只有记录 3、4、6 保持着与众不同。

同样的道理，去掉企业类型或去掉企业财产状况后，记录 3、4、6、7 的映射关系都能够继续保持着与众不同。因此，企业申请贷款额的重要性为（4-3）÷8=0.125，即 3 条属性能够区分的记录数减去除企业申请贷款额属性外，其他两条属性能够区分的记录数再除以所有记录数。同理有其他两个属性的重要度都是 0。

表 3.3 将表 3.2 中的 8 条记录分成了两部分，其中协调决策里的记录是完全能够互相区分开的决策，而不协调决策中的记录虽然条件属性都相同，但决策属性却不同，因此不能相互区分开。表 3.3 中的协调决策规则就是我们想要提取的决策规则。

根据表 3.3，我们可以知道申请贷款额在百万元以内、属于第二产业、财产状况良好的企业贷款后会提前完全还款，因此我们要赶快借钱给他们；申请贷款额在百万元以上、属于第一产业或第三产业、企业财产状况良好的企业会按时还回部分款项，我们借钱给他们时要仔细考虑。

表 3.3　协调决策表和不协调决策表

编号		企业申请贷款额	企业类型	企业财产状况	企业是否还款	企业还款时间
协调决策	3	2	0	0	1	1
	4	1	1	0	2	2
	6	2	2	0	1	1
	7	2	1	1	1	2
不协调决策	1	1	0	2	2	0
	5	1	0	2	0	1
	2	0	1	1	1	2
	8	0	1	1	0	1

在粗糙集算法中引入更多的条件属性可以使协调决策更多，但是过多的条件属性也会拖累计算机的运行速度。通过计算每个属性的重要程度，可以帮助数据分析师遴选最有用的条件属性，从而在计算精度和速度上折中。

粗糙集算法不仅为希腊工业发展银行的放贷策略提供了技术支持，国内外也有不少专家学者乃至机构将粗糙集算法应用到如证券投资决策，风险评价研究体系之中。如北京科技大学的鲍新中教授的《基于粗糙集理论的证券投资决策》，英国金融 IT 厂商 Misys 开发的基于粗糙集算法的系统等。

3.2.3　粗糙集算法小结

粗糙集的决策机制十分简洁，当用于训练的数据量较大时，粗糙集的分类效果不亚于支持向量机、神经网络等分类方法，是如今广为应用的重要算法之一。

粗糙集算法具有计算速度快、准确度高、结果易于理解等优点，无论是决策规则产生的过程还是决策规则本身，都容易让数据分析师理解其背后的含义，因此粗糙集产生的决策规则也就能更容易地应用到实际工作中，如在信贷政策的制定问题中，风控部门可以根据决策规则要求企业提交更多的资料，以及有针对性地监视某些企业。

决策树算法是与粗糙集算法最相似的一种算法，这二者都擅长处理离散型数据，计算速度都非常快，结果也都易于理解，但粗糙集并不区分条件属性投入算法时的先后顺序，粗糙集的精确度更高，且粗糙集也更适合和其他算法相结合。

粗糙集算法在智能控制、神经系统专家、决策分析、文本挖掘、股票数据分析、医疗诊断等领域都有不俗的表现，本节介绍的希腊银行制定信贷政策的案例，就是粗糙集算法在决策分析领域的一个经典案例。此外，还有地震预报、投票分析、电力系统等领域都需要粗糙集算法，可以说只要有大量离散型数据，粗糙集算法就可以起到作用。

粗糙集算法同样具有缺点。粗糙集的决策过程十分简单，这使得它产生的决策规则不够稳定，不同的数据集会导致不同的决策规则；当训练数据增多时，粗糙集的精确度会得到提高，这意味着粗糙集需要大量有效的训练数据；粗糙集只能处理离散数据，如果不能较合理地将连续数据离散化，将极大影响粗糙集的结果；当条件属性过多时，属性组合会无限多，简约属性将变得十分困难。

正是由于这些缺点的存在，粗糙集才越来越多地和其他算法协同工作。粗糙集经常用于与神经网络、遗传算法、支持向量机，以及自动控制理论相结合。粗糙集可以替神经网络和遗传算法简约属性，使支持向量机对噪声点不会过分敏感，并极大地补充了自动控制理论在非线性动力系统方面的不足。粗糙集与其他算法相叠加的效果能够使一些复杂问题迎刃而解，这正是粗糙集最为珍贵的地方。

3.3　因子分析——基于李克特量表的应聘评价法

因子分析是专门为心理分析设计的分析方法之一，发展至今，它已成为最重要的降维方法，在小数据量的数据分析领域中影响深远。因子分析有多种用途，是数据分析师必备的数据分析手段之一。通过阅读本节，读者可以理解因子分析的作用和原理，并能够在实际工作中应用它。

3.3.1　源于智力测试的因子分析

因子分析是由英国心理学家在 1904 年提出来的，可以说这一分析方法是专门用于解决测验问题的。它通过研究测试问卷中不同问题的内部结构，用少数几个假想变量来反映原始问卷中的主要信息。

例如，在智力测验中，教育学家往往会设计上百道问题来测试学生的智力，这些问题包罗万象，但大体来讲可以归结为学生的文学、逻辑、艺术、历史、常识 5 个方面，这 5 个方面就是 5 个因子。所有的问题都可以被归入这 5 方面中的某一个。根据因子分析提供的因子得分，教育学家可以计算出每个学生在每个方面的得分，进而计算出最终得分。

使用因子分析的好处在于客观和容易理解，如倘若在智力测验中有关逻辑的题目较多，那么直接将上百个题目的得分相加作为最终得分的话，逻辑好的同学的智力得分就会高于其他同学，而使用因子分析的话，就不会有影响，这是由于因子分析能够客观地对问卷调查解构重组；同时，因子分析所找出的公共因子都具有实际的含义，这对于解释最终结果有重要作用，也有利于数据分析师单独研究每个因子对最终结果的作用。

随着市场分析学的蓬勃发展，越来越多的公司愿意在市场分析中投入精力和资源。市场分析的常用媒介是顾客调查表，而因子分析正是能够分析这些调查表的利器。1932 年，李克特量表正式问世，进一步提升了因子分析在市场分析方面的重要性。

李克特量表是评分加总式量表中最常用的一种。该量表由一组陈述组成，每一陈述有"非常同意""同意""不一定""不同意""非常不同意" 5 种回答，分别记为 5、4、3、2、1，每个被调查者的态度总分就是他对各道题的回答所得分数的总和，这一总分可说明测试者的态度强弱或测试者在这一量表上的不同状态。

这种量表具有容易设计、信度高的优点，但是完全由有序变量构成的数据也给数据分析增加了难度。幸好因子分析十分适合解决这类问题。本节所举的案例正是因子分析是如何对基于李克特量表的顾客评价表做出分析并得到有效结论的。

3.3.2　使用因子分析解构问卷

要学好因子分析，首先要理解因子分析是如何起作用的。因子分析是应用最广泛的降维方法，也就是说，因子分析的目的是将多个变量映射到较少的变量上去，而因子分析写出映射函数的依据就是各个变量的相关程度。

因子分析通过构造因子模型将多个相关变量映射为不相关变量。如图 3.2 所示，图中散点原本以 X 轴和 Y 轴为坐标系，呈明显的正相关。但是在图中画出 $f1$ 轴和 $f2$ 轴后，散点围绕新的坐标系散落分布，看不出有任何相关关系了，此时 $f1$ 和 $f2$ 就是因子分析所得出的两个因子。这种将相关变量映射为不相关变量的方法不仅在二维空间适用，在高维空间同样也能够起到作用。对于一份由 15 个变量构成的调查表，同样能够将其映射为 5 个因子。

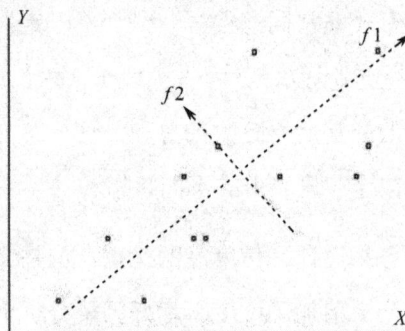

图 3.2　因子分析映射图

求职形式、外貌、专业能力、亲和力、自信心、洞察力、诚实、口才、经验、驾驶能力、事业心、理解能力、潜在能力、交际能力、适应性这 15 个变量是招聘公司在招聘人才时较为看重的方面，在招聘时，招聘官按照李克特五点量法对求职者一一打分，并最终录取总分最高的求职者。

通过观察可以发现，这 15 个变量所考察的内容多有重合，如经验和适应性这二者都和求职者的工作经历有关，因此，对得分表进行因子分析，将相关的多个变量映射为一个变量是势在必行的。

表 3.4 是根据 48 份求职者的各项得分最终计算出的因子旋转矩阵。因子旋转矩阵将相关的变量映射到同一个变量中去，其旋转系数是每个原始变量在每个因子中的重要程度。如自信心、洞察力、口才、驾驶能力、事业心、理解能力、潜在能力这 7 个变量是相关的，因子分析将它们通通映射到了第一个因子中去，由于它们都和求职者的外露能力相关，因此因子 1 可以命名为外露能力因子。同样的道理，因子 2、因子 3、因子 4、因子 5 可以分别命名为经验因子、亲和因子、专业因子、外貌因子。

因子分析只能将原始变量映射为不同的因子，数据分析师还需要找出每个因子的实际含义，并为每个因子命名。值得注意的是，这些因子的划分并不是随便的，设计者依据招聘公司对求职者的关注点设计出评分表，也就是说，在做因子分析之前，数据分析师就已经对可能形成的因子有了预估。如果分析结果和数据分析师所料想的相差过大，则应当考虑数据可信度是否不高，数据中是否存在异常值，旋转方法是否不恰当。

表 3.4　求职者因子旋转矩阵表

	因子 1	因子 2	因子 3	因子 4	因子 5
自信心	0.917				
洞察力	0.851				
口才	0.880				
驾驶能力	0.754				
事业心	0.909				
理解能力	0.783				
潜在能力	0.717				
求职形式		0.722			
经验		0.773			
适应性		0.764			
亲和力			0.827		
诚实			0.777		
专业能力				0.686	
交际能力				−0.585	
外貌					0.458

常见的因子旋转方法有方差最大法、四次方最大旋转和等量最大法。在 SPSS 软件中，这 3 种旋转方法都有提供，对于同一份数据，数据分析师可以尝试寻找最佳的旋转方法。当因子旋转矩阵理想时，我们可以根据因子得分系数矩阵计算出最终的因子得分。并根据最终的因子得分加权计算得出每个求职者的总分，这个权重可以通通赋值为 1，也可以使用累积的方差解释作为权重。因子旋转矩阵、因子得分矩阵、累积的方差解释表等都可以使用 SPSS 轻松地得到。

图 3.3 是求职者外露能力因子得分和经验因子得分构成的散点图，可以看到这二者之间仍然存在微弱的相关关系。实际上，外露能力和经验这二者本身就有联系，如驾驶水平这一原始变量对外露能力因子的因子旋转系数为 0.754，对经验因子的因子旋转系数为 0.393，可谓对这二者都具有较大的影响力，只不过它对外露能力的影响更大，因

此我们将其归入外露能力因子中。

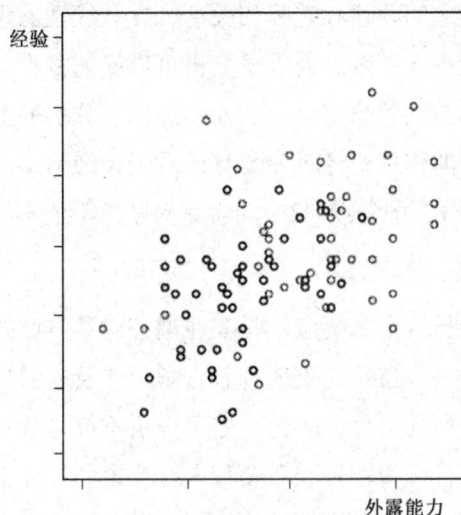

图 3.3　外露能力和经验散点图

　　尽管外露能力和经验存在相关关系，但是外露能力较强而经验较少，或者经验较多而外露能力较弱的人也有许多。每个因子的得分可以指导招聘公司使用更少的薪酬招聘到更优秀的人才，如看重经验的公司可以选择经验较多的求职者，看重能力和可塑性的公司则可以选择外露能力较强的求职者。

3.3.3　因子分析小结

　　作为降维算法中的明星，因子分析是每个数据分析师必须精通的分析方法之一。毫不夸张地说，因子分析具有和线性回归分析同样重要的作用。因子分析不仅适合处理大多数分析方法处理不了的有序变量，也能够处理数值型变量。

因子分析最重要的作用就是替回归分析处理数据。当涉及多个自变量时，自变量之间往往存在强相关性，在共线性的影响下回归分析的结果总是不能令人满意。而因子分析可以提前将多个相关的自变量映射成较少的不相关的自变量，从而提高回归分析的准确性。因子分析对于回归分析的作用就像粗糙集算法对于神经网络的作用一样。可以说，没有因子分析的帮助，2/3 的实际问题都不能再继续使用回归分析建立模型。

因子分析的另一个重要应用是其在调查问卷方面的作用，无论是心理学、客户分析、市场调查还是教育学，涉及问卷调查的数据分析都要仰仗因子分析的力量。因此，因子分析不仅是数据分析师需要学习的分析方法，社会学，以及需要和人打交道的职业都需要从业者了解因子分析。

因子分析能够将较多的变量映射为较少的变量，同时提供因子得分以供进一步分析。这是因子分析特有的优势。坚实的理论基础、易于和其他分析相结合、结果容易解读是因子分析的优点。但因子分析同样具有缺点。

首先，构建因子模型需要非常大的计算量，这将因子分析牢牢局限在小样本数据量中，当数据量过大时，很难通过因子分析得到有效结论。因子分析的前身——主成分分析却没有这方面的顾虑，这是因子分析的一大缺点。

其次，因子分析十分依赖数据的真实性。在收集数据时，数据分析师必须精心设计问卷，并且精心挑选样本人群来分析，倘若数据不够合理，因子分析的结果也会不够理想。在现实生活中我们很难搜集到完美的数据，因此数据分析师往往要反复尝试不同的因子旋转方法，才能得到理想的结果。

最后，因子分析结果的解读完全仰仗数据分析师。如果数据分析师对业务背景理解不深，很可能将不该放在一起的变量放到一个因子中，最终得到的结论也就大错特错了。

撇开这些小缺陷不谈，作为和回归分析、聚类分析相提并论的重要分析方法之一，因子分析一直是数据分析师的必备技能。尽管因子模型的计算过程非常复杂，但 SPSS 软件可以非常方便地给出所有的结果，数据分析师只要掌握了因子分析各个结果表格的含义，就能够使用它去解决许多实际问题。

3.4 最优尺度分析——直观评估消费者倾向的分析方法

最优尺度分析是非常有特色的一种分析方法，它最大的特点在于借助降维的手段来研究原始变量之间的关系。在可视化和易于理解方面，最优尺度分析有着其他分析方法无法比拟的优势。本节对最优尺度分析的原理和应用做出了详细解读，并展示了其在市场分析方面的特殊作用。

3.4.1 市场调查问题催生的最优尺度分析

最优尺度分析与因子分析都是从主成分分析中发展起来的，但这两者分析的思路和解决的问题完全不同。因子分析的发展方向在于如何更好、更合理地为原始变量降维，而最优尺度分析则从变量本身入手，尝试在简化数据结构时表现出不同变量之间的密切关系。

最优尺度分析主要用于回答定性问题。在调查消费者倾向时，我们关心的问题有：哪种产品卖得更好？产品之间哪些比较相似？什么顾客更倾向于购买什么产品？哪些市场已经趋于饱和？哪些市场还有可供开发的空间？

这些问题涉及多个自变量，如消费者年龄、消费者收入、产品原产地、产品成分、产品价格等。这些变量大都是分类变量，而且不服从正态分布。因此，简单相关分析和回归分析不适合用来探索这些变量间的关系，而专门用于处理分类变量的交叉列联表又不能为变量降维，当变量超过 5 个时，交叉列联表所提供的结果就烦琐难懂，意义不大了。

但是，这些问题具有重要的实际意义，是市场前期调查的重要组成部分，而且调查的问题越多，数据分析师关于市场消费者的了解也就越准确，提交的市场调查报告也就越有价值。因此，寻找一种能够专门用来解决多个变量的分析方法就显得尤为重要。

最优尺度分析专门用来回答有关消费者倾向的问题。它使用主成分分析法将变量降至二维的水平，并在二维平面上使用图形来表现变量间的关系。它可以分析消费者的购买行为与消费者类型的内在联系，预测市场产品变化对消费者的影响，指导新产品的开发。

最优尺度分析在传统行业的市场调查中作用最大，汽车行业、护肤品行业、餐饮业、服装业等行业都可以应用最优尺度分析。此外，选民对政治党派的支持情况、不同政治议题的热度和联系、不同企业品牌在消费者心中的差别、不同课程对考试成绩的影响、员工类型和销售收入的联系等问题也能够使用最优尺度分析来探索。

为了解决多种不同的问题，最优尺度分析具有很大的灵活性，其结果的解读有好几种方法。本节通过两个例子展示了 6 种解读方法，掌握这些解读方法后，读者可以在较多类型的问题中应用最优尺度分析。

3.4.2 6 种经典的最优尺度分析解读方法

最优尺度分析善于分析变量之间的关系。本节使用了住房货币化改革、医疗改革、物价涨跌、下岗再就业、石灰质安、养老保险、人民币是否贬值、亚洲金融危机是否会波及国内、环境保护、反腐败、减轻农民负担、农村村务公开和农民选举等多个热门的政治话题作为分析的变量，使用李克特量表调查人们对政治话题的关心程度，每个话题可选的关心程度有不关心、不太关心、无所谓、较关心、关心，这 5 种态度分别对应 1、2、3、4、5 分。我们想要知道的是不同话题之间有什么联系和区别。

图 3.4 是利用数百份调查问卷对政治话题做出的最优尺度分析图。最优尺度分析将 25 个政治话题变量降维至二维，也就是图中的 X 轴和 Y 轴，并将 25 个变量映射到二维平面上，最终得到如图 3.4 的联合分布图。

第一，可以看出图 3.4 以 X 轴和 Y 轴的零点为界，被分成 4 个象限。不同象限的话题有较大的差别。如两岸关系、教育体制改革等都属于第一象限，土地承包政策不变、减轻农民负担等都属于第三象限，关心前者的人和关心后者的人有明显的差别。

　　第二，利用横线距离可以度量话题与话题之间的相关程度。以金融危机是否会波及亚洲为例，将这个点和原点相连，做一条贯穿两点的直线。将减轻农民负担、国营和集体企业改组、下岗再就业、行业不正之风这 4 个点向该直线做垂线，根据垂点与金融危机是否波及亚洲的距离即可度量这些政治话题之间的相关程度。如图 3.4 所示，国营和集体企业改组和金融危机波及亚洲最为相关，然后是下岗再就业和减轻农民负担，行业不正之风与金融危机会否波及亚洲最不相关。

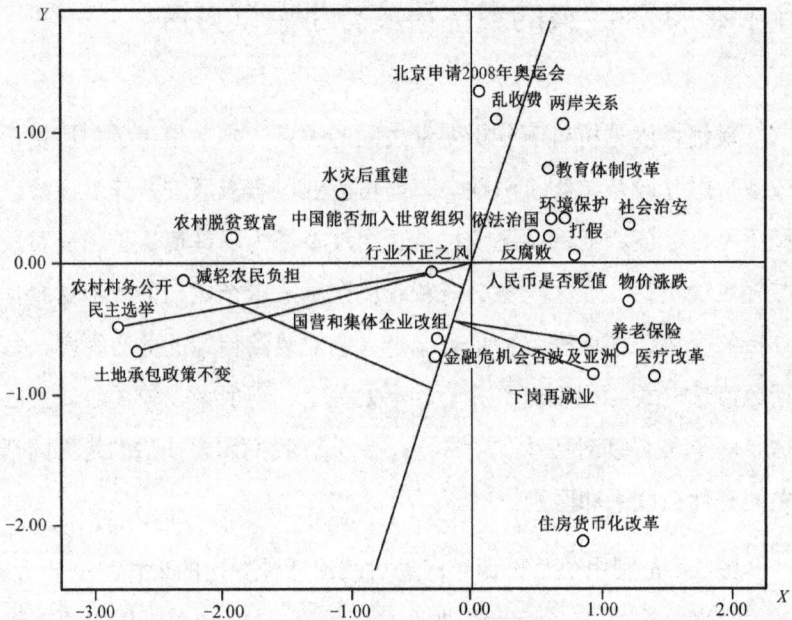

图 3.4　政治话题最优尺度分析

　　第三，以原点为顶点，不同话题之间形成的角度也是度量话题与话题相关程度的方法。观察图 3.4，农村村务公开、民主选举与土地承包政策不变这两个话题与原点形成一个极为尖锐的锐角，这二者的相关程度是十分高的。

最优尺度分析同样能分析每个变量中不同类别之间的联系，如在政治话题问题中可以分析关心农村政策的人不关心什么，以及不关心两岸关系的人关心什么。图 3.5 是汽车市场调查的最优尺度分析图，它涉及 7 种变量，每种变量里又包含 2～4 种不同类别。如汽车来源国分为美国、欧洲和日本。

除了图 3.4 展示的 3 种分析图解读方法外，图 3.5 展示了另外 3 种解读方法。

第一，离原点越远的点就越具个性。在图 3.5 中，美国车和大型车都落在第二象限，且距离原点相当远，因此美国大型车是非常有特色的，它和欧洲车、日本车有较大的差异。中型车、商务车、男性车主这 3 个点紧紧围绕在原点附近，它们是缺乏特色的，也就是说对于男性车主来说不同国家的中型商务车没有太大的差别。

第二，距离较近的点可以聚为一类。图 3.5 中使用了 3 个大圆圈聚出了 3 个类别。其中已婚、女士、小型、运动车、有两份收入、欧洲车、日本车可以聚为一类，已婚有小孩、女士、中型等又聚为一类，而一份收入、单身、租车聚为一类。通过聚类可以发现欧洲车和日本车的销售对象很多，这两种车是彼此强劲的竞争对手。单身族酷爱租车出行这种形式，且没有明显的偏好，这片市场有待进一步考察。

第三，最优尺度分析图可以指示公司的发展方向。对于欧洲车来说，如果选择向右方进军，也就是设计更多的小型运动车的话，将和日本车正面相撞，而且这一部分的顾客也并不密集；如果选择向上方进军的话，则将避开其他竞争对手，并且争取到更多的客户。

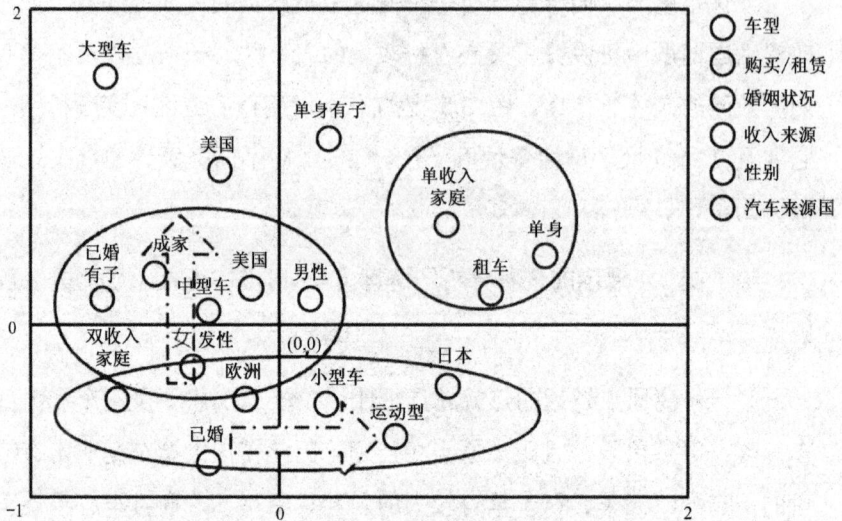

图 3.5 汽车市场调查最优尺度分析

在 SPSS 里，除最优尺度分析图外，辨别度量表同样是非常重要的一个表，它提供了变量与变量之间的相关程度，以及每个变量的可信度。

图 3.6 是汽车市场调查的辨别度量表。在图 3.6 中，收入来源、婚姻状况和性别相互之间的夹角非常小，说明这三者十分相关。汽车来源国和尺寸也是十分相关的两个变量，而与汽车类型最相关的则是收入来源。此外，性别变量距离原点非常近，这说明最优尺度分析对性别这一变量的解释并不特别可信，即分析图给出的男士与女士在购车时的不同倾向不是特别可靠。

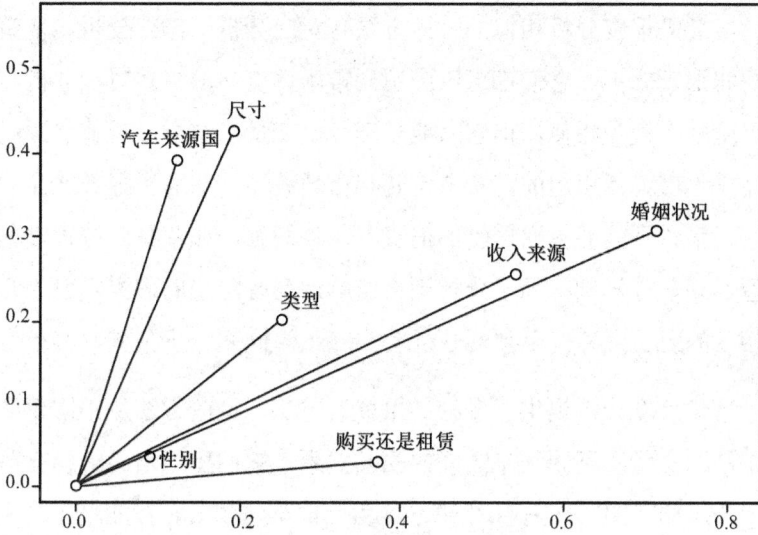

图 3.6 汽车市场辨别度量表

3.4.3 最优尺度分析小结

最优尺度分析通过主成分分析法来描述多个分类变量不同水平之间的相关性，它用图形反应变量之间的关系，兼具理论基础坚实和结果易解读两方面的优点，在市场细分、产品定位、品牌形象、顾客满意度研究等方面都具有深远影响。

和交叉列联表相比，最优尺度分析具有能够化简数据和为数据降维的特点，使用最优尺度分析能够从浩瀚的数据中更有效地提取信息；与主成分分析相比，最优尺度分析具有分析结果表达直观的优点，且最优尺度分析能够处理的数据类型要多于主成分分析。

与最优尺度分析相似的分析方法有对应分析、结合分析、决策树分析和因子分析。它们都可以应用到市场调查问题中。对应分析与最优尺度分析最为相似，但它只能处理两个变量；结合分析能够预测新产品投入市场后引起的消费者反映和市场波动，从而指导新产品的开发；决策树则能够提取繁复的消费者购物规则，如单身女性顾客偏好小型运动车等规则；因子分析则将影响消费者购物的因素映射为几个不相干的因子，并使用判别分析或 Logistics 回归分析预测顾客行为。

最优尺度分析提供了多种结果解读方法，这些方法从不同角度解释了不同变量、不同水平之间的相互关系，它们所给出的解释有些是相悖的。如在图 3.4 中用距离法认为土地承包政策和行业不正之风不相关，而用角度法则认为这二者相关（它们形成的角度非常小）。在解决实际问题时，我们应多方考虑，找出最合理的解释。如从实际意义来看，土地承包政策和行业不正之风应当是不相关的。

最优尺度分析同样具有缺点。

首先，它不能和其他分析方法产生协作关系，也不能像因子分析那样为其他分析方法进行数据处理工作。最优尺度分析的结果是非常独立的，难以将它和其他分析方法联系起来。这就使得最优尺度分析的应用领域受到了限制。

其次，最优尺度分析所能分析的变量数也不是没有上限的。当全部变量的所有水平加起来超过 50 个时，所有的点将在图中堆成一团，混杂的散点掩盖了真实的数据关系，数据分析师就很难从图中得到有效的结论了。

最后，最优尺度分析不能回答定量问题，如"全球市场内单身女性一年购买多少运动型车"或 "已婚女性购买家庭车的概率是单身女性的多少倍"，它甚至也不能回答两个变量的相关程度有多高。

　　基于以上优缺点，最优尺度分析所提供的图形往往被数据分析师用于市场调查报告中，但是仅使用最优尺度分析还不足以完成整个市场调查，数据分析师必须配合使用回归分析或判别分析等其他分析方法才能得到最终的市场调查结果。

3.5　PCA 降维算法——智能人脸识别的应用与拓展

　　PCA 降维算法就是主成分分析法，在第 3.3 节和第 3.4 节中已提到过，因子分析方法和最优尺度分析方法都是在主成分分析法上发展起来的。主成分分析法是一种较为粗糙的降维方法，对于小样本量的数据来说，它不如因子分析方法实用。但是当数据量较大时，主成分分析法就有了用武之地。本节以当今最热门的人脸识别问题为例，详细阐述 PCA 降维算法的原理与应用。

3.5.1　刷脸的时代来了

　　智能人脸识别属于生物识别的一种，是当今最热门的技术之一。在好莱坞科幻大片中，某探员利用微型摄像头快速扫描人群揪出嫌疑人，或者某黑客侵入电脑系统，绕过固若金汤的人脸识别系统等，这些例子比比皆是。在数十年后，也许我们出门吃饭、购物、取钱时不再需要刷卡，只需在机器上刷脸就可以了。

现实世界中的人脸识别远远没有电影里展示的那样酷炫，真正的人脸识别系统依赖街头摄像机和普通电脑就可以完成工作，但其最终达到的效果并不逊色于电影。人脸识别系统确实可以帮助警方在拥挤的人流中识别出罪犯，它也可以用于各种安保系统的用户验证，用于人脸视频分割和拼接等。此外，在许多虚拟网游小说中描述主角在虚拟世界建立人物时也需要扫描人脸，构建虚拟形象。人脸识别系统具有如此广泛的应用，也无怪乎科研人员对它情有独钟了。

人脸识别系统固然很神奇，但其流程也并不复杂。要建立一个人脸识别系统，需要至少 4 个步骤。

第一步，需要搜集大量的训练样本，如所有罪犯的照片、所有考取驾照资格的人的照片等。这个样本集越大，最终的识别效果也就越好。

第二步，需要提取样本的特征。常见的样本特征有照片的分割，也就是变化较大的像素，如嘴唇到脸部的分割；照片的灰度，也就是照片的颜色；照片的角，如嘴唇可以提取出唇角、人中、下唇缘等五六个角。常见的提取特征的方法有 SVM 特征法、Haar 特征法、轮廓矩等数，它们能够从一张照片中提取出上百种特征，每个特征又使用上百个向量来表示。

第三步，需要为样本的特征降维。降维可以大幅提高计算机运行的速度，谁都不希望使用人脸打卡系统时要等 10min 才能被识别出来，因此必须减少系统响应时间，本节所介绍的 PCA 算法正是这个用途。

第四步，将待识别的照片输入系统，并与训练集中的照片相比较，找出最相似的训练照片。通过这一步，人脸识别系统可以发现街上是否有人的脸和在逃罪犯的脸极为相似，或者是否有人驾车却无驾照，从而判断是否要通知警方进行抓捕。

3.5.2　使用 PCA 降维算法完成降维工作

在智能人脸识别系统的构建中，第二步与第三步的工作是最为重要的。如果不能提取足够多的维度，那人脸识别系统的准确度必然不够；如果不能将维度削减至可以快速计算的程度，那人脸识别系统也不能正常工作。

我们不妨假设总共提取了 M 个特征，每个特征由 N 个向量表示，则总共有 $M+N$ 个维度，简记为 Z 个维度。

主成分分析的最终目的是将 Z 维数据降至较少的维数。图 3.7 展示了主成分分析如何将二维数据降至一维数据，图中原本处在二维平面中的红点经过映射后全部集中到 L 直线上，即降成了一维数据。这样做难以避免地带来了信息的丢失。图中每个点距离 L 直线的垂直距离就是每个点的偏移，也就是每个点丢失的信息。

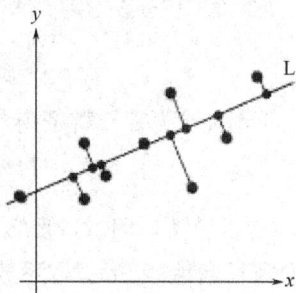

图 3.7　主成分分析降维示意图

主成分分析所要做的就是找出高维空间向低维空间映射的函数，

并找出每个映射函数带来的信息缺失。要想做到这一点，首先要求给出样本数据的协方差矩阵。$cov(X,Y)=\dfrac{\sum\limits_{i=1}^{n}(X_i-\overline{X})(Y_i-\overline{Y})}{n-1}$ 是两个变量计算协方差的公式，其中 n 代表有 n 个样本。$\overline{X}$ 和 $\overline{Y}$ 则分别代表 X 变量和 Y 变量的均值。每张照片我们都提出了 Z 个维度，则有协方差矩阵如下：

$$C=\begin{bmatrix} cov(z_1,z_1) & cov(z_1,z_2) & cov(z_1,z_3) & \cdots & cov(z_1,z_z) \\ cov(z_2,z_1) & cov(z_2,z_2) & cov(z_2,z_3) & \cdots & cov(z_2,z_z) \\ cov(z_3,z_1) & cov(z_3,z_2) & cov(z_3,z_3) & \cdots & cov(z_3,z_z) \\ \vdots & \vdots & \vdots & & \vdots \\ cov(z_z,z_1) & cov(z_z,z_2) & cov(z_z,z_3) & \cdots & cov(z_z,z_z) \end{bmatrix}$$

协方差矩阵是使用 n 个样本计算得到的 z 行 z 列的对称矩阵，其中，$cov(z_i,z_j)$ 和 $cov(z_j,z_i)$ 计算得到的数据是一致的。根据这样一个 z 行 z 列的协方差矩阵，我们可以通过计算矩阵的特征多项式得到矩阵的特征值和特征向量。

特征值和特征向量是一一对应的，特征值是一个小于 1 的数字，特征向量则是一个由 z 个数字组成的一维向量。每组特征值和特征向量都满足如下条件：

协方差矩阵与特征向量的乘积等于特征值与特征向量的乘积，即 $C\cdot\vec{\xi}=\lambda\cdot\vec{\xi}$，$\vec{\xi}=[X_1,X_2,X_3,\cdots,X_z]^{T}$。其中每个特征向量对应唯一的特征值，每个特征值则对应多个特征向量，它们之间存在倍数关系，即 $C\cdot k\vec{\xi}=\lambda\cdot k\vec{\xi}$。对于每个特征向量，我们只取系数最简的那个特征向量。

每个特征向量都是一个映射关系，由于特征向量是一个由 z 个数据组成的一维向量，将特征向量和样本数据相乘能够得到一个一维数据，即样本数据在一维空间上的坐标。计算多个特征向量与样本数据的乘积，可以得到多维数据。

特征值则衡量了特征向量所能代表的信息大小。我们将特征值最大的 G 个特征向量作为我们需要的维度，这些特征向量累加得到的特征值大小一般不应小于 70%，也就是 G 个特征向量构建的 G 维空间至少能够代表原来的 Z 维空间中 70% 的信息。由于特征向量之间总是正交的，因此这种表达是最简洁有效的，能用最少的维数包含最多信息的。

将 Z 维空间降为 G 维空间后，我们可以计算得到所有样本照片在 G 维空间上的样子，也就是图 3.8 中的 PCA 特征脸，这些特征脸的眉毛、唇周和眼周附近都有明显的颜色变化将轮廓区分了开，这是由于提取了附近的分割特征。

当有新的照片传入系统时，通过提取新照片的 Z 维向量，并将照片压缩至 G 维后，即可得到重构后的人脸。可以看到，图 3.8 中输入系统的真实照片和最终重构后的照片是非常相似的。对比新照片和样本照片的 G 维数据，可以计算得到照片之间的相似系数，当相似系数超过某个阈值时，即认为两张照片是同一个人。

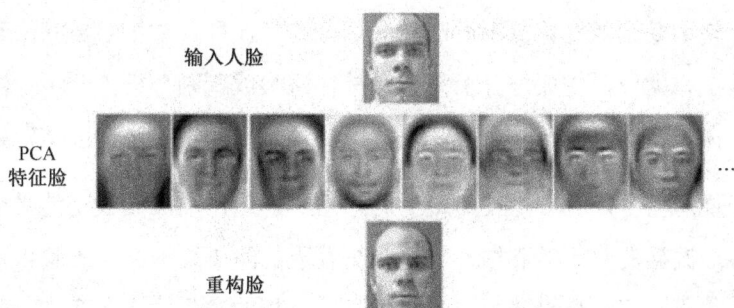

图 3.8　人脸识别系统流程示意图

这种技术是人脸识别最常见的应用之一，警方在公交车站、客车站、火车站等人流必经之处安装摄像头后，即可使用这种技术锁定在逃嫌疑人。2017 年，重庆大学计算机学院葛亮教授团队对高维数据聚类（应用 PCA 变种方法），瑞士的达尔摩尔感知人工智能实验室的 Eemi Lebret 等人将 PCA 技术应用到词嵌入中等，都是这种技术的应用。此外，PCA 还有身份证验证、图像检索、车辆访问、智能 ATM、计算机安全、交互式游戏等多种用途。

3.5.3　PCA 降维算法小结

当样本数据上万、维数上千时，主成分分析算法是非常有效的一种降维方法，它能够起到的作用有两个：一是节约存储空间，当数据量过多时，仅减少几维数据都可以节约许多存储空间；二是提高计算速度，将数据降维后，无论是样本数据训练时，还是对新数据做出响应时，速度都会大幅提高。

主成分分析所映射得到的低维数据本身就具有意义，如本案例中可以使用低维数据计算不同照片的相似度。此外，与粗糙集算法和因子算法相类似，主成分分析能够替神经网络或判别分析等分析方法处理数据，将高维数据映射为低维数据，提高后续分析流程的效率。

要想使主成分分析发挥最大的作用，训练用的原始数据就必须足够多，数据的收集是制约主成分分析发展的障碍之一。如人脸识别系统中的原始照片至少要上千张，主成分分析的结果才具有意义。而当人的面部表情不同、有障碍物遮挡面部、光线过强或过弱时都会影响照片的质量，难以从中提取有效的原始特征数据，也就难以得到好的低维空间。

除去收集数据需要花费大量精力和资源以外，在主成分分析时同样需要注意数据归一的问题。由于变量和变量之间的量纲不同，如人的牙齿长度按毫米计算，眼睛长度却按厘米计算，不同的量纲将导致计算特征值时变量所占比重不同。在进行主成分分析时，需要先将所有的变量统一量纲，计算完毕后再还原至原始量纲，否则计算结果将受到影响。

为了弥补主成分分析的不足之处，数据分析师尝试了多种方法。如在人脸识别系统中，我们考虑收集 3D 人脸模型，而非 2D 照片以作为训练识别系统的原始数据。这样做可以克服表情、光线、遮挡物对照片识别的阻碍，提取更多的原始特征数据，从而提高人脸识别系统的精确度。

主成分分析在 SPSS 中有现成模块可以使用，但由于 SPSS 不能计算过大的数据量，所以在解决实际问题时，使用 MATLAB 软件是更好的选择。本节剖析了主成分分析的原理，MATLAB 中含有计算协方差矩阵和特征值、特征向量的函数，为我们使用 MATLAB 进行主成分分析提供了方便。

第 4 章

经典的模式识别案例

本章介绍了 4 种基础的模式识别算法。模式识别是大数据的起源领域之一，从本章起，我们开始学习更多需要通过编程完成数据分析工作的算法，我们关注的重点也将从小数据样本的数据分析方法转移到大数据样本的数据分析方法。通过本章的学习，读者将掌握模式识别的基本概念，理解如何将模式识别算法应用到具体问题中去，并初步接触数据挖掘的内涵。

4.1　模式识别综述

模式识别是一个有着悠久历史的科学，在计算机未被发明出来之前，模式识别领域的研究主要集中在生物科学中。随着计算机的发明和数学的进步，在模式识别领域中诞生了一个个耀眼的学术成果。通过学习本节，读者将了解什么是模式识别，以及模式识别领域中的重要成果。

4.1.1　模式识别简介

模式识别学科有悠久的发展历史，人类无时无刻不进行着模式识别的工作，例如，当我们看到一件衣服时可以轻易地辨别它是女装还是男装，我们走在路上也会自觉或不自觉地分辨和我们擦肩而过的路人是少年还是中年人。模式识别这一学科所研究的一项重要内容就是人类是如何进行这些模式识别工作的。

20 世纪 50 年代末，感知器模型的提出使模式识别学科和数学学科彻底分割开来，模式识别研究工作开始快速发展。此后，人工神经元理论的完善使得模式识别与计算机学科更加紧密地联系起来，人工智能与模式识别在同一时期兴起，模式识别为人工智能学科提供了坚实的理论基础。

计算机的发展和大数据时代的到来，促使人们自然而然地思考如何利用大量数据使计算机像人类一样进行模式识别工作，由于人类在进行模式识别时，本来就需要借助大量经验，这与计算机完成模式识别过程的思想是非常相似的。因此，模式识别被广泛地应用到数据挖掘中，并产生了很多有价值的成果。

随着近几年 AI 和生物科技等领域的迅猛发展，模式识别的智能化和生物化前景广阔。因此，除了坚实的理论基础，有了强大的计算能力和生物科技的加持，模式识别领域必将得到飞跃式的发展与进步。

4.1.2　模式识别的发展脉络

正如上面提到的那样，模式识别主要目标是研发能够模拟人类识别能力的系统。人的识别能力可以分为很多种，如听觉、嗅觉、视觉及触觉等，科研人员通过对人体的感官系统展开深入研究，再根据处理情况建立数学模型，在模式识别领域中踏出了较为成功的一步。

模式识别作为一种科学，总是可以通过构建模型或者复杂的模拟系统来解决问题。但是问题在于，通过模型学习到的真实对象或者能力，可能只在我们关注的主要方面达到要求，而其他方面反而会变差。例如，船的速度比鱼要快，但是船在快速转向和黑暗视觉方面则远远不如鱼。也就是说,模式识别的研究重点在于某一项或者几项的能力的模拟而非完全复现一个生物体的所有功能。如图 4.1 所示,为模式识别系统的基本组成部分。

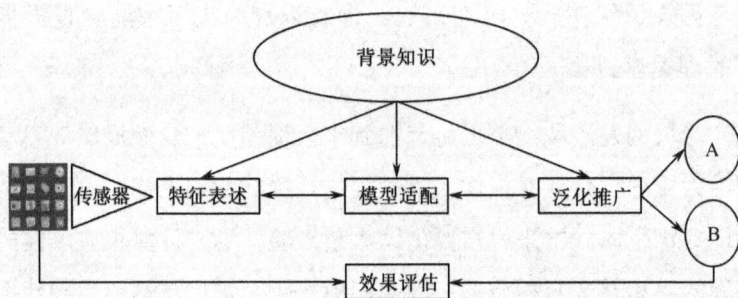

图 4.1　模式识别系统的基本组成部分

20 世纪 50 年代末,感知器模型被提出,此模型从神经元的特点中汲取灵感,这是第一次在计算机上模拟人类的视网膜功能的模式识别研究。它使用数百个光传感器作为输入端,这些传感器被连接到电子触发器上,当通过可调节的兴奋阈值(threshold)时,就会像神经元一样进入兴奋状态,否则就是抑制状态。到最后一层,当输入端看到的物体与感知器训练过程中见过的对象相匹配时,感知器模型就会发出信号,表明能够识别此输入。

经过数十年来的总结和发展,荷兰代尔夫特理工大学和英国曼彻斯特大学的研究人员将模式识别总结为 4 种典型方法:对象建模、泛化推广、系统建模及概念建模。

1. 对象建模:此类方法从全局出发,通过实验和研究逐步确定研究思路和理论中有价值的部分。例如,对于识别一头大象,研究人员可能会发现用颜色,轮廓和背景就够了。一般地,研究人员发现,可以用特定的规则对固定事物进行识别和模拟。模式识别中的句法和结构识别都属于此类。即根据实际对象的性质进行推理。在对象建模领域有两个重要的问题：①如何从个体对象中建立一个具有一般性意义的一个类的概念；②如何把人对客观事物的感性认识和物理感应器的量度有机联系起来。

2. 泛化推广：泛化推广的目标在于直接从观察中提取最能体现事物某项能力和功能的重要角度和特征。在没有任何先验知识和背景的情况下，人们可能对观察得到的结果无从下手，像物体的形状、颜色、大小等都属于低层次的感知判断，这里就需要借助统计学的方法对度量结果进行分析，从直观的低层次特征中找到规律。语义推断和统计模式识别方法是此类方法的经典应用。

3. 系统建模：系统建模方法主要集中研究人和动物的大脑，感官产生模式识别能力的外在学习方法。在感官、神经这种底层建模的领域中，模型的建立主要基于细胞的物理，生理学知识和构成它们的蛋白质和矿物质。通常情况下，感官本身不能直接反馈从它从外界感知中获得的结果，这就需要感官和大脑一并进行一系列解析重构的过程。以视觉识别为例，人眼辨认事物主要是通过对物体进行边缘检测和运动检测，从而在全局里面发现感兴趣的细节。视觉领域的研究（"神经网络＋视觉"）便是受到了这种方法的启发而发展的。

4. 概念建模：概念建模属于外在的体系方法，它是从外界成熟的理论和经验出发而非观察事物本身。经典的方法有专家系统、信念网络及概率网络，不过随着客观事物和系统的复杂性日益显现，概念建模的方法已经辉煌不再。

4.1.3　模式识别应用简介

模式识别作为和统计学、计算机学并列为大数据时代的三大发源学科之一的科学，它的研究领域和人工智能，以及图像控制等又有交叉，可以说模式识别是和其他学科联系极为紧密的一项学科。简单来说，模式识别主要研究的是分类问题，模式识别将世界看作无限个类别的总和，每个类别都是一种模式，而模式识别的主要工作就是将未分类的事物分到某个具体的模式中去。

模式识别可以分为有监督的模式识别和无监督的模式识别，有监督的模式识别即为算法提供大量已分好类的样本数据，算法通过学习不同类别样本的差异后，将新样本分入已知的类别中；无监督的模式识别则不清楚样本数据的类别，如何为数据分类及究竟分多少个类别都需要算法自行判断。

模式识别既可以为抽象的东西分类，也可以为具象的东西分类。前者如将博客分为积极、中立、消极 3 类，后者如将建筑分为楼房、平房、别墅 3 类。模式识别最成熟的应用领域有生物识别问题、医学诊断问题、遥感识别问题等。像文字识别、指纹识别、声波识别等常见的识别问题都属于生物识别，第 3 章所介绍的人脸识别问题也属于此列；医学诊断问题则包括血液化验问题、心电图诊断问题等；遥感识别问题通常借助图像识别的知识对遥感图像加以分析，完成天气预测、农作物收成预测等任务。

本章介绍了图像分析、遗传算法、决策树分析和 K 均值聚类分析 4 种典型的模式识别算法，它们解决的问题涉及多个行业。通过阅读

本章，读者将掌握模式识别的基本思想和算法原理，了解模式识别算
法是如何工作的。同时，模式识别也是人工智能和数据挖掘的基础学
科之一，学好模式识别将有助于后续的学习。

4.2 图像分析——谷歌的超前自动驾驶技术

图像识别是一门内容丰富的学科，它与模式识别是一种互相补充
的关系。图像识别将雷达或摄像机收集的图像转化为数据，模式识别
再对其进行分析，这个分析的过程就是图像分析。严格来说，图像分
析并没有固定的算法套路，但所有用于解决图像分析问题的算法的思
路都是一致的。本节从谷歌自动驾驶算法入手，展示了图像分析是怎
么和监督学习算法结合在一起的。

4.2.1 以安全的名义呼吁自动驾驶技术

> 早上 8 点，机器人管家轻柔地呼唤你起床，你在全自动智能洗
> 手间里洗漱完毕后，崭新的西服已经送到你的面前。穿好衣服，你
> 拿起智能厨师精心烹制的早饭走出房门，一辆全自动驾驶磁浮汽车
> 准时停靠在门前。你跨进汽车，车子平稳地发动了，你一边搭车向
> 公司进发，一边悠闲地享用早餐……

这种科幻小说里的经典桥段要完全实现或许还要经历一两百年，
但全自动驾驶汽车已经不再是梦了。早在 1953 年，通用汽车的传奇设

计师 Harley Earl 就提出了自动驾驶汽车的概念，在每个科技人的心中埋下了自动驾驶汽车的梦想。

美国人首先开展了自动驾驶汽车软件的开发工作，德国和日本也不甘落后，纷纷进军这一市场。愿意向自动驾驶汽车项目投放大笔资金的公司有两类：一是各大汽车制造商，如宝马、奔驰、沃尔沃、本田等；二是各大科技巨头公司，如美国的谷歌、特斯拉及我国的百度等。

汽车制造商们所开发的软件大都是小型软件，如交通拥堵辅助系统、超级巡航系统、自动泊车技术等。这些程序开发出来后可以立刻安装到汽车上，汽车制造商们所提倡的是一种循序渐进式的改革，目前来看，离自动驾驶技术还很远。特斯拉与百度公司研发的目标则是一种半自动式的汽车驾驶技术，即汽车在人类监督、监管的情况下自动行驶，或者让智能程序大幅监控人类驾驶员的驾驶行为。谷歌所研究的则是一种完全自动驾驶的模式。

谷歌的自动驾驶项目启动于 2010 年，2012 年谷歌得到了第一块无人驾驶汽车的牌照，无人驾驶汽车获准上路，也是这一时期，无人驾驶汽车技术开始在平民百姓中普及，民众广泛接受了这一概念。截至 2015 年，谷歌的无人驾驶汽车已经跑完了一百多万千米的路程，其中既包括高速公路路段，也包括市内郊区路段。

安全因素是促使无人驾驶汽车飞速发展的最主要原因。以我国为例，汽车保有量每年都在直线上升，如今的道路上比十年前多了一亿多辆汽车，随之带来的车祸数量也大幅上升。据统计，仅 2014 年已有近 20 万人丧生于交通事故中，而这些交通事故 80% 都是由于司机操作不当造成的。如果无人驾驶技术真的能大幅投入使用，交通事故将会少得多。

据调查机构 IHS 预测，2025 年全球将有 23 万辆自动驾驶汽车，2035 年，全球将有 1180 万辆，到 2050 年，所有的汽车都将是自动驾驶的。到那时，交通事故将不再发生，而且自动驾驶汽车的普及将减少现有汽车 90%的数目，道路也将不再拥堵。

截至 2018 年，不但传统车企如丰田、现代、雪铁龙等企业在大力研发无人驾驶技术，国内外也有很多创业公司以无人驾驶为立足点开始涉足无人驾驶领域。比较有名的是前英特尔中国研究院院长吴甘沙创办的驭势科技，前百度首席架构师彭军领衔的小马智行，以及刚刚完成 1.28 亿美元 A 轮融资的 Roadstar.ai 等。

尽管业界对无人驾驶汽车普遍持看好态度，但无人驾驶技术仍然存在难以忽视的弊端，首先目前的法律法规并不认可无人驾驶汽车的存在，其次一旦无人驾驶汽车发生交通事故，后果将十分严重，且不论这是否打了整个机器人工业的脸，仅事故责任划分问题就让车主、汽车制造商和交通部门头痛。

4.2.2　快速成熟的无人驾驶技术

对于无人驾驶汽车来说，使用有监督学习的方法训练算法是一件理所当然的事情。不妨把一个算法想象成一个人类少年，人类司机向算法一次又一次地演示怎么开车，无人驾驶算法通过观察路况的变化和人类司机给出的不同反应，从而归纳驾驶汽车的正确方法。

图 4.2 是谷歌自动驾驶算法刚开始训练时的图像。这张图分成两

个部分，下方是汽车上的摄像头拍摄路面后提取照片特征形成的图片，虽然计算机不能理解照片中央的白色条状物是一条公路，它也不能理解汽车一定要在公路上行驶才行，但人类司机会告诉它怎么做才是对的。

图像的上方有两个条状物，它们分别代表司机对方向盘的偏转，以及算法预测的方向盘偏转。靠上的条状物是司机的实际偏转，我们看到目前道路略向左侧倾斜，代表司机操作方向的白条也略微向左偏。靠下的条状物是算法的预测偏转，这时算法才刚刚接受训练，它所给出的预测方向遍布整个条状物，也就是说它基本上不知道应该向哪个方向偏转方向盘。

经过数十个小时的训练后，自动驾驶算法已经能够模仿人类司机的做法了。图 4.3 是训练接近尾声时的训练成果图，观察上方的方向盘操作条，算法对方向盘偏转方向的预测和人类司机对方向盘的操作已经基本重合了，也就是说，算法已经学会了在这种简单的、没有其他汽车的路上应当如何驾驶汽车，确保汽车不会掉下公路了。

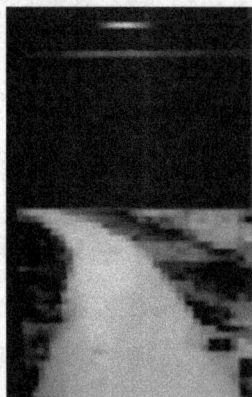

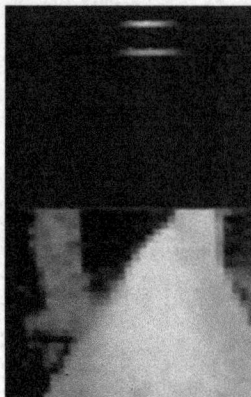

图 4.2　自动驾驶算法初次训练示意图　　图 4.3　自动驾驶算法训练成果图

我们不妨将整个过程分解一下。自动驾驶算法首先需要拍摄路面照片，并从中提取特征，将照片使用一组数据表达出来，这些数据可以向算法描述道路是向哪个方向偏的，以及偏离程度有多少，也可以描述出附近的道路上有什么东西。同时人类司机对方向盘的操控也可以简单地化为一组数据，这组数据能够表达方向盘偏转的方向及偏转的角度。

有监督学习算法训练的过程就是将路况和司机的操作一一对应起来。当然，算法不能像人类一样理解路况和司机反应之间的逻辑关系，它所能观察到的是一组组的数字。对于所有的道路左偏的照片来说，算法会注意到代表这些照片的数据中有一些数据普遍高于其他数据，有一些数据普遍低于其他数据，它们中潜藏着某种规律 A。同时和这些照片对应的司机操作数据又符合另一种规律 B。因此，当新照片再次出现规律 A 时，算法就知道此时应当做出规律 B 的反应。

因此，训练自动驾驶算法的过程本质上就是使算法通过图像识别，将路况转化为数据，并从中提取决策规则的过程。

在没有人的郊区行驶只是一种最简单的情况，在有其他汽车、红绿灯、行人、障碍物、摩托车等其他障碍的路面上行驶时，情况会复杂得多。为了能够处理这些情况，自动驾驶算法需要更多的训练数据，也需要更多的监控设备来搜集路面数据。

谷歌的自动驾驶汽车车顶有一个激光测距仪，用于检测汽车和其他物体的距离；车前后保险杠上共有 4 个雷达；后视镜附近有一个摄像机；一个 GPS 等。这些装备所搜集的数据和高精度的地图结合起来，将汽车附近的环境转化成算法能够理解的数据流。

图 4.4 是谷歌曝光的一幅自动驾驶汽车模拟图。图中左下角是实

际道路照片，可以看到这是一条宽阔的马路，右手边有一个骑自行车的人正打着手势要过马路。在模拟图中路面上的分道线都被清楚地提取了出来，汽车原本沿最右端的分道直行，但由于行人要过马路，因此右端分道前方变成了红色，不能前行了。汽车前方的绿色横线则提示汽车可以向左偏，绕过行人。

图 4.4　谷歌自动驾驶汽车模拟图

在多个电子设备的协助下，谷歌的自动驾驶汽车已经能够辨认上百种标志了，完成这些工作需要预先向自动驾驶算法中输入上万小时的训练图像，以便自动驾驶算法能够学会如何处理大部分情况。计算机程序固然不如人类聪明，但它永远也不会犯错，永远也不会累。自动驾驶技术的成熟会将人类从操作汽车的烦恼中解放出来。

4.2.3　图像分析小结

图像分析是模式识别中一个重要的分支，它是一种非常经典的监督学习过程。使用图像分析来训练算法和人类学习未知知识的过程是非常相似的，它们都需要看到一个物体、辨认出物体所属的模式，然后做出反应。只不过人类使用神经元传递信息，完成分析工作并做出反应，而图像分析则使用数据流传递信息，完成分析工作并做出反应。

自动驾驶算法是一个经典的图像分析案例。图像分析首先需要将摄像头捕获的图像和 GPS 传来的地图结合起来，提取图片的特征，将行人和马路上的原有建筑区分开。其次需要将图像特征转化成数字，并从由上万样本上千维度组成的超大矩阵中总结出规律，即路面符合什么规律时，驾驶路线应符合什么规律。在这个例子中，涉及上百种模式，自动驾驶算法必须将新的路况正确归入其中的一种模式中，从而做出正确的驾驶行为。

图像分析方法和图像识别学科紧密结合。它的发展阶段分为文字识别、数字图像识别、物体识别 3 部分。图像分析具有灵活、准确度高、识别方法多样化的优点，如今物体识别技术已经非常成熟，这使得图像分析方法被广泛应用于表情识别、照片识别、场景识别、遥感识别等多个领域。

图像分析方法的缺点有 3 个。

图像分析方法十分依赖数据源的获取，当图像不准确时，分析结果将受到极大的影响。如在谷歌自动驾驶的例子里，外部设备提供给算法的图像特征必须准确，当路口临时加了一个红绿灯，而谷歌 GPS 又没有收录时，无人驾驶汽车会无视这个红绿灯。

图像分析方法的分析精度还不够。人类能够分辨路中央的障碍物是石头还是塑料袋，从而选择绕路还是直接压过去。但是图像分析方法会将阻挡的物体通通定性为障碍物，当无人驾驶汽车发现路中有个塑料袋时，还是会绕过去。

图像分析方法需要大量的训练样本。首先，并不是所有的样本都是容易搜集的，无人驾驶汽车需要知道当前方发生车祸时该怎么做，但是这种样本可不多见；其次，大量的训练样本将占用许多计算空间和存储空间，这会拖缓计算机做出反应的速度。

4.3　遗传算法——经典的人力资源优化问题

遗传算法是一种经典的最优化算法，它模仿生物群落的繁殖行为，通过遗传因子、突变因子和交叉因子完成遗传过程，按照"适者生存"的规则推演出最优解。遗传算法与其他最优化算法有很大的不同，通过阅读本节，读者可以了解以遗传算法为首的最优化算法是如何工作的，以及它们都能够解决什么问题。

4.3.1　使用有限资源实现利益最大化

盈利是企业运作的目的。为了得到更多收益，资本家都希望能够用最少的人完成最多的事情。在一个公司里，如何让有限的职员完成最多的任务，不仅人力资源学家关心这个问题，数据分析师们也在尝试从建模的角度回答这个问题。

为了描述形象，我们不妨假设有一个数据分析公司，职工规模为30 个人，包括 5 个数据分析工程师，10 个数据分析师和 15 个数据分析专员。该公司承接了三份数据分析工作 A、B、C。工作 A 需要 12个人完成，其中至少需要 3 个工程师和 5 个数据分析师；工作 B 需要

10 个人完成，其中至少需要 1 个工程师和 3 个数据分析师；工作 C 需要 10 个人完成，其中需要至少 4 个数据分析师。

此外，工程师每周工作 4 天，分析师和分析专员每周工作 5 天。工作 A、B、C 需要的时间分别是 30 天、40 天、50 天。对于公司来说，支付给员工的工资是固定的，但客户为不同类型的员工每天支付的费用不同，因此完成工作的时间越少，公司的成本就越低，收益就越高。因此，如何进行合理的资源安排，使工作尽快完成就是一个非常实际、和金钱直接挂钩、需要立刻解决的问题。

遗传算法就是专门用来解决这类问题的。要想找到最合理的资源安排，首先需要将文字问题抽象成数学问题。我们的目的是使最终收益最大化，而最终收益可以表示为 $R = \sum_{i=1}^{3} \sum_{j=1}^{3} c_{ij} x_{ij} - M$，其中 i 分 1、2、3，代表 3 种职员，j 分 1、2、3，代表 3 个工作项目。c_{ij} 表示每种职员对每个项目的收费，x_{ij} 代表每种职员对每个项目安排的人数，M 代表固定成本，则 R 代表最终收益。遗传算法的最终目的就是让 R 取最大值。

除去目标函数外，我们也需要写出约束函数。在上述的问题中，我们可以归纳出 4 条约束条件：工作 A、B、C 总共需要 12+10+10=32 个人，多于公司的职工规模，因此这 3 项工作不能同时进行；完成工作 A、B、C 对员工组合又有不同的要求；不同类型的员工每周工作时间不同；工作 A、B、C 完成的时间分别是 30 天、40 天、50 天。根据这 4 条约束条件又能写出 4 个约束函数，而求解目标函数的最大值时，必须满足这 4 条约束函数。

使用数学建模的方法解决这些问题具有显著的实际意义，妥善地解决这些问题可以避免资源的浪费、节省开支、增加盈利。但这些问题通常都很复杂，涉及许多变量和约束条件，因此很难通过手工计算得到最终结果。好在计算机可以快速完成大量计算工作，用来解决这类问题的算法就是最优化算法。而遗传算法正是最优化算法中的佼佼者。

4.3.2　遗传算法的计算过程

要想理解遗传算法的算法原理，首先需要理解自然界中生物遗传的机制。学过高中生物学的人都知道，在动物的细胞中含有多个染色体，每个染色体上又有多个基因，在动物繁衍时，会提供自己体内一半的染色体与其他动物另一半染色体相结合，组成新的个体。并且生物遗传的机制能够淘汰不够优秀的基因，仅留下优秀的基因。

遗传算法的算法原理与生物遗传机制几乎完全一致。为了便于描述，我们不妨举一个最简单的例子，尝试使用遗传算法寻找函数 $Y = 3X^2 + 5X$ 的最优解，其中 X 的取值范围是[0，31]上的整数。和生物遗传中的显性基因、隐性基因相似，在遗传算法中，我们使用 0 和 1 来表示基因。使用二进制编码可以将 32 个 X 的可能取值转化为 32 条由 5 个基因构成的染色体，如 01101 就表示 13。

在遗传算法的初始阶段，由数据分析师手动指定族群的个数。我们不妨取 4 个数作为遗传算法的开端。这 4 个数是由算法完全随机生成的，就好像一个物种刚出现时每个个体所含的染色体也是随机出现的一样。

表 4.1 是遗传算法第一代群体的各项观测值。4 个初始群体可以看作 4 条染色体，它们分别对应的 X 的取值为 13、24、8、19，这 4 个 X 又分别对应了 4 个 Y 的取值。为了给染色体分配存活机会，需要一个

适应度函数来判断染色体之间的优劣。由于我们的 Y 函数所要求的是最大值，因此适应度函数使用了 $\dfrac{Y}{\sum Y}$ 这一函数。适应度函数通常根据函数最优化目标的不同而改变，但它们取值都落在 0～1。

表 4.1　第一代群体观测值

	初始群体	X	Y	$\dfrac{Y}{\sum Y}$	$\dfrac{nY}{\sum Y}$	实际生存数
1	01101	13	572	0.149	0.596	1
2	11000	24	1848	0.482	1.928	2
3	01000	8	232	0.060	0.240	0
4	10011	19	1178	0.307	1.228	1
平均值			3830	0.250	1.000	1

将适应度函数值乘以群体数目后，再四舍五入，即得到最终的实际生存数。表 4.1 中的 4 个个体的生存机会并不一致，Y 值越大的个体生存机会越多。表 4.1 中个体 3 丧失了生存机会，个体 2 则得到了两个生存机会，这将引起第二代群体更替。

由于个体 3 过弱，它的生存机会被个体 2 取代，表 4.2 所示的初始群体中就有了两组 11000，第一代繁衍至第二代时，初始群体需要随机两两配对，随机交换基因，得到第二代群体。

表 4.2 展示了第一代群体繁衍出第二代群体的过程。在表 4.2 中，个体 1 和个体 2，个体 3 和个体 4 组成了两组配对，个体 1、2 交换了最后一个基因，个体 3、4 交换了最后三个基因。通过交换基因，初始群体产生了新的群体。新群体中 4 组染色体分别对应的 X 取值为 12、25、27、16，它们分别对应的 Y 取值为 492、2000、2322、848。计算每个染色体的适应度，发现此时个体 3 得到了两个生存机会，而个体 1 没有得到生存机会。计算得出每条染色体生存机会后，即可进行下一轮繁衍。

表 4.2　第二代群体观测值

	初始 群体	X	新群体	X	Y	$\dfrac{Y}{\sum Y}$	$\dfrac{nY}{\sum Y}$	实际 生存数
1	0110|1	13	01100	12	492	0.087	0.347	0
2	1100|0	24	11001	25	2000	0.353	1.412	1
3	11|000	8	11011	27	2322	0.410	1.640	2
4	10|011	19	10000	16	848	0.149	0.599	1
平均值					5662	0.250	1.000	1

　　遗传算法是一种梯度上升的最优化算法，每次繁衍都会得到比上一次繁衍更好的结果。在这个例子中，X 值越大，Y 值就越大，因此 X 值较大的染色体可以得到更多的生存机会，这就导致了每次迭代都使群体中的 X 均值更大，Y 均值更大。迭代到最终时，群体中的 4 个染色体将完全一致，此时就得到了函数的最优解。

　　以上是一个群体循环繁衍的流程，至此我们还未提到变异因子的概念。观察表 4.2，我们的第二代染色体是 01100、11001、11011、10000。其中 01100 丧失了生存机会，11011 得到了两个生存机会，因此用于繁衍第三代的染色体就是 11001、11011、11011、10000。这 4 条染色体的第三个基因全都是 0，从第三代以后，无论怎么交换基因，最终的最优解都不会大过 27，但实际上的最优解应当是 32，因此这时就需要引入变异因子的概念。

　　变异因子随机发生在每个染色体的每个基因上，其发生的概率由数据分析师手动设定，一般不大于 0.01。由于变异因子是随机发生的，因此它完全可能将某一代中的某条染色体的第三个基因突变为 1，并最终保留到最优解中去。这样，我们就保证了繁衍算法的结果是一个全局最优解，而非局部最优解了。

　　以上只是一个最简单的例子，对于第 4.3.1 节提到的例子来说，只需将多个函数引入遗传算法，设定初始群落个数及突变率，便可得到最优的结果了。

4.3.3 遗传算法小结

遗传算法发源于 1975 年，作为一种较新的最优化算法，遗传算法尤其适合解决各类复杂的非线性问题，如背包问题和排课问题等。遗传算法利用了生物遗传的思想，本质上是一种概率的思想。因此，它与传统的优化方法有很大的不同。

首先，遗传算法不作用于单独的解，而是从一组解迭代到另一组解；其次，遗传算法不需要过多的先验知识，只需设定好适应度函数即可完成求解过程；再次，遗传算法不会陷入局部最优解，而是直接得出全局最优解；最后，遗传算法所能提供的解不是唯一的。

遗传算法的应用范围很广。最初，遗传算法专门用来求解数学问题，后来，科学家发现许多问题都可以抽象成函数问题，因此遗传算法也就普及到了其他领域。经常使用遗传算法的领域有自动控制、图像处理、运筹学、分类系统，在军事、金融、刑侦学等领域也有涉及。本节所举的人力资源管理案例就是运筹学中的一个经典问题。

遗传算法可以处理比第 4.3.1 节中所举的案例还要复杂得多的问题，由于遗传算法具有高度的并行性，因此完全可以在分布式系统上实现遗传算法，这使得遗传算法可以处理更庞大的数据量。遗传算法同样能够和神经网络形成协作关系，它可以帮助神经网络剔除噪声点，提高神经网络的准确度。

遗传算法同样具有缺点，通过本节的案例，我们可以看到遗传算法的数学基础并不完善，它主要使用概率知识来求得最优解。同时遗传算法过度依赖二进制表达，不使用二进制表达时如何推广遗传算法仍是一个难题。

作为一种新兴的最优化算法，遗传算法是模式识别中最活跃的领域之一，除了二进制表示外，工程师还尝试使用格雷编码和实数编码表示染色体。在学者的完善下，如今遗传算法的适用领域已经越来越广，许多复杂刁钻的问题都可以使用遗传算法来解决。它和人工智能、数据挖掘等学科形成了相互渗透的关系，因此对于数据分析师来说，遗传算法是一种相当重要的经典算法。

4.4 决策树分析——"沸腾时刻"准确判断用户健康水平

决策树是一种典型的分类方法，是如今最著名的模式识别算法之一。它能够从数据集中抽取有价值的规则，并广泛用于各种决策问题。本节通过健身网站为用户评定健康水平的例子介绍了决策树的工作原理和算法特质，以及它是如何确定决策节点的先后顺序的。

4.4.1 打造我国最大的健身平台

随着网络的普及，人们购物、购票都可以在网上进行，就连健身都能够通过网络途径完成了。说起健身视频，大概每个姑娘都知道韩国郑多燕的减肥操。与郑多燕减肥操类似，"沸腾时刻"以帮助用户健身为目的，为用户提供了大量的、系统的健身课程。

作为国内第一家健身平台，"沸腾时刻"提供了一种交互式的健身方法。众所周知，每个人的身体素质不同，适合的健身方法也不同，这就是为什么我们在健身时需要专业的健身教练来帮助我们制定个性化的健身课程。以郑多燕减肥操为代表的大批健身课程好比一个个浮岛，用户必须自行选择合适的健身课程，根据自己的身体状况和健身目的随时改变健身课程，这当然让人困扰。

"沸腾时刻"将一个个"浮岛"连接了起来。它不仅提供了一个平台，将所有的健身课程囊括其中，同时还巧妙地克服了传统健身视频无法与用户交互的难题。用户在"沸腾时刻"注册账号时，"沸腾时刻"会首先收集用户的基本信息，如年龄和体重。在用户第一次进行课程训练的时候，"沸腾时刻"会为用户进行体能测试，如视频会提示用户做一分钟的高抬腿，一分钟后，视频会暂停，并弹出表格要用户填写自己做的高抬腿的数目。通过这种方法，"沸腾时刻"便可以搜集详细的用户健康数据。

这些数据能够用于测试用户体内的脂肪比、心率等，它甚至可以刻画出用户是一个较为肥胖的人，还是仅仅只是骨架较大而已。其详细程度不亚于传统的线下健身房。这些数据能够和用户的健身目的相结合，用于为用户制定个性化的健身课程。对于体质较差的用户，其训练的强度自然要小于体质较好的客户。

对于"沸腾时刻"来说，如何将用户的体能测试数据和健身课程的难易系数挂钩是一个最核心的问题，而决策树算法恰巧就是一个非常适合解决这个问题的算法。"沸腾时刻"只需将用户的体能测试数据离散化，并输入决策树算法，即可为客户分类。与其他分类算法相比，决策树能够处理"沸腾时刻"针对用户所搜集的多方面体能数据，并能够为不同的数据赋予不同的重要性。

这种使用算法和数据替代线下私教的方式是对健身行业的一次革命，它为用户提供了比以往便利得多的健身方式。此外值得一提的是，"沸腾时刻"所搜集的大量用户健康数据具有更深层次的意义。这些数据能够用于推测用户的身体状况和潜在疾病，可以被医学界和生物学界挖掘更多的潜在价值。

4.4.2　信息增益和决策树

在使用决策树决定用户的训练强度时，可以利用的变量有很多。常见的有用户的年龄、性别、身高、体重、肺活量、每分钟脉搏次数、三围、身体脂肪比等。一个决策树中可以引入十几种乃至近百种变量，从理论上来说，决策树中的变量越多，结果就越准确。

图 4.5 是一个简单的决策树示意图，图中涉及 2 个步骤、3 个变量。对于新用户来说，决策树首先判定用户的心率强弱，心率弱的用户适合低强度训练；其次，继续对心率为中的用户判定体能素质的高低，体能低的用户适合低强度训练，体能高的用户适合高强度的训练；最后，对心率强的用户判定脂肪比的高低，脂肪比高的用户适合低强度训练，脂肪比低的用户适合高强度训练。

当然，心率的强弱、体能素质的高低等变量的判断标准都需要继续量化，如在判断体能素质时，可以认为每分钟能够完成 100 次高抬腿或 70 次仰卧起坐的用户即为高体能用户。这个具体的判断数字需要根据经验来获得。此外，由于难以使用单一变量直接衡量用户的体能素质，因此也可以首先使用其他决策树判断用户的体能素质后，再将该决策树结果输入另一个与该决策树形状类似的决策树中，这就是决策树的嵌套策略。

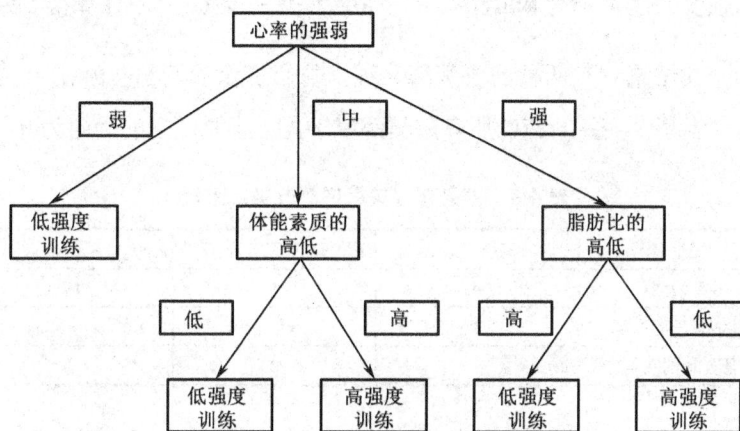

图 4.5 健身课程决策树示意图

决策树的决策思想十分简单，真正使得决策树所向无敌的是决策树所决策条件的排列顺序。与粗糙集和遗传算法不同，决策树在判断决策条件时，是按照顺序进行判断的，即，决策树的最终结果和决策树的条件罗列顺序有关。即便数据集和决策变量都完全相同，但改变决策条件的顺序，就有可能改变决策结果。为了得到最优的决策结果，我们必须向决策树中引入熵和信息增益的概念。

在学习熵和信息增益的概念之前，首先要明白什么是正例，什么是反例。以心率的强弱这一变量为例，它的正例数并不是心率为强的用户的数目，而是所有适合高强度训练的用户数；它的反例数并不是心率为弱的用户数，而是所有适合低强度训练的用户数。这个定义是人为定义出来的，将其概念进行调换也不会影响结果。

熵的计算公式为 $\text{Entropy}(S) = \sum_{i}^{c} -p_i \log_2 p_i$，$c$ 是分类结果的个数，无论 c 为多少，这个式子都是通用的。如表 4.3 所示，在健身课程的例子中，由于训练强度的分类只有 2 种，因此在这个例子中 c 为 2。则心率的强弱的熵可记为 $\text{Entropy} = -\dfrac{9}{14} \log_2 \dfrac{9}{14} - \dfrac{5}{14} \log_2 \dfrac{5}{14}$，计算得 0.94。

对于分类结果只有两种的决策树来说，每个变量的熵都会落在 0 和 1 之间。当某个变量对应的所有成员都属于同一类时，它的熵即为 0。

表 4.3　健身课程决策树的分类例数表

变量名	正例数	反例数	总例数
心率的强弱	9	5	14
体能素质的高低	4	2	6
脂肪比的高低	2	3	5

图 4.6 是二分类决策熵的分布图。某个变量所包含的变量越单一，其熵就越低；某个变量所包含的变量越混杂，其熵就越高。如心率的强弱这一变量的熵达到了 0.94，故光凭这一变量没办法为未知变量分类，还需引入其他变量。

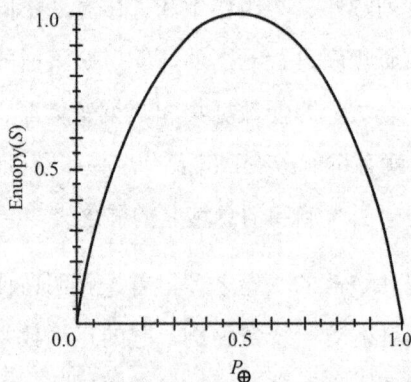

图 4.6　二分类决策结果熵的分布图

只有熵这一概念仍然不足以确定决策树中变量的排序，信息增益是在熵这一概念上发展起来的一个度量概念。仍然以心率的强弱为例，这一变量有 3 个分类，结合图 4.5 和表 4.3 可知，在 14 个用户中，心率弱的用户中有 0 个正例，3 个反例；心率中的用户中有 4 个正例，2 个反例；心率强的用户中有 2 个正例，3 个反例。

信息增益的计算公式为 $\text{Gain}(S,A) = \text{Entropy}(S) - \sum_{v \in V(A)} \frac{|S_v|}{|S|} \text{Entropy}(S_v)$。

其中 v 为变量的具体分类。根据公式，要计算心率的强弱这一变量的信息增益，首先需计算心率为强、中、弱这三者时的熵。由计算熵的公式可知它们分别为 $-\frac{2}{5}\log_2\frac{2}{5} - \frac{3}{5}\log_2\frac{3}{5} = 0.971$，$-\frac{4}{6}\log_2\frac{4}{6} - \frac{2}{6}\log_2\frac{2}{6} = 0.918$，

0。代入信息增益公式可得 $\text{Gain} = 0.940 - \frac{5}{14} \times 0.971 - \frac{6}{14} \times 0.918 - \frac{3}{14} \times 0$，

即约为 0.2。

根据信息增益的计算公式，所有的变量都能够计算得到信息增益量。我们在安排决策树时，只需按照信息增益由大到小的顺序对决策变量加以排序，并从信息增益较大的变量开始进行决策，即可保证决策树的结果最优化。

4.4.3　决策树小结

决策树是一种非常实用的逼近离散函数值方法。它本质上是一种映射关系，将对象的一组属性和对象的值映射到一起，如{心率中，高体能}和{高强度训练}就是一组映射关系。决策树可以和概率完美地结合，如通过搜集大量数据，我们可以知道一个用户心率为强、中、弱的概率分别是多少，以及每种情况下其适合低强度训练以及高强度训

练的概率分别是多少。

作为十大数据挖掘算法中排名第一的算法，决策树适合多种多样的问题，一个决策树仅能输出一个结果，当我们需要输出多个结果时，只需构建多个决策树。

如今流行的决策树算法有 ID3 算法、C4.5 算法、CART 算法，其中 ID3 算法善于构造低深度、高精度的决策树，C4.5 算法则能够处理连续型数据，并在剪枝技术和派生规则等方面有所提高，而 CART 算法则是一种简洁的二叉树模型。

决策树能够解决的问题主要有分类问题、预测问题和回归问题。由于决策树具有适合处理多类变量、对异常值不敏感、准确度高等显著优点，被广泛应用于各个行业。其中，最典型的应用是预测贷款人是否会归还银行贷款、移动电话用户是否会流失、房价的上涨曲线等。

决策树同样也具有缺点。

首先，作为一种典型的监督学习算法，决策树在训练时需要大量的数据和计算空间。为了得到最好的决策变量排列顺序，决策树需要反复计算变量的熵和信息增益，这会很耗费时间。

其次，决策树是一种贪心算法，它的每一次决策都谋求最优，追求局部最优的结果就是决策树可能达不到全局最优，与遗传算法相比，这是一个难以回避的缺点。

再次，决策树的剪枝技术帮助决策树使用最少的节点完成分类的任务，但错误的剪枝会使得决策树的结果准确性大幅下降，同时，剪枝过程需要大量的计算，这和决策树的第一个缺点相结合时，简直是雪上加霜。

最后，决策树其实不太擅长处理连续型的变量，当决策树中连续型变量过多时，决策树犯错的可能就会增大。

尽管决策树有很多缺点，但决策树仍然是受人喜欢的算法之一。对于数据分析师来说，结果的易于解释性是它的一个额外优点，因此，决策树实在是数据分析师不得不掌握的一种优秀算法。

4.5　K 均值聚类分析——HSE24 通过为客户分类降低退货率

尽管不如决策树算法的排名靠前，但聚类分析同样是数据挖掘十大算法之一。作为一种广为人知的算法，聚类分析在许多情况下都能够发挥作用，更妙的是，从操作快捷的 SPSS 到以晦涩著称的 MATLAB，几乎所有和数据分析相关的软件都支持聚类分析。本节介绍了最简单的 K 均值聚类分析，通过本节的学习，读者可以掌握聚类分析的普遍思想，以及它们之间的细微差别。

4.5.1　在电子商务市场快速扩张的 HSE24

HSE24 是德国最大的家庭购物网络公司，它已有 20 年的历史，并且从未停止扩张的步伐。截至 2014 年，HSE24 已经在德国、奥地利、瑞士等德语市场拥有了 4100 余万的家庭客户。它平均每天要接听 4 万个来电，处理 37 000 个订单。

　　与 2.4 节中梅西百货相同的是，HSE24 同样利用大数据分析的手段来监测库存、确定促销策略。如当某件红裙子销量火爆，并导致库存告急时，HSE24 或梅西百货会赶紧对与它同款的蓝裙子大打折扣，好缓解库存压力。而与拥有大量实体店的梅西百货不同的是，HSE24 是一家线上购物公司，这意味着 HSE24 比传统的百货公司更加依赖数据分析。

　　在商家都实行服务本土化、个性化服务的亲民政策的今天，HSE24 迫切需要拉近与客户的距离，搞清楚它的客户究竟想要什么。在过去的几年里，HSE24 在网络、应用移动、社交媒体等多个渠道做出了尝试，顾客在 HSE24 的微博、Facebook 等主页上留言，向 HSE24 传达自己的购物需求。此外，顾客在购物过程中留下的信息也非常珍贵。通过准确分析这些信息，HSE24 在电子商务和移动商务领域的销售额增长速度非常快，是其整体业务增长速度的两倍。

　　这些信息除了能够帮助 HSE24 洞察不同地区的顾客在购物倾向上的巨大差异以外，同样可以帮助 HSE24 搞清楚顾客为什么会退货。HSE24 有 3 个不得不关心顾客退货率的理由：首先，退货的顾客非常多，美国零售联合会指出，有 40% 的顾客在下单时就打算退货；其次，商家退货的成本非常高，考虑到管理费用和邮费，对于同一件商品，退货成本是发货成本的 2~4 倍，鉴于 HSE24 开通了网络购物、电话购物、邮购等好几个购物渠道，它的退货成本还要更高；最后，HSE24 的顾客非常多，它拥有四千万顾客，这意味着 HSE24 只需降低 1% 的退货率，即可赢得上百万美元的利润。

　　基于上述 3 条理由，HSE24 格外关心退货问题也是理所当然的。为了避免退货引起的高风险，HSE24 采取了聚类方法寻找客户退货行为背后的深层含义。通过观察具有退货行为的顾客，HSE24 可以找出他们在其他方面的相似处，从而发现顾客退货的主要原因。

4.5.2　使用 K 均值聚类为客户分类

K 均值聚类是最简单的一种聚类方法，在二维平面或三维平面上时，聚类结果最直观易解释。在 HSE24 研究客户退货率的案例中，与退货率最相关的变量是顾客的购物件数，研究表明，有 40% 的客户在购物时会购买多个尺寸或颜色的货物，以便从中挑选最适合自己的那一件。

在 K 均值聚类中，聚类的个数由数据分析师手动指定，它一般根据原始数据形成的散点图观察得到。有时聚类的个数是容易确定的，如根据图 4.7 中退货率和购物件数所形成的散点图，我们可以大致将这些散点聚为 3 类；有时聚类的个数不容易确定，我们要反复尝试，直到聚类结果令人满意为止。

K 均值聚类是一种迭代算法，在最开始，算法会随机地把散点归入 3 个类别中，并根据随机分类的散点计算每个类别的中心坐标。由于此时的散点图中每个类别的点随机分布在图上，因此必然存在许多散点距离其他类别的中心要比距离自己类别的中心还要近的情况，也就是说，每个类别中心附近聚集着许多不属于自己类别的散点。

K 均值聚类算法会为所有的散点再次分类，将它们归入离自己最近的类别中心所属的类别中，同时，由于此时每个类别中的散点发生了变化，因此根据新分类的散点可以计算得到 3 个聚类中心的新坐标。然后，根据新的聚类中心，聚类算法会再次调整每个类别中所属的散点……如此循环迭代，直到散点类别不再变化为止。图 4.7 中五角星的坐标变化显示了绿色散点类别中心的坐标变化。

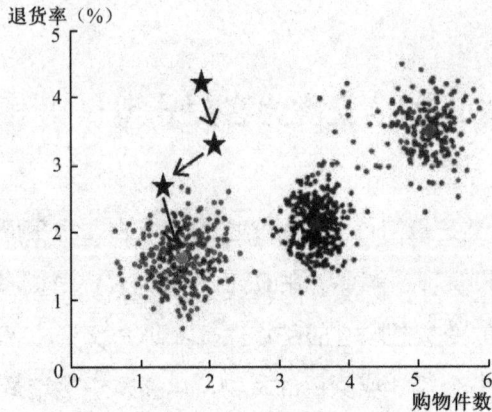

图 4.7　顾客退货率与购物件数的聚类图

图 4.7 是顾客退货率和顾客购物件数的聚类图，从实际意义上来看，其中绿色散点的购物件数和退货率都比较低，是最正常的一类客户；蓝色散点的购物件数主要集中于 3～4 件，其退货率也不太高；而红色散点的购物件数普遍大于 4，退货率普遍大于 3%，这类客户正是 HSE24 所想要找出的劣质客户。

K 均值聚类的迭代计算方法不仅可以用于二维数据，同样可以用于三维、四维，甚至更高维的数据中。但是当维数大于三维时，由于缺乏合适的表达图像，人类便难以理解聚类的含义了，因此在 K 均值聚类中，我们使用最多的是二维或者三维聚类。

研究表明，顾客的购物件数和付款速度是对退货率影响最大的两个因素。图 4.8 是根据这 3 个变量形成的聚类效果图。在图 4.8 中，散点明显聚为蓝色、黄色、红色和橙色这 4 类。

蓝色类别和黄色类别是优质顾客。其中蓝色类别的顾客总是购买两件以内的货物，并在 2 天之内付款，他们中有一小部分人的退货率固然居高不下，但总体来说是给 HSE24 带来高利润的人群；黄色类别的客户购买 4 件以内的货物，他们中大部分人在 2 天内付款，但也有一部分人在 4 天内付款，不过这并不影响他们的退货率，黄色顾客的退货率略高于蓝色顾客，但仍然属于受欢迎的顾客。

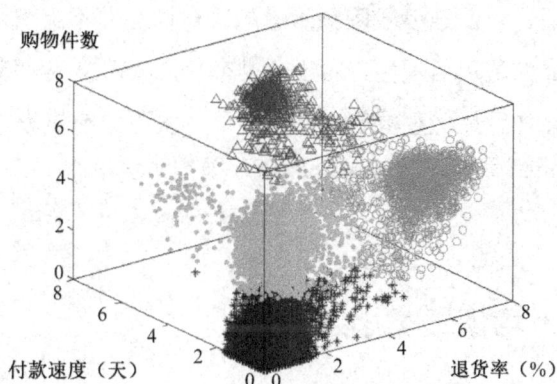

图 4.8　退货率、购物件数、付款速度的三维聚类图

红色类别和橙色类别就不那么令人愉快了。其中，红色顾客的退货率非常高，他们每次购买 4~8 件货物，并在 4 天左右的时间内付款，属于那种在买东西之前就打定主意要退货的人群；橙色顾客的情况稍复杂一些，他们购买的货物数量比黄色顾客稍多，在 4 件上下浮动，但他们的付款时间非常迟，集中在收货 4 天左右，同时他们的退货率是最高的，比红色顾客还要高一点。

对于 HSE24 来说，重要的是要搞清楚红色类别和橙色类别的顾客究竟在想什么。红色类别的顾客是最常见的一类劣质顾客，他们担心自己购买货物不合适，因此购买多个货物用于挑选。针对这类客户，HSE24 需要为他们提供更详细的货物信息，帮助他们挑选货物，并鼓励他们减少退货次数，如给退货次数较少的顾客发放优惠券。

橙色类别的顾客则令人迷惑，他们购买的货物件数并不算多，但他们和红色类别顾客付款的速度同样迟。红色类别的顾客付款较迟是因为他们需要时间来试一试究竟哪件货物是最好的，哪件货物需要被退掉。而橙色类别的顾客付款较迟的原因则是因为他们把时间用在了和客服沟通。付款速度较晚预示着顾客对商品并不满意，而这是顾客退货率较高的最可信理由。对于这类客户，HSE24 应在其退货前及时加以安抚，如发放优惠券等，并且给予客服更大的权力，让客服能够使用金钱奖励等方法说服顾客打消不满，不要退货。

4.5.3　K 均值聚类小结

K 均值聚类分析是如今最流行、经典、简单的聚类分析方法之一。它的算法原理非常简单，实现程序也很简洁，但它能够处理绝大多数分类问题。在 HSE24 的案例中，区别不同地区顾客的购物偏好这一任务就可以使用 K 均值聚类完成。

K 均值聚类的重要性主要在于它能够处理多个领域的问题，市场开发和客户细分是我们接触最多的领域，此外，K 均值聚类还能够在社会事务领域起到作用，如区分潜在罪犯和守法公民。比较特别的是，K 均值聚类同样用于处理图像识别问题，它能够完成图像切割的任务，将不同物体分割开来。总的来说，K 均值聚类非常善于处理由大数据量支持的分类任务。

K 均值聚类的重要性还体现在它启发了其他的聚类算法。K 均值聚类中衡量散点到聚类中心的距离时，使用的是欧氏距离（体现在二维平面上就是直线距离）。将计算距离的公式中引入密度的概念后，K 均值聚类方法就变成了按照密度聚类的方法。同时，K 均值聚类在三维以上空间中易解释性不强，因此人们又发明了快速聚类法。

就像所有应用广泛的算法一样，K 均值聚类同时具有多个优点和多个缺点。在优点方面，K 均值聚类法具有计算速度快、易解释性强、能够处理多种数据类型等优点。在缺点方面，K 均值聚类则有如下 3 条明显的缺点：

首先，K 均值聚类只对圆形或椭圆形的散点分布形状敏感。如果一些散点紧紧地形成了弯月形或圆环形等不规则的聚类形状，K 均值聚类法就会犯错，此时按照密度的聚类方法将表现得更好。

其次，K 均值聚类要求每个类别中的散点数量都差不多。如果有一小部分点单独聚成了一类，K 均值聚类会把它们打散并和其他类别合并，这是由于 K 均值聚类的计算原理所导致的。

最后，K 均值聚类需要手动设定聚类个数。当处于二维或三维平面时，这不是大问题，但是当维数更高时，人眼不能直观判断聚类结果是否合理，也就没办法确定究竟聚成多少个类别最好了。

K 均值聚类还有一些其他的小瑕疵，如它对噪声点和离群值较为敏感，以及要求一定的数据量，否则聚类结果不理想等。但作为一种广泛流行于机器学习、数据挖掘、模式识别、图像分析和生物信息学等领域的非监督学习算法，我们掌握它的算法原理不仅能够处理许多经典的聚类问题，同时也有助于理解其他更复杂及特殊的聚类算法。

第 5 章
经典的机器学习案例

机器学习综述

语义搜索——沃尔玛搜索引擎提升 15%销售额

顺序分析——搜狗输入法的智能纠错系统

文本分析——经典的垃圾邮件过滤系统

协同过滤——构建个性化推荐系统的经典算法

　　机器学习是一门成熟的学科，它所能解决的问题涵盖多个行业。本章介绍了 4 种经典的机器学习算法，它们所关心的重点在于机器学习是如何将统计学和数据挖掘连接起来的。通过学习本章，读者可以感受到机器学习的特殊魅力，并明白机器学习与其他学科的异同。让读者可以熟练地应用机器学习算法来解决实际问题是本章的目标。

5.1　机器学习综述

　　机器学习是近年来非常火爆的研究方向，其主要的理论基础其实在 20 世纪就已经奠定，随着数据量的增大和硬件的发展，机器学习算法终于可以在业界大展身手。本节对机器学习的概念进行了解释，并对其发展脉络做了简要介绍。

5.1.1　机器学习简介

　　在正式开始了解机器学习之前，我们首先要搞清楚这样一个问题：世界上是不是所有的问题都可以使用一行一行清楚无误的代码解决？举个例子，倘若我们想让一个机器人完成出门去超市买菜并回家这一任务，我们能不能在程序里详详细细地把机器人所有可能遇到的情况及对策都写下来，好让机器人一条一条执行？

　　答案是"很难"。机器人在路上可能遭遇塑料袋、石头、跑动的儿童等障碍物，在超市可能遇到菜卖完了、菜篮挪动了位置等问题，把这些问题全部罗列出来是不太可能的，我们就难以使用硬性的、固定的程序来命令机器人完成这件事。因此,我们需要一种灵活的、可以变化或者说学习的程序。就像你去买菜时不用你妈告诉你路上看见有人打架要躲开,你就知道要躲开一样(即便你以前从来没有遇见过这种情况),我们希望机器人也可以根据经验学习正确的做法,而不是必须依赖程序员一条一条地输入"IF…ELSE…"。

美国人塞缪尔设计的下棋程序是一个经典的机器学习算法。塞缪尔设计了一个可以依靠经验积累概率知识的下棋程序,该算法在强记学习等领域提出了富有创造性的思路。一开始这个程序下棋毫无章法,但 4 年以后,它就能够打败塞缪尔了,又过了 3 年,它战胜了美国的围棋冠军。这个下棋程序的进步方式和人类学习下棋的过程非常类似,如何让机器像人类一样学习,正是机器学习关心的事情。

不难想象,机器学习是一门多领域交叉的学科,它主要依赖统计学、概率论、逼近论和凸优化等数学学科,同时也依赖算法复杂度、编译原理等计算机学科。通俗地说,机器学习首先将统计学得到的统计理论拿来进一步研究,然后改造成适合编译成程序的机器学习算法,最终才会应用到实际中。但机器学习和统计学仍有不同的地方,这种差异主要在于统计学关心理论是否完美,而机器学习关心实际效果是否良好。同时,机器学习侧重于归纳和总结,而不是演绎。

机器学习将统计学的研究理论改造成能够移植在机器上的算法,数据挖掘将机器学习的成果直接拿来使用。从这种意义上来说,机器学习是统计学和数据挖掘之间的桥梁。机器学习也是人工智能的核心,机器学习算法普遍应用于人工智能的各个领域。此外,机器学习和模式识别具有并列的关系,它们一个注重模仿人类的学习方式,一个注重模仿人类认识世界的方式。因此,机器学习、数据挖掘、人工智能和模式识别等方向总的来说属于一个不可分割的整体。

5.1.2 机器学习的主流发展和应用

机器学习的诞生和逐步发展的背后，其实是人工智能领域的深入研究和问题复杂性的日益增加。科研人员和工程师们逐渐发现以现有的算法和技术，对日趋复杂的现实问题越来越无能为力。早在 20 世纪 50 年代初，计算机科学之父图灵就发表了一篇文章，里面涉及了创造出具有独立决策能力的高智能计算机的可能性。这也拉开了机器学习的序幕，从那时到 20 世纪 70 年代初，科学家们主要研究的重点在于为机器赋予逻辑推理能力——"推理期"，这一时期的典型成果除了上面提到的美国人萨缪尔开发的西洋棋程序外，还有卡耐基梅隆大学的纽厄尔和西蒙斯开发的计算机程序"逻辑理论家"，此程序可以独立证明哲学家罗素的《数学原理》第 2 章里超过半数的定理。更为重要的是，由程序解出的结果比人为证明更加优美精练。

但是，瓶颈期很快来临——萨缪尔的西洋棋程序无法更进一步，水平始终保持在州冠军的水平；美国政府投入巨资研究的智能翻译模型的鲁棒性很差，甚至闹出了不少笑话。在这个时候，以费根鲍姆为代表的研究人员开始重视具体知识的重要性，并成功地开发出名为 DENDRAL 的专家系统——"知识期"。同样，随着知识工程/专家系统的发展，人们发现，总结人类的知识再传授给计算机的过程非常复杂而且泛化能力极差，于是进入了让机器自己学习的阶段——"学习期"，即从数据/样本中学习归纳出结果。从这个时期开始，机器学习逐渐发展变化为几个分支——符号机器学习、集成机器学习、统计机器学习等模型，并在实践应用中取得了不错的效果。机器学习的发展历程如表 5.1 所示。

表 5.1　机器学习发展历程

年代	1950s—1960s	1970s—1980s	1980s—1990s	1990s
机器学习发展阶段	推理期	知识期	学习期	统计学习
典型事件	萨缪尔西洋棋、达特茅斯会议、符号主义、感知机	知识工程、专家系统	样本学习、逻辑学习（决策树）、反向传播算法	支持向量机、核方法、LSTM

以非常基础的机器学习算法朴素贝叶斯为例，它基于在 200 多年前发明的贝叶斯算法，是仅次于逻辑回归和支持向量机的最常用的分类模型。朴素贝叶斯是一种在不考虑特征的相关性情况下，采用了特征概率来预测分类的机器学习模型。由于其算法复杂度低，可解释性好等原因，朴素贝叶斯算法在文本预测、垃圾邮件过滤等任务中表现出色，得到了广泛的应用。

本章将介绍语义搜索、顺序分析、文本分析和协同过滤这 4 种经典的机器学习算法，它们不仅理论完善，同时也有广泛的应用。通过本章的学习，读者将看到机器学习在各行各业中起到的神奇作用，以及应用的广阔前景，并学会如何使用机器学习算法来解决实际问题。

5.2　语义搜索——沃尔玛搜索引擎提升 15%销售额

语义搜索是 21 世纪最被看好的 IT 技术之一，如今各大厂商都在积极投资语义搜索相关的基础设施。本节介绍了语义搜索和寻常搜索不同的地方，以及它所能完成的工作，并以沃尔玛开发的北极星语义搜索系统为例，剖析了语义搜索的技术原理和各项特性。

5.2.1 注重用户体验的沃尔玛公司

我们在第 2 章和第 4 章中已经看到大数据分析是如何在零售业起作用的。实际上，在大数据的冲击下，零售业正面临巨大的挑战。众所周知，如今的零售业利润十分微薄，同时电商又瓜分了一大块市场，传统的百货公司正面临巨大的压力。

创建于 1962 年的沃尔玛超市是全球最大的连锁超市，它在 27 个国家拥有超过一万个门店，员工总数 220 余万，每周接待 2 亿人次的顾客。这样一个雄踞全球零售业榜首的庞然大物，也有自己难以言明的烦恼。2015 年年初，分析师预言阿里巴巴将很快取代沃尔玛，成为全球最大的零售企业。来自中国的威胁固然不可轻视，但美国亚马逊网站则让沃尔玛产生更大的危机感。

电商网站能够给消费者提供价格低廉、种类丰富的产品，沃尔玛企业所创办的沃尔玛网站固然也有不错的收益，但随着线上零售占据越来越多的零售市场份额，沃尔玛在沃尔玛网站上投入了越来越多的精力。

沃尔玛一直秉承"帮顾客省每一分钱"的宗旨，并在进货渠道、分销方式，以及营销费用、行政开支等各方面节省资金。物美价廉一直是沃尔玛的一大优势，但不幸的是，亚马逊平台在这一方面并不逊色于沃尔玛。因此，为了反超亚马逊平台，沃尔玛势必要在用户体验方面做出突破。

零售业的用户体验法则大多都是关于货品摆放规则的，将牛奶和面包摆在一起，将口香糖摆到收银台附近等都是经典的货物摆放规则，合理的摆放方式能够替顾客节省搜寻货物的时间，提高顾客的用户体验。这种规则同样适用于电子商务网站，如果在顾客搜索产品时，能迅速将顾客想要的商品展示出来，用户体验想必会大大提高。

沃尔玛希望通过改善搜索引擎提高 15%的销售额，这意味着搜索引擎必须有质的飞跃才能达成这一高远的目标。沃尔玛采用的北极星搜索引擎主要模仿了 Kosmix 的语义搜索技术和语义分析技术，前者从用户在社交平台上发出的推特及和其他用户之间的互动行为中挖掘用户的购物倾向，后者则度量产品之间的相关度和相似度，包括产品、人物、事件之间的关联。

以上两种技术使北极星搜索引擎能够为顾客提供更精准的产品链接，此外北极星在确定产品排名时还引入了顾客的搜索记录。这种解析关键词和挖掘同义词的搜索方法可以给顾客提供更合理的产品，从而提升用户体验。

5.2.2　语义搜索引擎的底层技术和原理

搜索引擎是大家都十分熟悉的一项服务。具体来说，首先用户在搜索栏中输入搜索关键词，如"春季碎花外套"，其次搜索引擎将关键词切割为"春季""碎花""外套"，最后搜索引擎从所有的网页中抓出网页标题包含这 3 个关键词网页，并按照一定的规则排列展示给用户。

以上是传统搜索引擎的工作模式，这种工作模式合情合理，但仍有疏漏。如在上文的例子中，它只会推荐标题是"春季碎花外套"的网页，而不会推荐标题是"春季小花外套"的网页，并且认为标题是"春季碎花上衣"的网页和标题是"春季碎花短裤"的网页不同样重要。

我们不能一条一条地告诉搜索引擎"碎花"等同于"小花"，"上衣"比"外套"更重要等网页排序规则，这是因为首先这些规则非常多，其次这些规则总是在变化。好在语义搜索引擎能够通过学习，智能化地分辨关键词之间的细微不同，并捕捉用户搜索关键词的真正含义，从根本上解决以上问题。

图 5.1 是一个语义搜索引擎的体系结构，它分成 7 层，越往下越接近底层技术，越往上越接近具体的搜索规则和网页。

Unicode 和 URI 所代表的字符集层，以及 XML+NS+xmlschema 所代表的根标记语言层是搜索引擎的基础设施；RDF 层则提供词汇嵌入的框架，这一层将多种词汇集中起来描述 Web 资源。这 3 层都属于搜索引擎的基本构架，它们支撑着搜索引擎的正常运转。

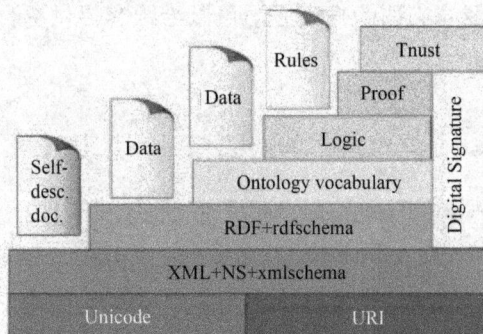

图 5.1　语义搜索引擎体系结构

从 Ontology vocabulary 层向上就是语义搜索引擎的核心内容了。Ontology vocabulary 的意思是本体词汇表，这一层用于支持知识库的搭建。本体是一种术语的集合，它把现实世界的物体用一组一组的术语描述出来。例如，上衣这一本体可以由{季节性、长度、薄厚、风格、颜色}等概念构成，而季节性这一概念又成为一个单独的本体，由{春、夏、秋、冬}构成，长度由{短、中、长}构成……将这些本体合起来，就得到了本体词汇表。

本体词汇表可以由半监督的形式形成，即根据以往累积的用户搜索记录提取得到高频率出现的词汇，并人工汇总本体词汇表。不同语义搜索引擎的本体词汇表很可能不同，如沃尔玛百货搜索引擎中就不会收录关于"数据分析"等科技类的本体词汇。有了本体词汇表，知识库就能够将某一确定的关键词转化为一组概念的集合，并搜索相关联的网页。

当用户在搜索栏输入关键词后，语义搜索引擎将找出与关键词相似度高的词语和相关度高的词语，相似度高指的是两组词语具有互相代替的关系，如"碎花"可以用"小花"代替；相关度高指的是两组词语总是伴随出现，如"数据分析"和"数据挖掘"总是同时出现。语义搜索引擎将网页中的相似词和相关词找出来，并根据这些词语的多寡按照一定规则排序。

图 5.2 展示了搜索引擎怎样从网页文档中提取有效数据。图中每个纸张图形都代表一个真实的网页文档，网页文档中包含的相关词和相似词则用图形中的圆点表示。网页文档中圆点越多，该文档的重要性就越高。向搜索引擎中引入相似度和相关度的概念将改变原有网页的排列顺序，有些网页未必包含了所有的用户搜索关键词，但只需包含大量相似关键词和相关关键词，即可获得较好的排名。

图 5.1 中的 Logic、Proof、Trust 层用于规则的推理和验证。它们通过逻辑推理对关键词、关键词之间的关系，以及搜索结果排列顺序的合理性进行验证。这种验证技术主要基于 Proof 交换和数字签名技术，它一方面将钓鱼网站和伪装成优质网站的劣质网站剔除，另一方

面预防不合理的网页排序结果，从而确保了良好的用户体验。

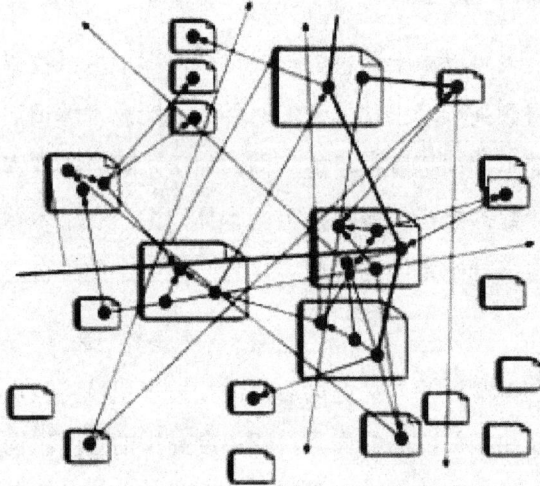

图 5.2　网页文档和网页数据的对应关系

5.2.3　语义搜索技术小结

本节介绍了语义搜索技术的 7 层结构，以及本体词汇层中本体的概念和知识库的工作原理。在语义搜索技术的 7 层结构中，本体词汇层是最重要的一层，它使搜索引擎能够像人类一样真正"理解"不同关键词之间的联系和区别，并根据用户真正的意图排列相关网页。

语义搜索技术是多种技术的综合体现，本节仅介绍了本体论和相关度、相似度等几个概念，此外，语义搜索引擎的好坏还依赖于分词技术的好坏。在分词技术中，"粒度"是最重要的概念，它指的是关键词划分的粗细程度。例如，"碎花外套"分成"碎花"和"外套"时，粒度就较大；分成"碎""花""外套"时，粒度就较小。粒度较小的分割方法使得搜索引擎反馈的网页更准确；粒度较大的分割方法则使搜索引擎反馈的速度更快。

为了提高语义搜索引擎的准确度，工程师还会往引擎中引入用户的以往浏览数据，如当用户搜索"苹果价格"时，搜索引擎难以判断用户想搜索的是水果的价格还是苹果手机的价格，此时，如果发现用户的以往搜索记录和浏览记录中电子产品相关的词组高频出现，则可判断用户想问的是苹果手机的价格。

不难理解，语义搜索引擎实际上应用的是一种概率知识。苹果和橘子在同一篇文章中出现的概率高于苹果和面包，因此，苹果和橘子相关度高于苹果和面包。这种通过概率学习的方法与人类通过经验学习生活知识的方法十分类似，但它仍然不能像人类一样理解更深层的知识，即苹果和橘子都是水果，而面包则是一种谷物加工食品。

作为一种新兴的高度智能化技术，语义搜索技术拥有难以想象的广阔前景。当我们搜索某一城市的名称时，它能够同时给出车票信息、天气信息、旅游热点信息、酒店信息等，程序不可能理解什么叫"旅游"，但它知道搜索了这一城市的人大部分都关注了这些信息，因此它也将这些信息推荐给正在搜索的人。这种人性化的智能机制能够应用于购物网站、医疗系统、图书馆系统等各种程序中，这会使人类的搜索行为更加有效。

如今已有十几种成熟的语义搜索引擎上市，除去本节提到的北极星系统外，较著名的还有 Kngine、Hakia、DuckDuckGo 等搜索系统。但语义搜索引擎仍是一种处于起步阶段的技术，它的阻碍主要体现在两方面：一是数据网络的支持并不完善，不同网页采取的不同信息标准造成了数据分享方面的困难，网页的源码中也需要标注标签，以便搜索引擎快速抓取每个网页的主要内容；二是语义分析的智能化程度仍然不够高，如今的算法程序仅能从表层理解世界，这意味着一个算法要比人类用掉更多的信息和计算空间才能像人类一样聪明。

尽管存在重重的难关，但语义搜索技术一旦被广泛应用，其产生的效益是不可估量的，因此语义搜索的概念一经问世，立即成为多个领域关注的热点。在语义搜索技术引擎的 XML、RDF 和 Ontology 这 3 项关键技术中，XML 和 RDF 技术的实现依赖于计算机工程师，而 Ontology 技术则主要使用了概率的知识来提取文本文档中的知识。因此，语义搜索引擎的成熟需要数据分析师和网络工程师的通力协作，无论缺少这两种人才中的哪一种，语义搜索引擎都将难以创造更大的效益。

5.3 顺序分析——搜狗输入法的智能纠错系统

顺序分析是关联分析的一种，它能够在大量数据集中发现数据的关联性或相关性。顺序分析关心的是数据的纵向排列，即一件事情发生后紧接着会发生什么事情。顺序分析所使用的频繁模式算法是一种实用且简单的算法，本节以搜狗输入法为例，讲解了顺序分析是如何被用于挖掘用户的固有输入习惯的。

5.3.1　搜狗输入法的王牌词库和智能算法

输入法是人类和计算机打交道不可或缺的工具，我们的电子设备上什么软件都可以没有，但是没有输入法的话，我们就没办法和计算机愉快地沟通。但输入法的功能并不止于此，如今的智能输入法存储了你所有的按键数据。毫不夸张地说，这些数据完全可以刻画出你是什么样的人。

输入法的优劣在于输入法是否足够智能。如今市面上流行的输入法有百度输入法、腾讯输入法、微软输入法和搜狗输入法等。平心而论，尽管搜狗公司的浏览器做得实在是一般，但搜狗公司的输入法确实是最好的，而且比其他输入法好了不止一点。

截至 2018 年 5 月，搜狗输入法已经更新到了 9.0 正式版本，如今，搜狗输入法支持的经典模块有简拼输入、智能纠错、热门词汇，以及语音上屏和中英文混合输词库。其他输入法固然也支持这些功能，但它们都不如搜狗输入法做得好。

图 5.3 是搜狗输入法和微软输入法在简拼输入方面的对比图。我们同时使用数据分析的首字母"sjfx"作为测试对象，搜狗输入法列出的第一个选项就是"数据分析"，同时它还紧接着列出了"数据分析师""数据分析方法""实际分析"，这些词条都是我常用的词条，搜狗输入法通过分析我以往的输入记录，给出了这些选项。

而微软输入法的第一个选项是"手机飞信"，其后才是"数据分析"选项，这种罗列中规中矩，不够人性化。当然，我并不经常使用微软输入法，因此累积不到足够的用户记录可能是导致微软输入法表现不好的原因之一。

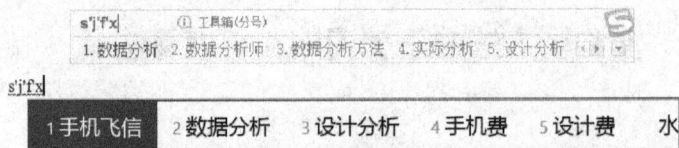

图 5.3　搜狗输入法和微软输入法简拼输入对比图

图 5.4 是搜狗输入法和微软输入法在智能纠错方面的对比图。测试输入均为"shujufnexi"，其中"n"和"e"的位置颠倒了，正确输入应该是"shujufenxi"。搜狗输入法辨别出了这种错误，给出了"数据分析"这一选项，微软输入法则没有。

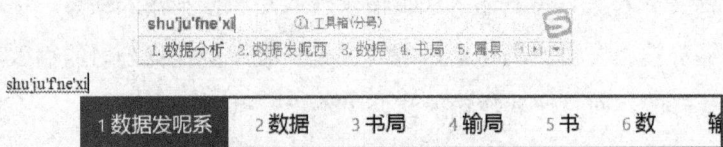

图 5.4　搜狗输入法和微软输入法智能纠错对比图

智能纠错模块不仅支持对按键顺序混乱的纠正，也支持对按键缺漏和拼音错误的纠正。比如"shujufexi"这一输入中少了一个"n"，但输入法仍能判别出这是"数据分析"的输入；而输入"shenmo"后，搜狗输入法会给出"什么（shenme）"的选项，在纠错的同时向用户指出错误。这些功能的实现一方面和用户个人的输入习惯相关，另一方面也和搜狗输入法中累积的上千万用户的输入记录相关。

图 5.5 是搜狗输入法和微软输入法在热门词汇方面的对比图。测试词汇是 2018 年 4 月因爱奇艺的《偶像练习生》节目而爆红的冠军选手蔡徐坤，搜狗输入法给出的第一个选项就是"蔡徐坤"，而微软输入法则没有出现这一选项。显然，搜狗输入法在热词方面要比微软输入

法好很多。搜狗输入法还提供了"云词库"功能，以保证联网用户能
够实时获取最新热门词汇。

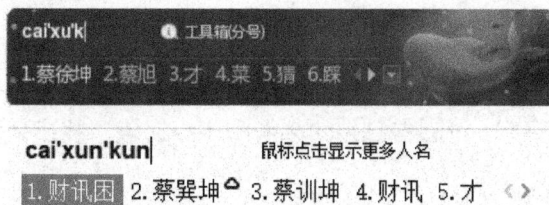

图 5.5　搜狗输入法和微软输入法热门词汇对比图

除了以上功能之外，搜狗输入法也提供实时翻译、细胞词库、字
符表情等多项功能。所有这些眼花缭乱的功能都依赖于搜狗输入算法
的正常工作，而算法的正常工作又依赖于搜狗的庞大词库。这种简拼
输入和智能纠错的功能尽管看起来并不起眼，但其实里边蕴含的算法
原理是十分深刻的，这里我们关心的正是搜狗输入法中的顺序分析
算法。

5.3.2　频繁树模式和顺序分析算法

我们在输入拼音时，总是遵循先后顺序输入一串字符，算法在分
析输入的字符时也总是按照先后顺序来分析。这种先后顺序是有意义
的，因此对于用户打字习惯的分析适合使用顺序分析法来分析。

搜狗输入法累积了大量的用户数据，这是它高度智能化的基础。
在进行顺序分析前，搜狗输入法首先需要分解用户输入的序列，如将
"sjfx"分解为"s'j'f'x"，将"shujufx"分解为"shu'ju'f'x"。这种分解依
赖于已知的词库，即工程师需要首先告诉输入法"shu"是一个字符，

而"sj"就是两个单独的字符。

表 5.2 是一个简易的拼音顺序记录表，在表中，数据分析、数据分析方法、数据挖掘、上海市、数据分析师的简拼顺序分别出现了一遍。顺序分析的任务就是在这些记录中发现频繁出现的那些顺序，并在新顺序出现时，将它与已知的频繁顺序相比较，找出新顺序的潜在规律或异常。

表 5.2 拼音顺序记录表

序号	顺序
1	s, j, f, x
2	s, j, f, x, f, f
3	s, j, w, j
4	s, h, s
5	s, j, f, x, s

在顺序分析中，"支持度"和"置信度"是最重要的两个概念。"支持度"指的是顺序出现的频率。如单个字符"s"在集合中出现了 5 次，它的支持度就是 5，而"sj"这一顺序一共出了 4 次，它的支持度就是 4；"置信度"则是指当某一顺序出现后，其他顺序紧接着出现的频率。如"sj"顺序出现后，紧接着出现"fx"的置信度是 3，紧接着出现"fxff"的置信度是 1。

将支持度除以集合的总数或用置信度除以该前缀所对应的子集总数后，这两个值就落入 0～1，如"sj"的支持度是 4/5，"sjfx"的支持度是 3/5，而"sjfx"相对"sj"的置信度则是 3/4。此时的支持度和置信度可以直接衡量某一顺序出现的概率，而不需要再结合集合总数进行分析。

值得指出的是，支持度和置信度是两个单独的概念，二者之间没有任何关联，一个顺序的支持度高，置信度未必高；其置信度高，支持度也未必高。一个顺序支持度低时，说明它出现的次数非常少，对它的研究没有意义；一个顺序置信度低时，说明关于它的结论不可靠，因此，我们感兴趣的是支持度和置信度同样高的顺序。

显而易见，顺序分析的本质思想是使用概率的知识来解决问题，一个顺序出现的概率大，则新顺序符合这个顺序的概率就大。如我总是输入"数据分析"这个词组，在我的记录里，这个词组的频率就非常高，因此当我再次输入"sjfx"时，搜狗输入法就知道我想输入的是"数据分析"。

这种思想非常容易理解，困难的是如何把顺序合理地转化为数字，从而统计每个顺序出现的概率呢？图 5.6 是拼音顺序记录的频繁树表示，频繁树模式是一种非常好用的关联分析方法。

在图 5.6 中，每个节点都由一对字母和数字组成，字母表示该节点的输入字符，数字表示该节点的支持度。这棵树从上往下读，最上边的节点是根节点，越靠近根节点，支持度就越大。根据图 5.6，将所有顺序按照支持度从大到小排列后有{s:5}、{sj:4}、{sjfx:3}、{sjfxff:1}、{sjfxs:1}、{sjwj:1}、{shs:1}这 7 个顺序。

在顺序分析中，我们通常不会保留所有的顺序，只是保留那些支持度高的、有意义的顺序。如在本例中，我们将支持度的阈值设为 1，即只保留顺序{s}、{sj}及{sjfx}。同理，我们计算每个顺序的置信度，并设一个阈值来选出置信度较高的顺序。当用户输入"s"后，根据频繁树，我们将认为用户下一个将要输入的字符为"j"；当用户输入"sj"后，根据频繁树，我们将认为用户即将输入"fx"。

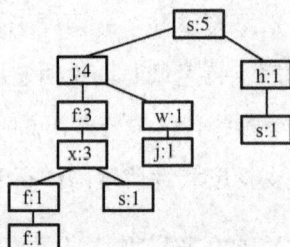

图 5.6　拼音顺序记录的频繁树

　　简拼输入是基础的顺序分析，它涉及的顺序元素全都是单独的字符。在智能纠错中，顺序分析涉及的元素则夹杂了多个字符，如"shujufx"这一序列应当拆分为"shu、ju、f、x"这 4 个元素。将一个汉字的拼音视为一个整体能够简化计算，并且这也是符合认知习惯的。

　　智能纠错寻找元素排列规律的方法与简拼输入并无不同，它寻找拼音错误的方法在于将每个汉字的拼音单独作为一个序列进行分析。如对于"shujufnexi"这一序列来说，智能纠错首先将其分割为"shu、ju、f、ne、xi"这一序列，并搜索常见排列顺序，发现"shu、ju"后边总是跟随"fen、xi"，并比较"fne"和"fen"的相似度，最终确定这是一个需要纠正的错误。

　　热门词汇功能则在于调高了顺序分析算法中热门词汇所对应的序列的频率，从而保证热门词汇能够排在更靠前的位置。

5.3.3　顺序分析小结

　　和大多数机器学习问题相似，工程师没办法直接告诉程序：当一个用户输入"数据"后，他就马上要输入"分析"了。输入法程序必须自己学习这些规则，而顺序分析正是通过累积概率知识赋予输入法程序学习能力，因此顺序分析是一个典型的机器学习算法。

顺序分析的思想十分简洁，但它是行之有效的，尤其是累积的概率知识足够多时。它总是被用于发现各种各样的顺序，如购买了孕妇服的顾客在几个月内会购买婴儿玩具和纸尿裤，如访问了 A 网页的用户会在两分钟内访问 B 网页，再如这学期选《数据结构》这门课的同学会在下学期选《C 语言》。这种分析方法可以用于零售网站为用户推荐产品或从正常访客中区分黑客。总的来说，顺序分析专门用于解决含有大量事务集，并且事务间存在顺序关系的问题。

顺序分析、决策树，以及粗糙集的原理颇有相似之处，都是从概率知识中获取知识。但顺序分析擅长处理字符型数据和数值型数据，而决策树和粗糙集则需要将字符型数据转化为数值型离散数据。同时顺序分析将数据看作一个整体，关心数据中呈现的顺序规律；而决策树和粗糙集将自变量和因变量分割开来，关心的是最终的结论。

常用的顺序分析算法有 Apriori 算法和 FP-growth 算法，它们都具有原理简单、容易理解、善于处理多种数据类型的优点，并对于解决某些特定问题具有不可替代的作用，但它同样也有缺点。

首先，结果准确度和计算效率是顺序分析中一个不可调和的矛盾。顺序分析的精髓在于统计所有常见顺序出现的频率，由于一个长的顺序需要拆分为多个短的顺序，因此随着集合中样本的增长，计算空间会呈指数型增长，计算效率也会急速下降。同时，顺序分析的结果准确度基本依赖于样本量的大小，因此，结果的准确度和计算效率就成了一对不可调和的矛盾。

其次，顺序分析仅能发现事件和事件之间的相关性，而不能发现一个事件引发另一个事件的原因。有时候我们能够轻易地理解顺序分析提供的规律中的内在关系，如购买孕妇服的用户会在几个月后购买纸尿裤。但有时候这会让人困扰，如购买黄酒的用户会在两天后购买香蕉。如果我们不能理解顺序分析提供的规律中的内在关系，就不能给出准确合理的建议。

最后，顺序分析只在样本累积足够多时才能起到作用。这是一个冷启动问题，有的问题中它并不严重，如我们使用输入法时不会苛刻地要求它第一天就猜出我们是数据分析师，但有时候则不然，如在样本本来就有限，或者分析结果要得非常急的时候。这个缺点极大地局限了顺序分析能够解决的问题的范畴。

5.4 文本分析——经典的垃圾邮件过滤系统

文本分析算法是一系列算法的合称，在文本分析中必须要完成的工作有分词、清洗和在文本中发现信息。这些工作可以使用 K 均值算法、支持向量机或朴素贝叶斯算法完成。本节通过垃圾邮件过滤系统的构建展示了不同算法是如何用文本分析工作的，以及文本分析工作能够解决的常见问题和文本分析工作中需要注意的地方。

5.4.1 大数据时代需要文本分析工作

大数据时代最显著的一个特点就是能够在海量的数据中获取有用

的信息。数据分析师之所以能够利用海量数据，不仅因为现代世界数据量的爆炸性增长，还因为我们开始利用以往忽略的非结构化数据。这些非结构化数据包括图像、音频、视频、文字等，它们占据了现有数据量中的绝大部分。

在大数据时代到来前，我们对于非结构化数据的利用是低效的。如犯罪事件发生后，警察会调出视频记录查看案件发生时的情况，这时，几百个小时的视频记录中只有几分钟被利用起来了，这种利用是非常低效的。但是现在我们可以用这些视频来训练人脸识别算法，并在新的监控视频中智能识别罪犯，这种基于大数据和算法的识别就比较高效了。

对图片、视频的分析工作统称为图像分析，同理，对文字的分析工作统称为文本分析。由于摄像机等监控设备往往由政府部门掌管，因此图像分析通常局限于政府公共事务领域，如 3.5 节提到的智能人脸识别系统，以及 4.2 节提到的自动驾驶技术。

而文本分析则不然，网络上存储的文本数据大部分都是可以随意被个人或企业获取的，如论坛上的用户发言、推特内容、微博内容、新闻网站发布的文章资讯等，因此文本分析能够解决的问题要丰富得多。本节所介绍的如何使用分类系统将邮件分为垃圾邮件和正常邮件的问题就是一个典型的文本分析问题。此外，在 2.5 节中我们提到的谷歌预测流感就是一个经典的文本分析问题，而 6.3 节中即将介绍的为新闻报道分类这一案例也属于文本分析的范畴。

对于非结构化数据来说，想要从中获取信息，首先需要做的就是将数据转化为结构化的、可以被计算机识别利用的信息。在图像分析和音频分析中，我们利用各种算子将数据的物理特征使用数字表达出来，在文本分析中，我们则通常使用词向量来表示文本中的数据。

例如，在本节中，我们关心的是邮件正文中某些特定词汇的出现与否，如"特价""促销""尊敬的""您好"等显然属于垃圾邮件的词汇。因此，在垃圾邮件分类器中，词向量就根据这些词汇构造而成。在不同问题中使用的词向量并不相同，如研究顾客评论时，词向量的构建则围绕"售后""客服""物流"等词汇完成，词向量的选择应由具体问题决定。

5.4.2　垃圾邮件过滤中的分词技术和词集模型

分词是文本分析的第一个步骤。在英文中，单词与单词之间被空格分隔开，因此英文文档的分词工作是较为简单的，只需在每个空格处切割文本即可。但在中文中，字与字、词与词之间没有明显的分割点，因此需要一个模型来完成这件事。

图 5.7 是一个机械分词模型的示例词典，它一共收录了感冒、解毒颗粒、解毒灵茶、解痛散、康胶囊、感觉、肺炎、肺厥 8 个词语，使用树状结构表示，当新的词语输入模型时，它就被用来和词典匹配，从而完成分词工作。

以"感冒解毒颗粒"这一短语为例，模型首先提出短语的第一个字符"感"，并在词典中寻找到"感"字的位置，然后接着将短语后续的内容与词典中收录的词汇相匹配，由于"冒"字是深色的终止字符，故"感冒解毒颗粒"中提出的第一个词汇就是"感冒"。然后原始短语中删除"感冒"，从"解"字重新开始匹配，最终完成分词过程。

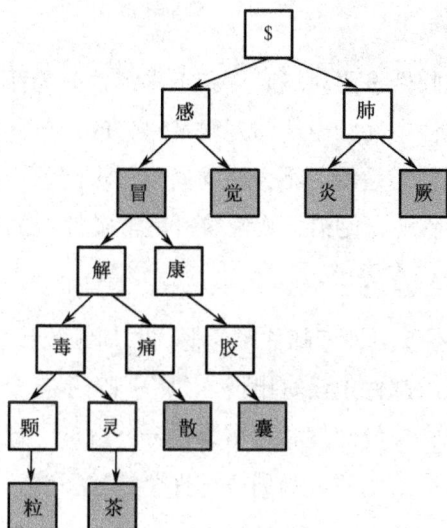

图 5.7　机械分词模型示例词典

在实际应用中，分词词典几乎包含了所有已知的常见词汇，因此，中文句子中的所有词汇都可以被切分出来。这种按照句子顺序从前向后切分的方法完全依赖词典的完备性，而不涉及任何概率知识，因此叫机械分词模型。

机械分词模型只能按照从前向后的顺序切割，因此"我喜欢上海南了"这句话就会被切割成"我、喜欢、上海、南、了"这种形式，为了避免这种错误，我们通常在机械分词模型的基础上引入神经网络或贝叶斯决策方法，通过使用概率来寻找正确的分词方法。即"喜欢、上、海南"这种组合出现的概率大于"喜欢、上海、南"，因此我们选择将句子分为"我、喜欢、上、海南、了"。

解决了分词问题后，垃圾邮件分类系统的构建就已经完成一半工作了。在垃圾邮件分类系统中，我们需要两组邮件，一组是用于训练的邮件，一组是用于测试的邮件。训练邮件的分类属性我们已经提前知道，并且会告诉分类系统。测试邮件的分类属性我们也知道，但不会告诉分类系统。

我们将训练邮件按照垃圾邮件和正常邮件分为两组，为它们分词后，统计每组邮件中高频出现的词语及它们的词频。可以认为，这两组邮件中的高频词汇是绝对不会相同的。垃圾邮件中的高频词汇会是尊敬的、顾客、活动、促销、欢迎等，正常邮件中的高频词汇则是朋友、宠物、约会、有趣等。

表 5.3 是根据 5 封训练邮件统计得到的词频统计表。其中"0"表示某个词汇在某封邮件中没有出现，"1"则表示某个词汇在某封邮件中出现了。我们将垃圾邮件和正常邮件分开统计，最终得到每个词汇在每种邮件中出现的频率。当训练邮件个数较多时，我们将频率直接当作概率来使用。

根据表 5.3，我们认为尊敬的、顾客、活动、促销、欢迎、朋友、宠物、约会、有趣等词汇在垃圾邮件中出现的概率分别是 0.25、0.17、0.17、0.17、0.08、0.08、0、0、0.08，在正常邮件中出现的概率分别是 0、0、0、0、0、0.33、0.17、0.33、0.17。那么当新邮件中出现"尊敬的"这一词汇时，我们就认为它是垃圾邮件的概率是 0.25。

表 5.3　训练邮件的词频统计表

	尊敬的	顾客	活动	促销	欢迎	朋友	宠物	约会	有趣	属性
1	1	1	0	1	1	0	0	0	1	垃圾邮件
2	1	1	1	1	0	1	0	0	0	垃圾邮件
3	1	0	1	0	0	0	0	0	0	垃圾邮件
频数	3	2	2	2	1	1	0	0	1	
频率	0.25	0.17	0.17	0.17	0.08	0.08	0	0	0.08	
4	0	0	0	0	0	1	0	1	0	正常邮件
5	0	0	0	0	0	1	1	1	1	正常邮件
频数	0	0	0	0	0	2	1	2	1	
频率	0	0	0	0	0	0.33	0.17	0.33	0.17	

当新邮件出现时，我们首先对其进行分词，并根据概率公式

$p = \sum_{i=1}^{9} c_i p_i$ 计算新邮件属于垃圾邮件或正常邮件的概率。如对于一个含有尊敬的、欢迎、朋友、约会、有趣的邮件来说，它属于垃圾邮件的概率为 1×0.25+0×0.17+0×0.17+0×0.17+1×0.08+1×0.08+ 0×0+1×0+1×0.08=0.41，属于正常邮件的概率为 1×0+0×0+0×0+0×0+0×0+1×0+1×0.33+0×0.17+1×0.33+1×0.17=0.83。由于 0.83 大于 0.4，所以新邮件属于正常邮件。

我们根据训练邮件得出模型参数后，还需在测试集上测试模型的准确率，即使用模型为测试集分类，并观察预测结果和实际结果的差异。这种交叉验证方法是机器学习中不可或缺的一个步骤。

5.4.3 文本分析小结

本节介绍的垃圾邮件过滤系统是一个经典的文本分析问题。为了解决这一问题，本节着重讲述了如何使用机械分词方法为中文分词，以及如何将概率相加计算得到每个新邮件属于垃圾邮件或正常邮件的可能性。

在文本分析中，还有许多值得补充的内容。如对于分词来说，专家系统分词模式、神经网络分词模式，以及路径选择分词模式等都是机械分词模式的加强版，它们在精确度方面要优于机械分词模式，但机械分词模式的速度是最快的。无论哪种分词模式，分词结果的准确与否都极大地依赖于分词词典的完备性。

对于概率计算方法来说，一方面我们使用的是词集模型，即考虑某一单词在某一邮件中是否出现，而没有使用词袋模型，即考虑某一单词在某一邮件中出现的次数；另一方面我们使用的是简单的概率相加公式，它计算简洁，但最终结果并不是落在 0～1，因此具有缺陷。作为简单概率公式的改进，我们也可以使用概率相乘公式或朴素贝叶斯概率公式来计算新邮件落入不同邮件分类中的概率。

此外，我们还可以选择其他解决问题的思路来处理垃圾邮件分类问题。如将每个特征词看作一个维度，使用支持向量机或 K 均值聚类算法来完成分类。但由于在垃圾邮件分类问题中，我们往往提取的特征数非常多，且数据中存在很多 0（特征稀疏现象），因此支持向量机或 K 均值算法的效果并不比朴素贝叶斯算法的效果好。

垃圾邮件分类问题的重点在于合理地提取用于计算概率的特征词，而对于其他文本分析问题来说，使用数据表示文本信息的方法未必是唯一的，在具体问题中如何将文字性的问题转化为用公式表达的问题才是重点。

总的来说，大部分文本分析问题都是垃圾邮件分类系统的变形或复杂化。在文本分析中使用概率的规则要比使用硬编程的方法好得多，在估计概率时，好的分词系统将起到重要作用，此外在模型中加入人为监督的因素也会提高分类的准确度，如在垃圾邮件分类问题中人为筛选高频词汇。

5.5　协同过滤——构建个性化推荐系统的经典算法

协同过滤是最经典也是最著名的一类推荐算法，如今流行于市面上的推荐算法大部分是协同过滤算法或协同过滤算法的升级版。本节的重点在于协同过滤算法是如何依靠集体智慧工作的，以及几种不同的相似度计算方法对协同过滤算法效果的影响。通过阅读本节，读者将掌握协同过滤算法的理论和应用。

5.5.1　协同过滤算法为什么这么流行

推荐系统和搜索引擎的作用十分相似，都用于替用户在浩瀚的网页中抓取感兴趣的内容。个性化推荐系统总是被应用在各类购物网站和新闻网站上，它也可以用于推荐电影和广告。考虑如今的互联网上充斥着各种各样的广告，而其中一大部分都是基于协同过滤算法做出的推荐，我们大概可以想象协同过滤算法应用的范围之广。

协同过滤算法起源于 1992 年，被 Xerox 公司用于个性化定制邮件系统。类似于如今知乎、果壳网会为你发送个性化的邮件那样，Xerox 公司也想知道它的用户对什么感兴趣，好给每个人发送个性化的邮件。为了达到这个目的，Xerox 公司的用户需要在数十种主题中选择 3～5 种主题，协同过滤算法根据不同的主题过滤邮件，最终达到个性化推送的目的。

1994 年时，协同过滤算法中第一次引入了集体智慧的概念。集体智慧指的是利用大基数人群和数据获取知识。如维基百科就是一个典型的集体智慧案例，它允许用户贡献自己的知识，从而建造了世界上最全面的百科网站，比任何一本百科大全都要全面且准确。

协同过滤算法尝试在算法中加入集体智慧的元素。根据这一想法完成的 GroupLens 系统主要用于新闻筛选。在这个系统中，每个用户阅读完一条新闻后都会给出一个评分，GroupLens 系统负责将这些评分收集起来，并根据这些评分确定新闻要不要推送出去，以及应该推送给谁。

Xerox 公司人为地确定邮件主题，工程师需要明确地告诉程序每封邮件的主题是什么，再将邮件发给对这些主题感兴趣的人。而 GroupLens 系统则首次利用了集体数据，即根据用户的反应让程序自主学习每条新闻的主题是什么。这两种做法有本质上的差别，前者要耗费更多的人力资源，同时准确度也不高，基本属于硬编程的范畴；而后者对人力资源的需求并不高，同时拥有较高的准确度，已经跨入机器学习的行列。

继 GroupLens 系统后，协同过滤算法迅速占领了推荐系统的市场。推荐系统需要同时具备速度快和准确度高两个特点，必须在用户打开网站的几秒钟内做出反应，同时推荐的东西必须是用户感兴趣的。这两个条件无论哪一个得不到满足，推荐系统都是没有意义的。而协同过滤算法同时满足了这两个条件，这也是协同过滤算法经久不衰的原因。

5.5.2 基于用户和基于产品的协同过滤

协同过滤的核心思想十分简洁，可以简单概括为如下两道逻辑推理题：已知用户 A 喜欢的品牌用户 B 都喜欢，又知用户 A 喜欢品牌 C，推理可知用户 B 也喜欢品牌 C；已知喜欢品牌 X 的用户都喜欢品牌 Y，又知用户 Z 喜欢品牌 X，推理可知用户 Z 也会喜欢品牌 Y。

这两种协同过滤的思想在于通过相似性来过滤产品，完成个性化推荐。前者的核心在于寻找相似的用户，也称为基于用户的协同过滤；后者的核心在于寻找相似的产品，也称为基于产品的协同过滤。

表 5.4 是 5 个用户对 5 种服装品牌的评分，其中，用户 D 对达芙妮的评分是一个缺失值。我们想根据这张表预测用户 E 对品牌森马的评分。为了找出用户之间或产品之间的相似度，我们使用余弦相似度作为衡量标准，余弦相似度的计算公式为 $sim(\vec{i},\vec{j}) = \cos(\vec{i},\vec{j}) = \frac{\vec{i} \times \vec{j}}{\|\vec{i}\| \times \|\vec{j}\|}$，其中 $\vec{i},\vec{j}$ 为两个长度相同的向量，即原始数据中的不同变量。

首先尝试基于用户的协同过滤算法。根据真维斯、伊莎贝尔、阿迪达斯和达芙妮这 4 个品牌，可以计算得到用户 A、B、C 与用户 E 的余弦相似度分别是 $\frac{4\times4+5\times3+4\times3+5\times4}{\sqrt{4^2+5^2+4^2+5^2} \times \sqrt{4^2+3^2+3^2+4^2}}=0.98$，$\frac{3\times4+4\times3+4\times3+2\times4}{\sqrt{3^2+4^2+4^2+2^2} \times \sqrt{4^2+3^2+3^2+4^2}}$ $=0.93$，$\frac{2\times4+3\times3+3\times3+4\times4}{\sqrt{2^2+3^2+3^2+4^2} \times \sqrt{4^2+3^2+3^2+4^2}}=0.96$。用户 D 对于达芙妮的缺失值我们使用平均值来代替，即 $\frac{3+5+4+3}{4}=3.75$，则用户 D 与用户 E 的相似度为 $\frac{3\times4+5\times3+4\times3+3.75\times4}{\sqrt{3^2+5^2+4^2+3.75^2} \times \sqrt{4^2+3^2+3^2+4^2}}=0.95$。将相似度作为权重求用户 A、B、C、D 对森马评分的平均值，则用户 E 对于森马的评分为 $\frac{0.98\times4+0.93\times3+0.96\times3+0.95\times3}{4}=3.11$。

表 5.4　用户对服装品牌的评分

	真维斯	伊莎贝尔	阿迪达斯	达芙妮	森马
A	4	5	4	5	4
B	3	4	4	2	3
C	2	3	3	4	3
D	3	5	4	/	3
E	4	3	3	4	?

尝试基于产品的协同过滤算法。也就是根据用户 A、B、C、D 对 5 个品牌的评分，找出每个品牌和森马的相似度，再将相似度作为权

重计算用户 E 对其他品牌的平均分。此时，用户 D 对达芙妮的评分应

为 $\dfrac{5+2+4+4}{4}=3.75$。品牌真维斯、伊莎贝尔、阿迪达斯、达芙妮和

森马的相似度分别为 0.99、0.98、0.98、0.97，则最终计算得到用户 E

对森马的评分为 $\dfrac{0.99\times4+0.98\times3+0.98\times3+0.97\times4}{4}=3.43$。

由于用户对服装品牌的评分标准并不相同，有的用户对所有的品牌打分都比较高，这会造成误差。因此，我们在余弦相似度的计算中减去用户评分的平均数，从而得到修正的余弦相似度，此外，皮尔逊相关系数等指标也可以用来衡量产品之间或用户之间的相关度。

表 5.5 给出了 8 种相关度计算方法在用途和用户偏好度方面的比较。其中，前 4 种方法适用于对评分精确度要求较高的系统，后 4 种方法则适用于不要求评分精确度的系统。对用户偏好的关注度是指推荐系统是倾向于给用户提供较小众化但用户较可能感兴趣的东西（如果猜对了用户会非常高兴），还是提供较热门且用户很可能感兴趣的东西（就算猜对了用户也不会感到惊喜）。

表5.5　相关度计算方法一览表

用途	公式名称	对用户偏好关注度
预测评分准确度	平均绝对误差	小
	平均平方误差	小
	均方根误差	小
	标准平均绝对误差	小
预测评分关联度	皮尔逊相关	大
	斯皮尔曼相关	大
	肯德尔相关	大
	基于距离的标准指标	小

对表 5.4 中的数据，基于用户计算余弦相关度时和基于产品计算

余弦相关度时所得到的评分有较大的差异，同样地，使用其他计算方式时也会得到差异较大的结果。因此，我们需要根据具体情景来选择相关的计算公式。除了考虑公式是否对于评分精确度要求较高外，还可以考虑系统是否较为稳健，即对异常值是否不敏感，以及是否依赖于推荐列表的长度。

5.5.3　协同过滤算法小结

协同过滤算法是利用集体智慧编程的一种典型算法，但它不同于普通集体智慧算法的地方在于协同过滤算法保留了一定的个体特征，因此，它可以用于预测每个人的品位偏好。它的优点主要在于能够基于抽象概念和信息来过滤某些难以分析的内容，这可以提高电商网站服务的质量，长尾效应证明了这种算法有巨大的市场。

在以往，经济学家认为大部分人的品牌偏好都是类似的，即市场被几个大品牌占据，通常是 20% 的大品牌占据了 80% 的市场，而其他众多小品牌则占据剩下的 20% 的市场，这就是著名的"二八法则"。但长尾效应认为，其实每个人的品牌偏好都或多或少与主流有所不同，如果能正确地引导每个人找到最适合自己的品牌，那么众多小品牌所占据的市场份额将会增大，甚至可能超过 50%。这种效应在电商网站上更加明显，这是因为顾客在电商网站上能够更容易地浏览更多的品牌信息。

协同过滤算法和长尾效应之间的关系值得人们深思，协同过滤算法为用户浏览到更多感兴趣的品牌提供了可能，因此协同过滤算法将会极大地改变市场上的规则。

但协同过滤算法也不是没有缺点，相反，它的缺点简直数不胜数。除了相关度计算公式琳琅满目、难以选择外，协同过滤算法最大的问题在于冷启动问题和算法模式中固有的问题。

协同过滤算法分基于用户和基于产品两种，绝大部分网站的用户数目都多于产品数目，因此使用基于用户的模式时，协同过滤算法面对的是较大的计算量和较稀疏的数据，此时计算的准确度可能不会太高；而使用基于产品的模式时，协同过滤算法就会忽略用户购买行为之间的关联性，从而犯一些很蠢的错误，如你买了一个锤子后，接下来的两个月它都会坚持不懈地给你推荐锤子。

冷启动问题则是指协同过滤算法必须收集一定量的数据后，才能开始推荐，因此它一般不会推荐新产品。这对于具有时效性的产品来说非常致命，如电影院会希望在新电影上线时赶快推荐给用户，如果等到累积足够数据后才开始推荐，那也就没有推荐的意义了。

此外，一个好的推荐系统想要奏效，还必须将用户所处的情景考虑进去。如一个用户总是在晚上 9~10 点浏览新闻，那在下午 5 点时为他推荐新闻显然就很傻了，用户是不会看的。再如用户浏览上班地点或住所地点附近的餐厅时，做推荐的意义不太大，因为用户可能本来就非常了解这附近的餐厅，而当用户突然浏览起较远地方的餐厅时，此时疯狂推荐某餐厅则很有可能奏效。

这些都对数据分析师的分析能力提出了挑战，分析师必须能够根据用户的不同意图为用户推荐不同的产品，这需要在一个系统中集合不同的算法，同时还要求数据分析师具有丰富的经验，并了解业务中的逻辑性。

第 6 章

经典的深度学习案例

深度学习是在机器学习的基础上发展起来的，和机器学习相比，深度学习在计算量和计算深度上都有质的飞跃。作为一个发展历史只有十年的学科，深度学习取得了相当辉煌的成绩，百度和谷歌等大型科技公司都专门建立了深度学习研究院。本章聚焦深度学习与机器学习的异同，以及深度学习的具体应用领域。

6.1　深度学习综述

深度学习作为机器学习的一个研究方向，突破了很多经典算法在解决问题时遇到的瓶颈，随着谷歌的 AlphaGo 战胜世界冠军李世石，深度学习这 4 个字开始慢慢为普罗大众所知。本节将简单讨论什么是深度学习，以及深度学习在图像和自然语言处理领域中的应用成果。

6.1.1　深度学习简介

深度学习的概念是在 2006 年由多伦多大学的 Geoffery Hinton 提出的，其核心在于构建一种类似于人脑的神经网络，它关心的问题主要是那些机器学习解决不了的难题。在第 5 章中，我们已经介绍了机器学习的概念和算法，机器学习的核心原理是让计算机模仿人类的思考方式，像人一样自己领悟概念和原理。同时我们也提到，由于计算机只能观察表象的东西（如红的果子是甜的），而不能像人一样观察深层概念（红果子甜是因为它熟了），因此，计算机永远不能像人一样聪明。

这就导致机器学习只能解决一些简单的问题，辨别一些简单的模式，在如机器翻译、经济走向预测等复杂问题上就无能为力了。数据分析师认为这是当前机器学习的模型太简单的缘故。我们人类的大脑由无数神经元构成，大脑每完成一次思考、做出一项指令时，神经元之间都要传递几十次信号。为了让计算机模仿人类的思考方式，势必需要向模型中加入更多的函数。深度学习就是在这种理论的基础上发展起来的。

深度学习的核心在于使用模型的隐含层的非线性激活单元模拟人脑中的神经元，神经网络是一个最典型的例子。神经网络由输入层、隐含层和输出层组成，其中隐含层用于计算输入的数据并将结果传给输出层。在 2006 年以前，神经网络的隐含层的个数控制在 3 层以内，即输入的数据迭代计算两三次后就会输出。在 2006 年之后，随着硬件技术的发展，人们开始尝试增加隐含层的个数，将输入的数据多次计算后才输出，这种做法增加了模型的深度，并丰富了对数据的特征表述能力，并且取得了成功。

尽管听起来很神奇，但深度学习实际上是机器学习的一种延伸。因此，深度学习的应用领域和机器学习基本上是重合的，它被广泛用于商业、互联网和公共事业等领域，也能用于处理图像识别、自动化控制等问题。目前，公认的典型深度学习算法有深度信念网络、RBM算法、卷积神经网络、自动编码器等，许多机器学习算法经过改造后都可以称为深度学习算法。

深度学习算法同样有诸多缺点，首先，它只适合解决复杂的问题，在一些简单问题上应用它会适得其反（发生过拟合，退化等现象）；其次，它只能解决形式为凸优化的问题，对于非凸函数来说，深度学习算法会犯错；再次，深度学习算法需要大量的训练数据、训练空间和训练时间，对于人力和财力的消耗都是恐怖的；最后，深度学习算法只模仿了人脑的深度架构和稀疏性，人脑的视觉注意、联想、心理暗示等功能都未涉及，因此，深度学习算法距离真正的人脑还差得很远。

基于以上缺点，深度学习算法应用在实际中并取得成功的商业案例并不多，如今最著名的就是曾任百度首席科学家的吴恩达教授训练出来的一个能够在图片中识别猫的程序，这个程序采用神经网络算法训练了两年。总的来说，深度学习目前在工业界应用还不是太广，很多成果主要还是世界各大知名高校的研究所和诸如 Deepmind、Google Brain、FAIR 等顶级工业实验室做出的。但深度学习在各类预测任务上具有明显的优势，我们有理由相信，深度学习会是下一个技术热点，并将引领未来数十年的科技发展。

本章介绍了支持向量机、RBM 算法和两种经典的神经网络。通过阅读本章，读者将了解深度学习更深入的特性，并对深度学习解决问题的方式进一步形成具体的概念。

6.1.2 深度学习在图像处理方面的应用

上面提到，随着硬件的发展（CPU 的算术计算单元提高和如 NVIDIA 等厂商提供了基于 GPU 的深度学习开发工具包 Cuda 和深度学习加速库 Cudnn，内存和显存的急速增长等），使得需要庞大计算量的深度学习算法的实现成为可能。

在图像处理方面，不得不提到 2012 年 ImageNet 大赛，Hinton 的学生 Alex Krizhevsky 使用深度学习技术赢得了 ImageNet 图像分类比赛的冠军。ImageNet 是当今计算机视觉领域最具影响力的比赛之一，是斯坦福大学华裔教授李飞飞牵头做的数据集,它的训练和测试样本都来自互联网图片,样本超过百万。ImageNet 图像分类大赛的任务是将测试样本分成 1000 类。从 2009 年以来,吸引了包括工业界在内的很多计算机视觉小组的参与,在 Alex Krizhevsky 提出 Alexnet 并将其应用到比赛之前,各个小组都采用一些传统的图像处理技术来做分类,方法大同小异。在 2012 年的比赛中,除了 Hinton 的学生 Alex 以外,其他小组采用的传统计算机视觉技术和手工特征工程方法,最好的情况下都跟 Alexnet 差距超过 10 个百分点。由于 Hinton 的研究小组是首次参加此类比赛,其效果突破了传统计算机视觉方法的屏障,得到了更高的准确率,这极大的震动了学界和工业界。由此,深度学习的研究热潮开始了。

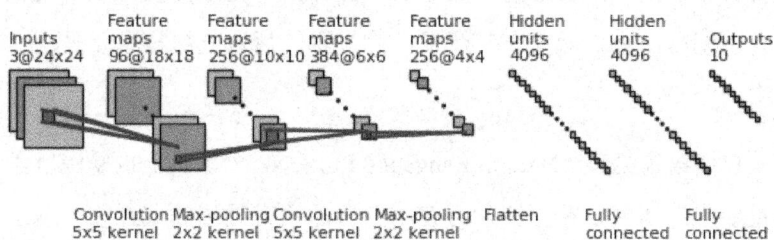

图 6.1　CNN 结构示意图

于是,像 VGGNet、GoogLeNet、Resnet 等卷积神经网络(CNN)结构(见图 6.1)分别被设计出来参加图像识别的比赛。人们发现,随着神经网络的层数越多,对图像的特征提取越全面。从浅层的结构整体提取,到深层的纹理描述,人们发现 CNN 可以提取图像的丰富信息,因此逐渐将其用于目标检测、动作识别、超分辨率重建、图片信息描述等应用场景中,并取得了很好的效果,带来了相当大的经济价值。

6.1.3 深度学习在自然语言处理方面的应用

在语音识别领域,毫无疑问地说,深度学习已经彻底取代了过去广泛应用的隐式马尔可夫模型(HMM),使得语音识别的准确率又上了一个新的台阶。目前,国内外知名互联网企业(谷歌、科大讯飞及搜狗等)的语音识别算法都采用 DNN 方法。2012 年年底,微软亚洲研究院(MSRA)的 Rick Rashid 在一次大会上演示了基于 DNN 的同声传译工具,其完成的效果是:当演讲者使用英文进行演讲,后台无须人工干涉的系统自动完成语音识别、英中机器翻译和个性化的中文语音合成转换,演讲者的英文被实时翻译为中文,并以与演讲人相近的音色朗读出来,效果非常流畅,此技术的后台支撑技术就是深度学习中的 DNN。

自然语言处理(Natural Language Processing,NLP)也是深度学习的重要应用场景,在深度学习应用到自然语言处理领域之前,基于统计模型的方法已经成为 NLP 的主流,并在诸如垃圾邮件过滤等问题中得到了成功的应用。但并非所有问题都可以通过这些简单的模型解决,这些模型不能充分捕捉语境或反语等细微语言要点。基于总体概括的算法,如词袋算法、N 元算法等,其中词袋算法(Bag-of-Words)将文本视为一种词的集合,因此容易忽视词语间的连续性和相互关系,而 N-gram 模型虽然考虑了词与词之间的影响,但如果 N 很大时,会因为数据稀疏而导致问题。即使是隐式马尔可夫(HMM)模型也无法克服这些问题,因为其只考虑前一步的状态,在需要考虑前程信息的长序列翻译等任务中显然是无法成功应用的。传统的 NLP 处理流程如图 6.2 所示。

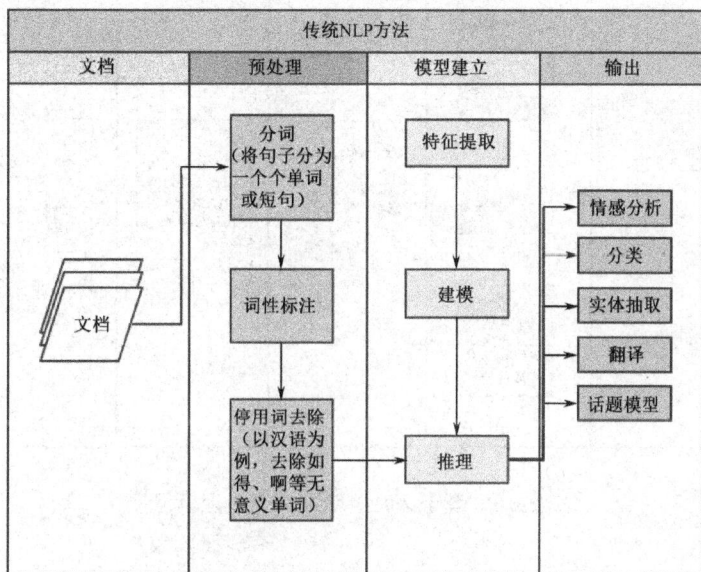

图 6.2　传统 NLP 处理流程

目前，深度学习在自然语言处理的应用包括语义分析（情感分析）——分析一段文本表述的感情是好还是坏；自动摘要——根据正文提炼精简的摘要；自动问答——如微软小冰等支持多轮问答的机器人；文字识别——识别文字的内容和意义（早在 20 世纪 90 年代，Lecun 就开始了这方面的研究，将神经网络用于识别信件封面的邮政号码）。此外，研究人员也逐步将深度学习应用于知识图谱、文本分类/聚类、信息推荐和过滤等非常广泛的应用场景中，并取得了不错的效果。基于深度学习的 NCP 处理流程如图 6.3 所示。

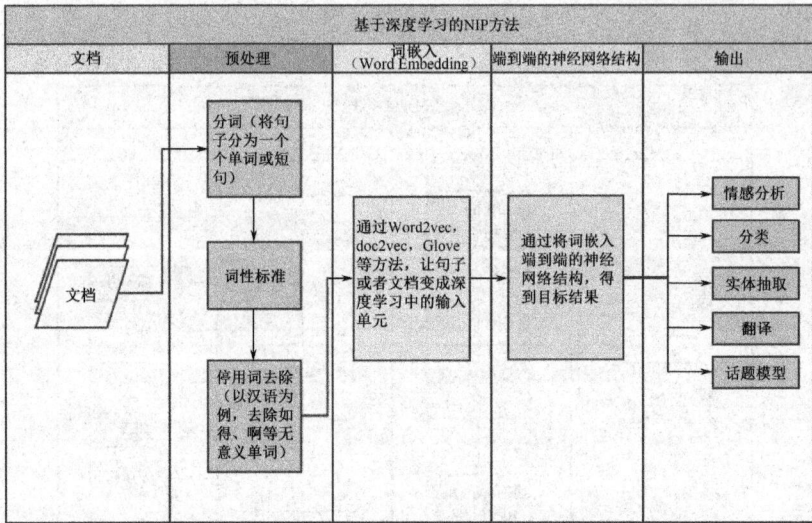

图 6.3 基于深度学习的 NLP 处理流程

6.2 支持向量机——乔布斯利用大数据对抗癌症

医疗大数据是相当热门的一个领域，无论是科技专家、创业者还是投资商都相信这一领域大可有为。苹果的掌门人乔布斯亲身证实了大数据在癌症治疗方面的作用。本节剖析了乔布斯癌症治疗的完整故事，并讲解了支持向量机这一算法是如何和医学知识相结合，在治疗癌症上起到神奇作用的。

6.2.1 乔布斯和胰腺癌的抗争

乔布斯的癌症史应当追溯到他的学生时代。很多人都知道，第一代苹果机 Apple 1 是乔布斯亲手制作的，那是发生在 1976 年的事。乔布斯亲手将芯片焊接到电路板上，并组装上键盘和显示屏。苹果公司的辉煌就是从这 50 台 Apple 1 开始的。

很多人都不知道，乔布斯的英年早逝正是由于在那个没有保护装置的年代接触了过多的有毒气体、铅、锡等致癌物，这些致癌物不仅在乔布斯焊接 Apple 1 时侵害了他的身体，而且在乔布斯为频率计算器工厂打工时直接接触他的皮肤并进入呼吸道。乔布斯大概是因从事电子行业而罹患癌症的最著名例子。

2003 年 10 月，48 岁的乔布斯在对肾脏做 CTA 检查时，发现胰腺上有一个阴影。医生建议乔布斯进行手术，但乔布斯采取了保守疗法，在大约一年以后的手术台上，医生发现乔布斯的癌细胞已经扩散到全身，并断定乔布斯只有几个月的生命了。

乔布斯耗费了几十万美元，将自身所有 DNA 和肿瘤 DNA 进行排序。我们知道癌症的出现是因为人类身体中有些细胞的 DNA 或 RNA 发生了病变，正常细胞繁殖几代之后便不再繁殖了，但癌症细胞会不停地繁殖下去，最终形成肿瘤。对自身所有 DNA 和肿瘤 DNA 进行排序，可以帮助乔布斯发现究竟是哪些 DNA 发生了病变。

这一举措使医生能够将乔布斯的肿瘤 DNA 和癌症实验样本的 DNA 比较，寻找那些和乔布斯 DNA 病变情况一样的样本，并找到有效的治疗药物，当乔布斯的癌变情况变化时，医生也可以及时更换药物。"从一片睡莲叶跳到另一片睡莲叶上"，这是乔布斯自己做出的形容。

2011 年 10 月，乔布斯去世了。医生帮他争取了 8 年的时间，而这 8 年，正是苹果发展最高速、最辉煌的 8 年。MacBook Pro、iPhone、iPad 2、iTunes、Pixar 电影，都是乔布斯在这 8 年时间里带给这个世界的，大数据医疗虽然没能最终拯救他的生命，但给予了乔布斯足够的时间来改变世界。

乔布斯虽然去世了，但科技人员使用大数据抗击癌症的努力并没有结束。Flatiron Health 正是这样一家创业公司，这个由两个 28 岁的年轻程序员创建的公司已经得到了来自谷歌的超过一亿美元的注资，著名的肿瘤学家也愿意加入他们。他们采取的做法是整理全美 96% 的电子医疗记录，使医生能为每个普通病人像为乔布斯做的那样，找到与他们病情类似的患者中最有效的治疗方法。如果这一目标能够实现，将极大地撼动整个医疗界。

6.2.2　医学统计学和支持向量机

早在数百年前，流行病学专家就尝试使用统计的方法来研究流行病的发源和传播，后来，医药学家又利用方差检验等统计实验方法来判定某一新药物对病人是否起作用，以及作用是否强于其他药物。统计学家将有关医学方面的统计知识提炼了出来，并为之命名为医学统计学。总的来说，医学统计学主要采取了抽样检验、控制实验等方式，但现代医疗数据的收集和统计理论的进步都对医学统计学提出了新的挑战。

将所有的基因序列全都检测一遍是寻找最佳治疗方案的好方法，但鉴于每个人很多的碱基对需要接受检测，而我国每年有数百万人患癌，因此这个数据量是十分庞大、难以完全采集的。原有的医学统计学方法在这一问题上起不到太大作用，这就需要我们使用大数据的方法，如本小节介绍的使用支持向量机来判断癌症病人的情况。

我们每个人的每个细胞的细胞核中都有22对常染色体和1对性染色体，图 6.4 是人类的 23 对染色体的图像。在这 23 对染色体上存在10 万个基因，这些基因由 30 万个碱基对表达。细胞的繁殖、分化、衰老都由这 30 万个碱基对控制，这些碱基对不但决定了一个人的性格、外貌等因素，还隐藏着疾病的秘密。

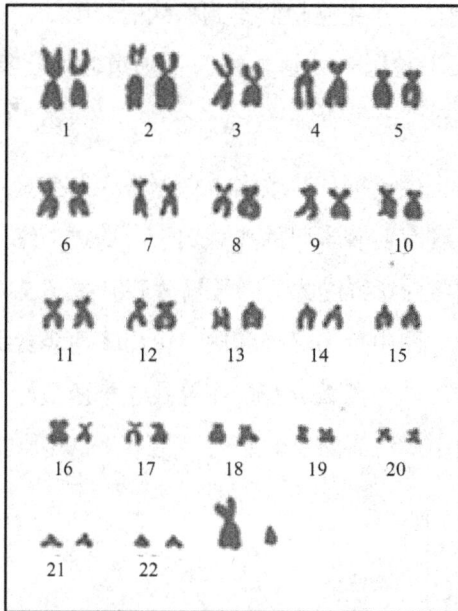

图 6.4　人类染色体排列图

以癌症为例，癌细胞的病变是由于正常细胞中的基因发生了突变，即基因中的某几个碱基对发生了缺失、增多或者更替，这将导致细胞生成的蛋白质发生变化，还使细胞无限制地繁衍下去，形成肿瘤。乔布斯寻找药物的办法就是将自身所有的 DNA 和肿瘤 DNA 都进行测序，并找出异变了的基因序列，从而寻找最佳治疗药物，而大数据医疗可以帮助癌症治疗走得更远。

治疗癌症首先需要确定的是病人的肿瘤发生在哪些部位，处于什么时期，是否已经扩散等。只有确定了这些，才谈得上下一步治疗方案的确定。但与很多人想象的不同，癌细胞的发展并不是一蹴而就的，它先是从一个分裂成两个，两个分裂成四个，只有当癌细胞分裂到千万级别以上时，医生才能观察到这些癌细胞。换言之，在癌细胞发展的前 2/3 的时期里，医生是检测不到癌症的，因此，有许多病人的癌症已经扩散了而不被医生知道，当医生知道时，已经错失治疗的机会了。

支持向量机提供了一种从数据中探测病人癌症真实情况的可能。支持向量机是一种有监督学习的典型例子，通过训练，它能得到精确的分类方程，并将任意维度的复杂数据分开。图 6.5 是一个简单的支持向量机示意图，图中使用叉点和圆点标出了两类数据。我们的目的是将这两类数据用一个函数分开，在寻找这个函数时，我们关心的是函数离每种数据中最边界的点的距离，而不关心其他的数据。

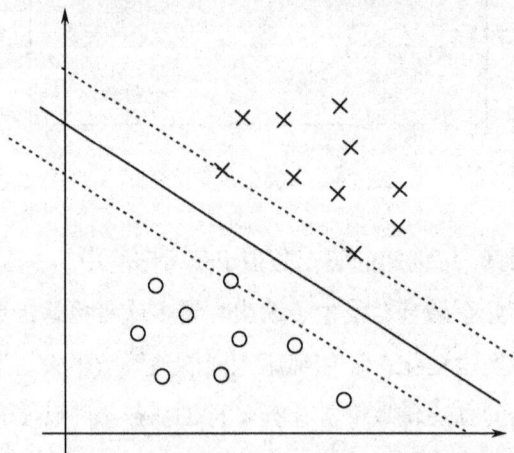

图 6.5　简单的支持向量机示意图

如图 6.5 中的直线段就是这个例子中的分类函数，它将两类数据分开的同时尽可能地远离两类数据，与直线段平行的两条虚线是这两类数据各自的边界线，直线段和它们之间的距离是等距的。同时边界线上串着两个叉点、一个圆点。这 3 个点叫支持向量，在支持向量机中，除了支持向量以外的样本点都不具有意义。

支持向量机的核心在于它可以通过向高维空间映射的办法将高度混合在一起的数据分开。图 6.6 展示了这一过程。在图 6.6 中，左半边图片是待训练的样本数据，它们已经分好了类，但容易看出，在二维平面中我们没办法找到任何一条直线将它们分开。

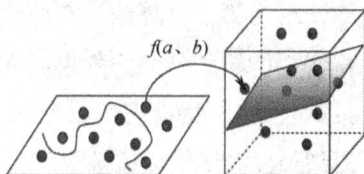

图 6.6 较复杂的支持向量机示意图

我们将左半边的平面空间记为由 a、b 两维度构成的空间，将右半边的立体空间记为由 x、y、z 三个维度构成的空间。通过构建形似

$$f(a,b) = \begin{cases} x = a+b \\ y = a-b \\ z = a \cdot b \end{cases}$$

的映射函数，即可将由 a、b 坐标表示的样本点通过 x、y、z 来表示。这样的函数就叫核函数。这种映射使得图 6.6 左半边中的样本分布最终转化为右半边中的样本分布，此时，可以找到一个平面将样本点分开了。利用向高维空间映射的方法，支持向量机可以将任意复杂的几组样本分开。

在有关癌症的数据中，我们不仅能收集病人的碱基对序列（通常不是全部碱基对，而是某些特征碱基对），还能收集血常规、尿常规、肾功能、肝功能等几大项、几十小项的指标。这些指标和癌症病人的病情息息相关，但是它们之间的关系并不是容易发现的。支持向量机可以找出身体指标和癌症病情之间复杂的关系，从而通过这些指标完成判断某一病人是否罹患癌症、某一病人的癌症是否扩散等分类任务。毫无疑问，这些工作将极大地推动对癌症的研究。

6.2.3　支持向量机小结

支持向量机是本章介绍的第一个算法，它的核心思想与因子分析的降维思想恰好相反，但都能达到分类的效果。支持向量机是从神经网络中发展起来的一类新兴算法，因此它也具有深度学习算法的特征。将样本多次映射即可得到类似深度学习的效果。

支持向量机能够同时最小化经验误差并最大化几何误差，即在保证分类效果的同时，让两个类别的样本尽可能远离。支持向量机特别擅长处理稀疏数据，这是由于它只用到了支持向量，但这也不是说其他的样本数据就没有用，毕竟支持向量起到勾勒样本几何形状的作用，样本数据过少，支持向量也不能代表总体边缘。

与神经网络所不同的是，支持向量机更多地使用数学方法和优化技术。本节仅介绍了支持向量机的思想，并未介绍更多的常用核函数和松弛因子，如果读者对这方面有所了解，应当更能理解支持向量机和神经网络的差别。

作为一种最大间隔分类器，支持向量机关心的是如何将数据尽可能分得越远越好。和线性分类器相比，它具有较高的精度和灵敏度，因此支持向量机常常应用于对分类结果要求较高的地方，如自动将鲑鱼和鲍鱼分到不同的鱼罐头里，再如确定第二天的天气究竟如何，此外，它在信息生物学、工业勘探和文本分析等领域都有重要的应用。

支持向量机在小样本、非线性及高维模式识别问题中表现出许多特有的优势，这使得它近年来迅速发展，但支持向量机仍有两点局限。

首先，支持向量机是一种二分类算法。它一次只能为两种类别的样本数据分类，当遇到多个类别的分类问题时，我们要通过构建多个支持向量机的方法来解决，而这可能与效益不成比例地增多计算量和计算空间。

其次，支持向量机难以大规模训练样本数据。这是由于在训练时，支持向量机要遍历所有的样本数据，寻找支持向量，因此训练过程的计算量是非常大的。不过，一旦训练好，支持向量机的计算量就减少了，只需将新数据与分类函数相比较即可。

与它的缺点相比，支持向量机的优点要耀眼得多。它具有优秀算法固有的优点，如对异常值不敏感、算法简洁、具有较好的鲁棒性等。同时，它还克服了神经网络等算法容易陷入局部最优值、难以在过拟合和欠拟合间取得平衡等问题，因此，它是目前最具有潜力的机器学习算法之一。无论是哪个行业的数据分析师，都有必要认真学习如何使用它解决具体问题。

6.3 感知器神经网络——最佳的房产价格预测算法

本节介绍了一类有监督的前馈型神经网络。这种神经网络具有好的稳健性，同时擅长处理涉及多个变量的非线性问题，房产价格预测就是一个这样的例子。通过阅读本节，读者会详细地学习感知器神经网络的工作原理，并看到它是如何应用到实际问题中的，此外，本节也会总结有监督的神经网络的特点。

6.3.1　如何预测房价

自 1998 年我国确定将房地产作为支柱产业后，房地产行业就成了炙手可热的商业领域，造就了无数暴富的房地产老板。自 2001 年起，全国一线城市的房价就开始上涨，并陆续带动二、三线城市乃至四、五线城市的房价上涨。除了 2005 年房市有所下跌外，其他年份房价均以一种不可思议的速度攀升。

无论房地产老板承认与否，房地产行业是一个暴利的行业。据统计，一套房子的地皮价格占 60%，开发成本占 20%，剩下的 20% 中至少有 10% 落入了房地产开发商的口袋。在暴利的驱使下，一栋栋楼盘如雨后春笋般涌现，催生了房地产泡沫。

中国的房子已经太多了，而有住房需求的人又买不起房子，是很多中国人的共识。为了调控房价，政府也出台了限购令、限贷令、经济适用房等不少政策。而一些经济学家们更是每年都预测房价马上要跌了，当然一次也没预测正确过。

那么房地产价格为什么这么难以准确预测呢？简单来说，这主要是由于我国是一个政府干涉经济的社会主义国家，因此，几乎所有产业的各项应该服从正态分布的指标都不服从正态分布，而房地产行业的表现尤为明显。

银行利率、银行贷款政策、土地价格、混凝土价格、工价、城市的经济发展水平、城市人口密度楼盘位置、房屋结构和大小等种种因素都和房价息息相关，由于房地产商的资金有 40% 都从银行贷款得来，而银行又由政府调控，因此房地产行业就尤其难以用寻常经济规律来预测了。

在国外，有 Zillow 这样的机构来对房价进行预测，它的 Zestimate 机器学习模型基于美国将近一千万的房屋交易数据。通过分析房屋本身的特征，加上对宏观经济和城市产业发展等种种因素的考量，使得它的误差中位数小于 5%。随着 2017 年 Zillow 在 Kaggle 上举办的百万美金奖金的美国热点区域房价预测地赛，Zillow 的声名更甚往常，开始逐渐成为美国人交易房屋的首选信息咨询网址。

在房价预测这个非常复杂的问题中，Zillow 的统计专家们发现神经网络在解决这个问题时有奇特的优势。我们知道，涉及房产估价的因素主要有政策因素、消费者购买力因素和房产本身的因素。这 3 种因素又可以用几十个具体的指标来衡量，如房产本身因素可以用房子的面积、朝向、是否装修、物业能力等因素衡量。同时，这些变量中的大部分都是和房价呈非线性相关的，而且往往是十分复杂的非线性关系。

神经网络对于涉及多个非线性相关变量的方程预测问题十分擅长。本节介绍的是神经网络中最基础的一种——感知器神经网络，它可以将这个问题处理得非常好。此外，由于房地产行业往往累积了许多数据，且房价的波动总是呈一种极不规律的形状，只需几千组数据，有监督的神经网络算法便可完美地拟合函数。因此，本节着重介绍有监督学习的预测类问题。

6.3.2 多层感知器和误差曲面

神经网络算法是一种完全模仿人类大脑神经工作方式的学习算法。稍微有点生物常识的人都知道，在我们的大脑中存在上千万的神经元，它们互相连接，传递生物电流以交换信息，协调我们的生物活动。与其相似地，在神经网络算法中，起作用的最小单位也是神经元。

神经元的作用在于收到多个信号，并输出一个信号。图 6.7 是一个普通的求和函数神经元模型，它接受 n 个 X，按照函数 $f = \sum_{n}^{i=1} w_i x_i = w_1 x_1 + w_2 x_2 + \ldots + w_i x_i + w_{i+1} x_{i+1} + \ldots + w_n x_n$ 计算 f，并将 f 作为输出值。

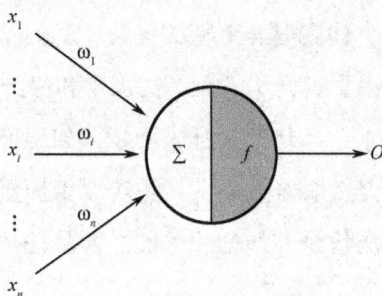

图 6.7 求和函数神经元模型

神经元分好多种，除了求和函数神经元模型外，常见的神经元还有阈值型变换函数神经元、非线性函数神经元，以及分段线性变换函数神经元等。阈值型变换函数神经元输出的是一个布尔值，即 0 或 1，它对于输入的数据进行一项判断，如 f 是否大于 0，然后根据判断结果输出布尔值；非线性函数神经元则是使用非线性函数计算输入的值，如使用 sigmoid 函数 $f = \dfrac{1}{1 + e^{-x}}$，从而将输入数据非线性地映射到输出数据上；分段线性函数神经元使用的则是分段函数。

神经网络由输入层、隐含层和输出层组成。其中，输入层和输出层都只有一个，隐含层则可以设置多个。图 6.8 是一个简单的单隐层感知器，在房价预测的例子中，输入的变量可以是和房价相关的变量，输出的变量可以是房价、购买人数、净利润等房产商感兴趣的数据。

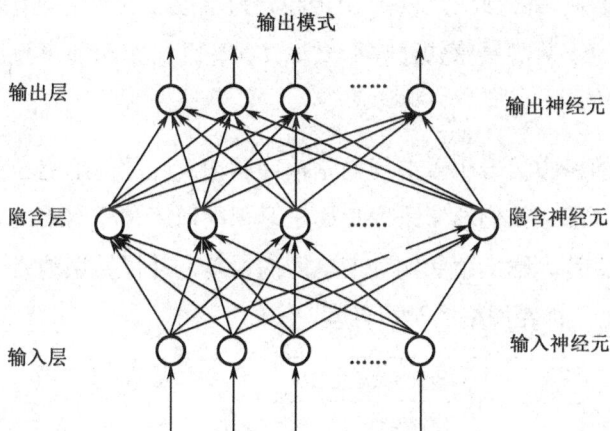

图 6.8　单隐层感知器神经网络模型

在图 6.8 中，神经网络中的每个圆圈都是一个神经元节点，其中，输入层只负责接收数据，隐含层中的每个节点都接受来自输入层的数据，并使用不同的函数计算不同的输出值作为输出层不同节点的输入数据，输出层的节点则接受隐含层的所有神经元提供的数据，并使用函数计算最终输出结果。

在一个神经网络中，神经元的个数和隐含层的个数都影响着神经网络最终的结果。其中，输入层和输出层神经元的个数是确定的，隐含层中每增加一个神经元，就需要在神经网络中增加数十个函数，并使得其他函数的复杂度增加。神经网络的好坏会先随着神经元数目的增多而提高，达到峰值点后再随着神经元数据的增多而下降。

隐含层个数的增加会极大地增加神经网络的复杂度，与神经元个数和神经网络准确度的关系相反，神经网络的准确度首先随着隐含层个数的增加而下降，再随着隐含层个数的增加而上升。也就是说，在神经网络中，不充足的深度是有害的。

在实际工作中，很难直接判断神经元和隐含层取多少个才是最合适的，我们通常的做法是以 5 个神经元为单位，试一试究竟那种组合最奏效。对于单隐层感知器模型来说，实验几十组后即可找出最佳的神经元个数。

神经网络中另一个重要问题是神经元输出函数的确定。作为一种机器学习算法，我们通常采取使用学习规则训练神经网络的办法。学习规则提供计算输出值和实际值之间的误差，并依据误差修改权值。图 6.9 给出了神经网络的学习过程。

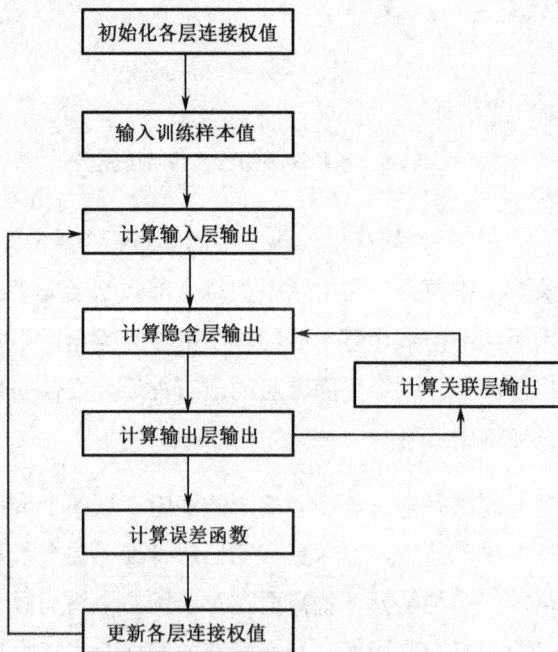

图 6.9 神经网络训练流程图

　　在整个学习过程中，数据分析师需要做的有挑选函数类型，以及设置函数初始值。如今流行的神经网络中的函数类型有十几种，我们应根据每种函数的特点和适用范围来挑选。初始值的设置一般是任意的，除 Hebb 学习规则、外星学习规则要求初始值为 0 以外，其他的学习规则一般无严格要求。

　　神经网络的核心在于学习规则，学习规则的核心在于误差函数。在计算误差时，我们可以使用欧氏距离、马氏距离或概率密度等距离计算方法来计算输出值和实际值的误差距离，同时使用矩阵找出神经节点和误差之间的关系，并将引发较大误差的节点的权重调小，将引发较小误差的节点的权重调大。通过这样的训练，即可使输出值和实际值无限接近。

　　以权值大小、调整方法和误差率为坐标，可以做出一个三维的误差曲面，这将是一个有许多峰点和谷点及许多平坦面的不规则曲面，它意味着有时函数会陷入局部误差最低点，而不能达到全局误差最低点；有时误差的改善则十分缓慢，即便大幅修改权值，误差也不会有较大的改善。

6.3.3　感知器神经网络小结

　　本节着重介绍了神经网络的基本概念和原理，包括它的 3 层拓扑结构、神经元之间的链接权值和函数，以及学习规则和误差函数。篇幅所限，本节并没有提到确切的案例，但神经网络在房价预测这一领域的研究是十分成熟的，互联网上有许多语言通顺、逻辑清晰的佳作，本节的基础概念将帮助读者学习更具体的案例。

本节对感知器神经网络的介绍主要局限在有监督的预测问题上,由于房地产行业往往能够积累大量的数据,因此,完全能够满足有监督学习所需要的样本量。这种有监督的预测问题还有自动挡汽车中对汽车挡位的预测、水库优化调度问题,以及飞机航班预测问题等。

感知器神经网络是一种基础的神经网络,使用 BP 算法优化过后,感知器神经网络将具有更好的非线性映射能力、泛化能力和容错能力,这是由于 BP 算法利用了误差的反向传播思想,将误差平摊给隐含层。此外,利用自适应线性单元组成的自适应网络只调整少数权值,从而保证反应速度的径向基神经网络和模仿人类运动神经的小脑神经网络等都是十分有特点并非常流行的神经网络算法。

神经网络同样具有缺点。

首先,它不能准确预测较长时间内的函数。实际上,对于房产价格波动这种极不规律的函数来说,什么算法都不能准确预测一个地方十年以后的房价。对这种问题最好的解决办法就是每隔几个月就重新训练一遍神经网络。

其次,神经网络的训练时间较长,当数据较少且隐含层和神经元都较少时,神经网络能够在几分钟内训练好,并且能很好地解决问题;当数据很多、隐含层很多、神经元很多,即启动典型的深度学习模式时,神经网络就需要训练很长时间了。

最后,神经网络的好坏依赖于初始值的设定,这是因为误差曲面会将神经网络引入局部最优值。

不管怎样,神经网络都是最典型的深度学习算法之一,丰富的学习规则、误差函数组成了一个庞大的集合,使神经网络能够解决大部分复杂的非线性问题。工业、信息业、金融业都十分依赖神经网络,它也是最著名的数据挖掘算法之一。

6.4　自组织神经网络——如何又快又好地解决旅行商问题

6.3 节介绍的是有监督的预测型神经网络，本节将介绍无监督的分类型神经网络，这将从学习模式和工作目的两方面完善神经网络的体系结构。通过本节，读者将发现神经网络更宽广的工作空间，并对神经网络有进一步的认识。

6.4.1　最优路径问题的典型模式和解决方法

旅行商问题是机器学习和人工智能中的一个典型问题：设有一个旅行商需要将货物送到 n 个城市中去，已知所有城市的坐标及它们之间的相互距离，且从出发城市出发后，每个城市只经过一次即回到出发城市，问最短路径是什么？

对于以旅行商问题为代表的最优路径问题来说，常用的算法有 Dijkstra 算法、Bellman-Ford 算法、Floyd 算法和 SPFA 算法。它们的本质思想是枚举法，即将所有的路径都算出来，从中求得最短的路径。使用公式可将路径总数和城市个数表达为 $R = \dfrac{1}{2n}\sqrt{2\pi n}e^{n(\ln n - 1)}$，可以看到，随着城市个数 n 的增加，路径数 R 会急速增长，因此，这种算法仅能很好地解决城市个数较少的问题。

为了解决较复杂的最优路径问题，数据分析师们选择了借鉴生物学。蜜蜂采蜜是生物界中典型的最优路径问题，每只蜜蜂每天都要决定落在花朵上的顺序，不遗漏且不重复地采集每朵花上的花蜜。在长年的经验积累下，蜜蜂能够找出最短的路途，模仿蜜蜂寻找最短路途的方法，能够帮助我们解决最优路径问题。

每个花丛和每个花丛的花朵分布都不会一致，蜜蜂当然不可能依赖对每个花丛都计算一遍每种路径的长度这种方式来寻找最短路径。生物学家认为，蜜蜂的大脑能够通过神经元的兴奋方式记住不同花丛分布所对应的不同路径，即特定的神经元兴奋时代表特定的花丛分布出现，并激发蜜蜂经过特定的路径。这种兴奋过程并不是先天存在的，而是后天形成的，我们将它命名为自组织特征映射网，并将根据这种模式形成的神经网络命名为自组织竞争神经网络。

蜜蜂大脑的工作方式和人脑神经元的工作方式十分相似。在对人工神经网络的训练过程中，我们的目的是使神经网络对特定的模式产生特定的兴奋方式，最终会将兴奋方式相似的神经元聚集到一起，这和人脑中神经元排列的方法也非常类似。

最优路径问题常见于城市规划问题中，政府如何合理规划道路、快递司机如何合理安排物流，以及互联网如何更好地安排运营节点，这些都是典型的最优路径问题。全球人口的增加、资源的消耗迫使我们必须尽快找到解决方法，而自组织神经网络正是一个优秀的选择。

6.4.2　自组织神经网络的拓扑结构和权值调整

自组织神经网络结构能够解决涉及上千个地点的最优路径问题，但为了便于表述，我们将一个由 10 个地点组成的旅行商问题作为研究对象。

表 6.1 是 10 个城市的平面坐标，与有监督的神经网络不同，自组织神经网络中不需硬性规定每个城市的类别，神经网络即可通过辨别城市坐标的模式，将这 10 个城市分为几类。

表 6.1　10 个城市的平面坐标

城市序号	x	y	城市序号	x	y
1	0.4000	0.4439	6	0.2254	0.7685
2	0.2439	0.1463	7	0.5220	0.9432
3	0.1729	0.2306	8	0.8697	0.6434
4	0.6209	0.2698	9	0.6926	0.5288
5	0.6722	0.2546	10	0.8546	0.3587

自组织神经网络中包含两个部分，输入层和竞争层。其中，竞争层既担负了训练算法的工作，也担负了输出结果的工作。输入层包含的神经元与问题中的变量一一对应，如旅行商问题中，输入层含有 2 个神经元，分别向神经网络中输入城市的 X 坐标和 Y 坐标。

竞争层的神经元则代表了分类结果，一种城市分布模式出现时，竞争层就有一个对应的神经元兴奋，因此，竞争层中每个神经元都对应一种模式，这一层的神经元个数是人为设置的，个数过少会使一些不同模式混杂在一起；个数过多则会出现死神经元，哪种模式出现时都不兴奋。一般来说，我们先尽量将竞争层神经元个数设置多一些，然后再逐渐减少直至找到最佳个数。这与感知器神经网络中由少到多的测试神经元个数的方法是相反的。

有监督学习的神经网络和无监督学习的神经网络的最大不同在于学习规则。在有监督学习中，由于样本对应的结果是已知的，因此只需计算结果值和实际值的误差即可进行纠正学习。但是在无监督学习中，样本并没有已知的分类结果，因此需要将样本和神经元转化成同一类型的数据来比较。

图 6.10 是胜者为王学习规则的几何示意。旅行商问题中输入层的神经元有 2 个，因此在二维图形中可以形象地表达学习规则工作的过程。我们首先将坐标数据全部归一化，使它们都落在如图 6.10 左边图形中的圆上，不妨假设我们设置了 4 个竞争神经元。将输入层神经元映射到竞争层神经元的方法与 6.3 节介绍的并无不同，图 6.10 中 4 条末尾为"×"的直线代表了 4 个映射函数计算得到的竞争层神经元输出结果，这些函数的参数在一开始都是随机设置的。

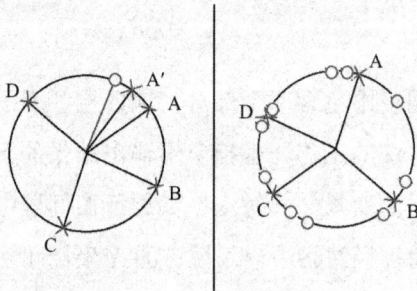

图 6.10　胜者为王学习规则

首先向神经网络输入一个样本坐标，并将它画在图上，使用圆圈表示。学习规则会计算神经元和样本的距离，并找到离样本最近的神经元，可以使用马氏距离、欧氏距离、概率密度、皮尔逊相关等各种距离公式计算。很明显，此时离圆圈最近的是神经元 A，称为神经元 A 胜出了。

胜出的神经元将得到改变权重的权力，通过调整函数的参数，神经元 A 移动到 A′ 的位置，离样本点更近了。这样，当再次出现和这个样本相似的样本时，神经元 A 会更加容易胜出，并最终落到这一模式样本的中心。同理，其他神经元也会逐渐落到不同的样本类中心，最终形成如图 6.10 右半边图片所示的样子。

弄清楚每个神经元是如何训练之后，神经网络的拓扑结构就是我们所关心的了。自组织神经网络由输入层和竞争层组成，它们可形成一维线阵、二维平面阵和三维栅格阵等拓扑结构，图 6.11 是一个典型的二维平面阵结构，输入层有 2 个神经元，居于下方；竞争层含 9 个神经元，分 3 行 3 列排列，形成一个平面结构。通过增加竞争层的维数，可以使神经网络的深度增加，从而形成深度学习的效果。

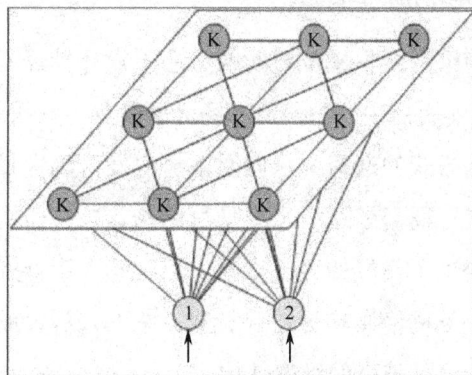

图 6.11　平面阵拓扑结构

在旅行商问题中，我们将竞争层设计成环形结构，并设置 10 个竞争层神经元，通过学习，使 10 个神经元和 10 个城市形成一一对应的关系，由于神经网络在训练时会将兴奋模式相似的神经元放在一起，因此神经网络训练完毕后，邻近的神经元所对应的城市即为距离较近的城市。

根据表 6.1 中的坐标，10 个城市的旅行顺序应为 1→3→2→7→6→8→9→10→4→5→1。旅行商在旅行时只需随意选择一个起始城市，并按照顺序依次旅行直至返回起始城市即可。

6.4.3　自组织神经网络小结

本节介绍了自组织神经网络的生物原理、拓扑结构和无监督的学习规则。自组织神经网络将网络切割为一个一个小的部分，每部分对应一种模式，这种结构使自组织神经网络在分析比较、寻找规律和正确归类等方面具有特殊的优势。

自组织神经网络中最重要的部分在于设计神经元个数和神经元排列方式。我们使用由多至少实验神经元个数的方法确定神经元的个数，而神经元排列方式的选择则从问题本身出发，确定最佳的方式。如本节所介绍的旅行商问题适合二维平面结构，二维结构满足了计算的复杂度，同时提供了良好的可视效果。而机器人手臂控制运动中，由于计算复杂，三维栅格结构更适合一些。总的来说，越复杂的问题需要越深的学习深度、越高的维度结构。

除了最优路途问题和机器人手臂控制运动以外，自组织神经网络还可以用于解决其他经典的人工智能问题，如识别手写字母、商品分类、训练工厂的自动控制系统、根据卫星图片预测天气等。与自组织神经网络相似的还有将竞争层和输出层分开的 CPN 神经网络、引入有监督学习的 LVQ 神经网络等，它们一起构成一个大家族，联合解决各种疑难问题。

值得注意的是，不论自组织神经网络的竞争层是几维的拓扑结构，它都属于层次型神经网络，是一种前馈的网络，感知器神经网络也是如此，信号只能向前流，不能向后流。反馈型神经网络则将同一层神经元密密地连在一起，信号在同一层之间可以来回流动，形成反馈结构，这种神经网络的代表有 Hopfield 神经网络、双向联系记忆神经网络等。

总的来说，神经网络的训练过程是对各种人类大脑活动的模仿，因此它也是最智能化的算法之一，毕竟，工程师的目标就是训练出像人类一样的机器人。作为深度学习领域最重要的成员，神经网络能够解决大部分非线性的机器学习问题，适用于多个领域。但神经网络又具有训练耗时长、训练过程不公开、结果难以理解等缺点，要想完全掌握神经网络，我们还需要查阅更多的资料，以及大量的动手实践过程。

6.5 RBM 算法——为新闻报道智能分类

RBM 算法全称是受限玻尔兹曼机算法，它也是使深度学习扬名立万的第一批经典算法。在对神经网络的介绍中我们提过，所有的神经网络都依赖初始值的设置，初始值设置得不合理，神经网络就会陷入局部最优值。RBM 算法的一个重要用途就是为神经网络做预处理，替神经网络找出最佳的初始值。本节介绍了 RBM 算法的原理和多种用途，使读者能够了解 RBM 算法的全貌。

6.5.1 新闻报道智能分类的难与易

如今，愿意读报纸的人越来越少了，除了《华尔街日报》还长盛不衰外，绝大部分报纸的销量都连年下降，人们获取新闻的途径已经从纸质媒介转移到了电子媒介。由于电子媒介具有速度快、成本低、信息量大等优点，编辑和读者都愿意在新闻网站上发布和阅读新闻。

但如今想要抓住读者的注意力越来越难，读者每天要浏览几万条新闻，有些是读者自愿搜索的，有些是网站自动推送的。研究表明，现代人的注意力越来越难以集中，如果新闻标题不能在两秒内抓住读者的眼球，那新闻就会像空气一样飘过。就算读者点进了新闻并开始阅读，内容不合读者心意的话，他还是会离开页面。

另外，如今的新闻越来越多了，每个新闻社都往世界各地派去大批记者，小女孩下午在白宫发飙，到晚上的时候全世界的人就都知道了。人们再也不用像以前那样等着记者辛辛苦苦编好稿子、校正排版、交付印刷厂，等到第二天才能知道世界大事了。相对应的，网页主编最头疼的问题不再是优秀新闻的缺乏，而是如何找到足够的位置来放置这些优秀新闻。

容易想到，我们可以像个性化推荐商品那样向读者个性化推送新闻，这样既可以吸引读者的眼球，也可以节约网页位置，达到一石二鸟的效果。

为新闻报道做个性化推荐有容易的地方：新闻报道已经累积了海量的报道资源，训练样本是足够的；新闻报道的受众对于个性化新闻推荐有强烈的需求，新闻网站做好个性化推荐将得到丰厚的回报；新闻报道对分类的速度要求不高，这意味着我们有更多的时间来训练分类算法。

为新闻报道做个性化推荐也同样有困难的地方：和百货商品不同，新闻报道的类别很难划分，分得过粗没有推荐的意义，分得过细又增加训练难度；尽管历史新闻报道累积了很多，但它们没有读者的评分，这意味着我们不能用协同过滤的办法来构建个性化推荐系统；新闻报道对推荐的精度要求很高，推荐一旦出现细微偏差，都会使读者对推荐内容丧失兴趣。

基于以上难易点，本节我们选择了使用 RBM 算法来构建推荐系统，这个系统要完成为新闻报道智能分类的任务，考虑到一个网站每天要生成很多新闻，要把 RBM 算法训练好可不是一件容易的事情。

6.5.2 RBM 算法的学习目标和学习方法

与神经网络相似，RBM 算法是一种随机网络。但与神经网络又不同，RBM 算法既不是前馈型的网络，也不是反馈型的网络，它是一种无向网络。RBM 算法运用了大量统计力学、物理学的知识，这使得它与基于核函数发展起来的神经网络有很大的不同，认识这一点有助于读者尽快掌握 RBM 算法的学习目标和学习方法。

图 6.12 是 RBM 算法的示意图，图中每个圈圈表示一个节点，靠下的 9 个节点构成了可视层，它们承担了输入数据的作用，在新闻智能分类的例子中，它们可能是新闻的特征词词频，也可能是读者对新闻的评分；靠上的 3 个节点构成了隐含层，它们承担了计算和输出的作用，在新闻智能分类的例子中，它们就是新闻的 3 个类别，我们要通过计算将未知的新闻分到 3 个类别中去。与神经网络相似，每个可视层中的数据节点都对隐含层中的数据节点有一个权重，最终构成一个 3×9 的权重矩阵。

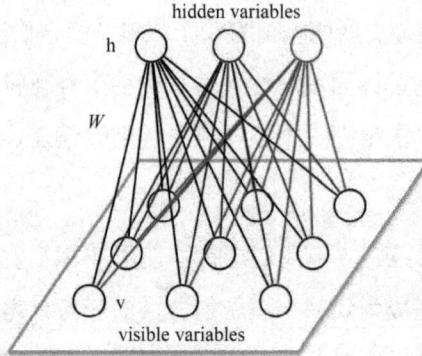

图 6.12　RBM 算法示意图

统计力学认为，每个事物都有自己的稳态，如在常温条件下，水是液态的，将它冷冻成冰或者加热成蒸气后，它还是会慢慢变成液态，这就说明事物都会向自己的稳态靠近。如果将事物的状态和它的稳态之间的差记为能量函数，那么随着事物发展，能量函数都会趋近于零。

RBM 算法借鉴了如上统计力学的思想，将可视层和隐含层看作一个整体，并写出了它的能量函数：$E(v,h) = -\sum_{i=1}^{n}\sum_{j=1}^{m}w_{ij}h_iv_j - \sum_{i-1}^{n}a_ih_i - \sum_{j-1}^{m}b_jv_j$。其中 v 表示可视层中的节点数据，h 表示隐含层中的节点数据，w_{ij} 是权重矩阵中相对应的权重，n 和 m 表示隐含层和可视层的节点个数，a_i 和 b_j 则是向量 v 和 h 的偏置，这三者都是能量函数的参数。

为了便于计算，不妨假设所有的节点数据都是 0 和 1 构成的二分类变量，如可视层输入 1 即代表新闻中包含某个特定词汇，输入 0 则代表不包含；隐含层输出 1 即代表某个变量属于某一类别，输出 0 则代表不属于。

我们的目标是找到将能量函数最小化的参数，由于计算量过大，我们没办法直接计算能量函数的最小值。使用概率的方法计算起来会简单得多，根据统计力学，能量函数低的状态出现的概率要大于能量函数高的状态，且状态 i 发生的概率可记为 $p_i = \dfrac{1}{Z} \times \mathrm{e}^{-\frac{E_i}{k_b \times T}}$，那么可以类似地推算 RBM 算法的联合概率是 $p(v,h) = \dfrac{\mathrm{e}^{-E(v,h)}}{\sum\limits_{v,h} \mathrm{e}^{-E(v,h)}}$，联合概率越大，能量函数就越小，这样，我们的学习目标就转化成了计算概率 p 的最大值。

神经网络中有误差函数来衡量实际值和输出值的差距，并提供调整网络权重的方法。但作为一种无向网络，RBM 算法中并没有误差函数，为了找到能量函数的最小值，随机梯度下降算法是一种可取的方法。但它的计算量非常大，因此我们使用对比散列来训练算法中的权重矩阵。对比散列只需求数据集的平均值，是一种较为简洁的计算方法。

对比散列的训练方法可以拆解为 4 个步骤，图 6.13 展示了这 4 个步骤。首先，RBM 算法需要向模型中输入样本数据，并随机设置好权重矩阵；其次根据概率公式 $p(v,h)$，可计算得到 $p(h|v)$，这个条件概率能够计算得到向量 h 的状态；再次使用向量 h 重构向量 v，此时使用的公式是 $p(v|h)$；最后通过重构的向量 v 计算最终的向量 h。

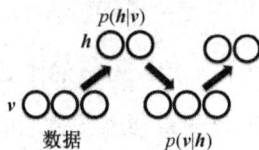

图 6.13　RBM 学习方法示意图

通过这样一组训练过程，让联合概率趋于最大。此时，便可计算得到使能量函数最小的权重矩阵。重复训练多个样本，并将它们的最佳权重矩阵进行整合，即可得到模型的最佳权重矩阵，从而为新样本进行分类。

6.5.3　RBM 算法小结

本节介绍了能量函数、联合概率分布和对比散列等概念，并引申出 RBM 算法的学习目标和学习方法。RBM 算法的模型结构和平面阵拓扑结构的自组织神经网络非常相似，但这两者的算法思想有本质的差别。神经网络利用了核函数映射的概念，而 RBM 算法则利用了统计热力学的思想。

作为深度学习领域中最著名的算法之一，RBM 算法广泛应用于工业、制造业、勘探行业等多个领域，同时它也是另一个重要的深度学习算法 DBN 算法的基础。作为一种独立的深度学习算法，RBM 算法主要有以下 3 方面的用途：

首先，RBM 算法可以用于降维。它将可视层的数据转化为隐含层的数据，通过监督学习的方法进行分类或回归。由于隐含层的节点数一般少于可视层，因此 RBM 算法就完成了降维的工作。如本节的新闻智能分类案例就是一个降维分类的例子。

其次，RBM 算法经常用于神经网络的预处理。通过能量函数的最优化，RBM 算法可以求出自变量和因变量之间的权重矩阵和偏移量，用两者作为神经网络的初始值，可以使神经网络进入全局最优值点，而不会陷进局部最优值点处。

最后，RBM 算法能够计算自变量 v 和因变量 h 的联合概率，以及两者构成的条件概率。有了这些概率，RBM 算法可以像贝叶斯网络或隐马尔可夫链那样计算每种状态出现的概率，即作为一个生成模型或分类模型来使用。

作为一种从统计力学理论中发展起来的深度学习算法，RBM 算法最大的优点在于它能够求得全局最优值，与 RBM 算法类似的还有模拟退火算法，它也是从统计力学中发展起来的一类算法。RBM 算法的结果评价和神经网络也不同，重构误差是最常用的一种评价方法，它将训练样本当作初始状态，将结果进行 Gibbs 转移后，以与原数据的差作为评价标准。

由于 RBM 算法并未采用统计学的理论，许多统计学软件也不提供 RBM 算法的接口，而 C 语言和 C++语言这种程序员擅长的语言却是构建 RBM 算法的有力工具。工具的不合手也是数据分析师对 RBM 算法敬而远之的原因之一，但作为深度学习领域的奠基算法之一，RBM 算法仍值得我们仔细学习。

第 7 章

经典的数据挖掘案例

在本书介绍的 8 个主题中,数据挖掘是综合性最强的一个。它和大数据时代在科技界同步流行,许多统计学、模式识别、机器学习的算法都可以用于解决数据挖掘问题。本章的重点在于介绍数据挖掘领域最具有代表性的一些算法。通过本章的学习,读者将对数据挖掘的实际应用、经典算法原理等有深刻的印象,并能够自主解决一些数据挖掘问题。

7.1 数据挖掘综述

数据挖掘作为一个综合性非常强的领域,在很多领域有着成功的落地应用。本节将简单介绍数据挖掘的概念,并对其应用领域和常用评价指标进行介绍。

7.1.1 什么是数据挖掘

数据挖掘是伴随大数据时代崛起的一门新兴学科。与统计学、模式识别、机器学习等领域相比,数据挖掘是一个完完全全的新学科。它脱胎于上述 3 门学科,专门用于解决大数据时代的问题。和其他学科相比,数据挖掘最大的特点就是涉及了海量数据。

在大数据时代到来之前,数据分析师收集数据、分析数据的能力都有限,因此,往往采用抽样的方法来研究数据分布、解决问题。随着技术的发展,数据分析师逐渐发现抽样虽然能提取大部分数据信息,但有一些细微的信息却丢失了，这些细微信息中很可能蕴含着巨大的价值。

因此，数据分析师开始更多地收集全部数据并成功从中发现了之前没有发现的重要信息。这种全体替代样本的方法普及后，大数据时代就到来了，而用于从海量数据中发现有效信息的方法则专门成为一个新学科，即数据挖掘。

量变引起质变，同样的算法在小数据量和大数据量上起到的作用是截然不同的。例如，在小数据量上相关分析总是作为一种辅助手段，起到帮助数据分析师了解数据结构的作用；但在大数据量上，它完全可以作为解决问题的一种独立方法，从数据中挖掘有用的信息。与之相对的，回归分析本在小数据量上是一种应用广泛的算法；但当数据量过大时，由于它计算复杂，反而不能得到较好的效果。

我们说的小数据量和大数据量并不是仅仅相差几十兆、几百兆的数据，而是相差了十几吉的数据。人们制造数据、收集数据的速度都在逐渐加快，数据量的巨大差距使得一些原本默默无闻的算法崭露头角，也使得一些原本很实用的算法再无用武之地。

由于综合了各个领域的算法，数据挖掘能够解决的问题也很广泛。它最擅长的是分类问题、预测问题、估计问题、关联问题和半结构化数据挖掘问题。其中，典型的问题如信用评价问题、物流跟踪问题、金融预警问题等都是热门而且复杂的问题，通过收集大量相关数据和信息，数据挖掘可以从独特的角度解决这些问题。

7.1.2　数据挖掘的主要应用领域

数据挖掘的概念是伴随数据库领域的发展而产生的，最早被人们称为"数据库的知识发现"（KDD）。虽然数据挖掘概念的提出时间并不长，但在这个信息爆炸的时代，数据挖掘的重要性被不断强调，决策者和管理者越来越倚重从数据中提取的隐含信息、有用知识和规律来为生产和经营活动提供重要参考。

数据挖掘不但可以挖掘不同层次的知识和信息，还可以对不同类型的数据进行分析和归纳（如图片、视频、文本等）。在图像领域，目前可以通过使用如卷积神经网络（CNN）、Harr 级联算法、Hog 算法等提取图片特征，并通过对特征编码的方式转换为需要的结构化数据；在视频领域，空域算法和时域算法是视频分析的主要算法，通常会使用如离散余弦变换（DCT）、伽马校正、阿尔法混合等非常复杂的技术，由于视频一般比较大，所以在数据挖掘中的视频特征目前主要用于判别视频的类别和主要内容，即视频理解；在文本领域，经典的编码方式就是 one-hot 编码，即将每个单词变为只有一个 1，其他都是 0 的稀疏向量[0, 0, …, 1, 0, …, 0]，不过由于该算法的局限性比较大，不能反映单词之间的相关性，于是词嵌入（Word Embedding）和词向量（Word2Vec）的方法诞生了，可以用来处理更加复杂的文本。

目前，数据挖掘在以下领域有着较为成熟的应用。

（1）聚类任务：识别分析对内在的规则，按照这些规则把对象分成若干类别。如在金融风险分析中，通过聚类算法将申请人分为高度、中度、低度抗风险人。

（2）分类任务：根据被分析对象的多维度特征，对对象进行分类汇总。如大型商场根据用户的消费频次，平均消费金额等特征将用户划分不同级别，从而定制专属人员的营销活动来取得业绩突破。

（3）预测任务：根据分析对象发展变化的情况，对未来的趋势做出预见。除了经典的 Arima 时间序列模型之外，目前比较新的技术有递归神经网络（RNN）、长短程记忆方法（LSTM）等，它们是基于深度神经网络进行预测的方法，在预测任务中效果不错。

7.1.3 数据挖掘模型的评价指标

除了算法本身，数据挖掘领域还有一系列评价算法好坏的指标和工具，这些指标和工具的发展对模型鲁棒性、样本不均衡、数据异常等情形有着相当大的帮助。如在聚类分析中，一般采用分析每个簇内部信息的方法来评价聚类的效果，目前比较常用的方法是将密度纳入衡量簇内分离的指标 S_Dbw；在分类分析中，以二分类为例，最基本的评价指标就是准确率（Precision）、召回率（Recall）和正确率（Accuracy）等指标。事实上，准确率和召回率是互相矛盾的指标，虽然我们的目标是让两者都尽可能高，但是在实际中常常出现准确率高、召回率低；或召回率低、准确率高的情况。在实际中常常需要根据具体情况做出取舍——一般情况下，是在保证召回率的情况下提升准确率，而如果是疾病监测、反作弊等问题，则要求在保证准确率的条件下，尽可能提升召回率。评价二分类任务的混淆矩阵如表 7.1 所示。

对于回归模型，常用的评价指标有误差平方和（MSE）、决定系数（R-Square）和校正决定系数（Adjusted R-Square）；对于图像画质评价，有峰值信噪比（PSNR）和图像质量评估算法（SSIM）等指标。可以看出，通过对各个不同的算法模型建立科学有效的评价指标，能够有效地评估算法的效果，提升算法在实践中的表现。毫无疑问，模型的评价指标和算法本身是数据挖掘领域的两块重要基石。

表 7.1　评价二分类任务的混淆矩阵

实际类别		预 测 类 别			准确率	召回率
		真	假	实际类别	TP/P	TP/R
实际类别	真	True Positive	False Negative	R	负正类率	真正类率
	假	False Positive	True Negative	F	FP/F	TP/R
	预测类别	P	N			

除了计算方法和评价指标的发展，随着数学方法的不断演进和优化，新的数据挖掘算法和评价指标将被逐步发现并应用到实际应用场景中。目前而言，数据挖掘算法的一个较大的瓶颈在于实时分析任务中的应用，虽然算法在大数据量上表现优异，但是由于算法复杂度较高、计算代价大等原因，在实时任务的处理中的发展是不全面和不系统的，这也是未来数据挖掘领域急需解决的问题之一。

本章介绍了判别分析、购物篮分析、马尔可夫链和 AdaBoost 元算法 4 种典型的数据挖掘算法。其中，判别分析和马尔可夫链使用了大量统计分析的概念，购物篮分析则脱胎于模式识别算法，而 AdaBoost 元算法更是多个领域算法的综合。通过学习这些算法，读者能够更加清楚地体会到数据挖掘和其他领域的紧密联系。

此外，由于数据挖掘针对的是涉及大量数据的问题，而数据过大时，单个计算机很可能负荷不起这样大量的运算，故而数据挖掘算法常常部署在多台并行计算的计算机上，因此，数据库工程师和分布式计算工程师将是数据分析师不可缺少的同事。数据分析师学习一些数据库的知识和分布式计算的知识，也有助于更高效地工作。

7.2　判别分析——美国运通构建客户流失预测模型

判别分析和 Logistic 回归颇有相似之处，均用于数据分类。但判别分析的算法更加简洁，且同时适用于连续型因变量和离散型因变量。因此，判别分析是数据挖掘中最重要的一类分类算法。本节详细介绍了判别分析如何确定降维平面，以及在客户流失预测等方面的作用。

7.2.1　美国运通公司的旧日辉煌

美国运通公司创立于 1850 年，是国际上最大的旅游服务、综合性财务金融投资的环球公司。作为反映美国经济的道琼斯指数 30 家公司中唯一的服务性公司，美国运通公司在信用卡、旅行支票、财务计划、国际银行等领域均处于领先地位。

美国运通公司有三大分支机构：美国运通旅游负责旅行业务，向个人客户提供信用卡、旅行支票和签账卡，也帮助公司管理公干旅行方面的开支；美国运通财务顾问提供财务规划和咨询服务，也开发和提供保险、养老金等多种投资产品；美国运通银行提供私人银行、个人理财、同业银行、外汇交易等常见的银行服务。

总体来说，美国运通公司的服务紧紧围绕财务流通展开，其金融产品从最初的汇票发展至旅行支票，再到如今的信用卡，一直紧跟时代潮流。美国运通公司的目标客户群是收入较高的阶层，特别是经常商务旅行的客户。能代表美国运通公司风格的典型产品是美国运通黑卡，这种卡没有上限，也不接受申请，每年只向极少的精英人士发出邀请。这种信用卡的象征意义已远远大过其实际意义，也彰显了美国运通客户群的整体优越性。

"只为优越客户服务"的定位替美国运通吸引了高质量的顾客，但也使美国运通公司失去了更多的普通客户。美国运通公司信用卡的年金总比其他公司多一美元，这种把戏不再能赢得越来越实际的现代人的欢心。同时，越来越多的公司开设信用卡业务，这也冲击了美国运通公司的付账卡业务。

以花旗银行为首的几大美国银行都是美国运通公司的有力竞争对手，如今所有的信用卡公司都在努力争取新客户，美国运通公司越来越难以承受客户流失带来的风险。判别分析能够帮助美国运通公司提前了解哪些客户将要流失，并且了解这些客户流失的原因，从而帮助美国运通公司调整战略，避免不必要的损失。

在大数据时代的冲击下，如今所有的信用卡公司都希望提前知道客户流失的信息，在这方面，美国运通公司有数百年累积的良好信誉，并有全球范围内的客户流失数据，因此，美国运通公司更容易在数据挖掘中受益，客户流失预测模型就是这样一个指导美国运通公司改变形象的优秀数据挖掘模型。

7.2.2 判别分析的假设条件和判别函数

判别分析的目标是将新个体分入已知的 n 个类别中去，如将美国运通公司的客户分为忠实客户、普通客户和流失客户 3 类，并按分类标准，将新客户分入这 3 类之中。这和 Logistic 回归所达到的效果是相似的，但是 Logistic 回归使用了回归方程，而判别分析则使用了降维的方法。

图 7.1 是一个判别分析的降维示意图，它将二维数据映射到一维上去。图 7.1 中灰点和黑点分属不同的类别，我们将样本点映射到了一条贯穿二、四象限的直线上，此时两个类别的距离用图中的粗线段表示。判别分析所要做的就是将不同类别的数据分开，并使不同类别中心之间的距离尽量大。

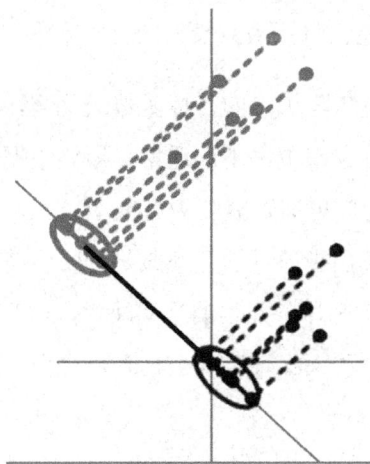

图 7.1　判别分析降维示意图

为了达到使不同类别中心之间的距离尽量大这一目标，判别分析需要谨慎地选择映射方向。判别分析使用协方差矩阵来确定映射方向。首先，不妨假设我们有 m 个样本，这些样本分别属于 n 个类别，每个样本都由 $\{m_1, m_2, m_3, \cdots, m_p\}$ 等 p 个指标表示。

协方差矩阵可以度量每类样本的离散程度。$S_i = \sum_{x \in D_i} (x - m_i)(x - m_i)^{\mathrm{T}}$

是每类别样本的类内散布矩阵，其中 D_i 表示第 i 个类别，m_i 表示该类别中第 i 个指标的均值。将所有的类内散布矩阵相加即可得到总类内散布矩阵 S_w。$S_b = (m_1 - m_2)(m_1 - m_2)^T$ 是两个类别之间的类间散布矩阵，它使用各类别中各指标的均值之差度量两个类别之间的距离，将所有的类间散布矩阵相加即可得到总类间散布矩阵 S_B。

有了类内散布矩阵和类间散布矩阵，即可写出判别分析的目标函数 $J(w) = \dfrac{w^T S_B w}{w^T S_w w}$，其中 w 就是是一个映射函数，我们希望找到一个 w，使得目标函数达到最大，将二维数据映射到一维直线上时，$w = S_w^{-1}(m_1 - m_2)$ 是能使目标函数最大的直线方程。

有了根据协方差矩阵求出的目标函数最优解，判别分析就可以将高维数据映射到低维空间中去了。通常，原始数据中的变量维数要远远多于类别个数，在映射时，我们要分几个类别，将原始数据映射到较低维的空间，如我们想通过十几个原始变量将美国运通公司的客户分为 3 类，判别分析则将十几维的空间映射到一维、二维或三维空间中去，当维数更高时，人眼难以观察，且决策面过于复杂，判别分析将失去意义。

图 7.2 是判别分析中二维数据投影到一维直线后的高斯拟合和决策面。由于判别分析要求原始数据服从正态分布，因此投影后的数据也将服从正态分布，此时一维直线上存在两种类别的数据，这两种类别的数据可分别画出一个正态分布拟合图，分别拟合图中的数据代表了每一类别数据在直线每个位置出现的概率大小。

图 7.2 中的两类数据投影形成的正态分布拟合图有明显的重叠，直线是对二者进行分类的决策面。在一维直线上，这一决策面就是一个坐标点，在这一坐标点右侧的数据都被归入第一类，左侧的数据都

被归入第二类。这两个正态分布的峰值点的横坐标距离则代表了两类
中心的距离。

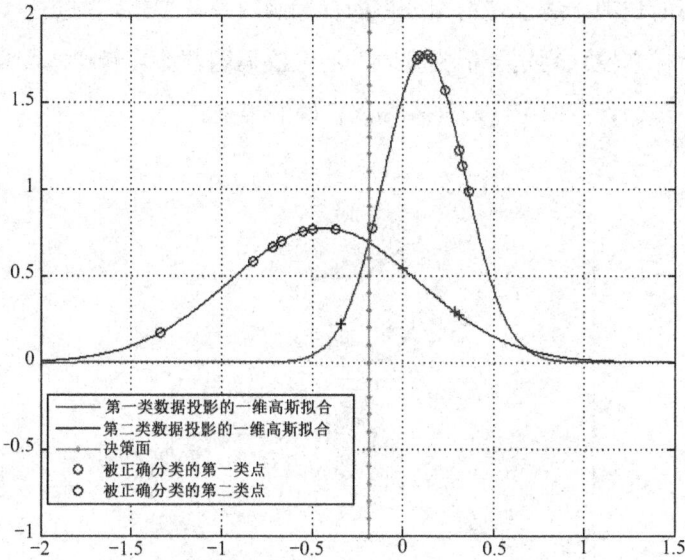

图 7.2　二维数据投影的拟合函数和决策面

　　数据映射到一维直线上时，用来寻找决策面的正态分布拟合图是
一维的正态拟合，而决策面则是一维的坐标；当数据映射到多维空间
时，用来寻找决策面的拟合图则将是相对应的多维正态拟合，决策面
也将是高维函数。图 7.2 所示的决策面仍不能完美地将两种类别分开，
存在错误分类的情况，当样本数据增多时，目标函数的训练会更加有
效，决策面也将更完美地工作。

　　在使用判别分析为多种类别的数据进行分类时，可以构造多个二
分类器进行综合分类，也可以一次性地将多个类别分开。图 7.3 是在
二维平面上将 3 个类别的数据一次性分开的例子，这样做可以降低计
算的复杂度，但是会牺牲精确度。

图 7.3 标出了每个类别的类内散布矩阵，以及类别和类别之间的
类间散布矩阵，同时还标出了类中心的坐标和整个样本中心的坐标。
这张图清楚地表达了在判别分析的目标函数中各个矩阵的几何意义。
当有新样本输入判别分析模型时，通过决策函数比较新样本和每一类
别的距离远近，即可将新样本归入正确的类别。

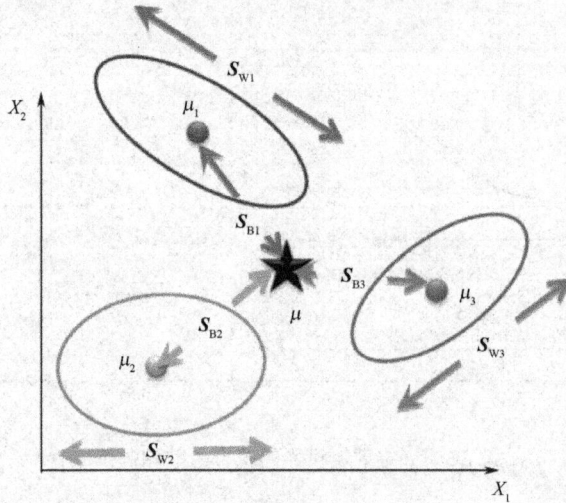

图 7.3　二维平面上的判别分析示意图

7.2.3　判别分析小结

判别分析是一种典型的以统计理论为基础的分类方法，它所使用
的降维方法和主成分分析十分类似，但主成分分析的目标是将不同维
度的信息整合为一个维度，而判别分析的目标则是将不同类别的数据
尽量分离。

和回归分析类似，判别分析有十分严苛的假设条件。首先，判别

分析假设分组类型在两种以上，且每个类别都具有一定的样本数量；其次，判别分析中各组样本的协方差矩阵相等，且各组样本服从正态分布；最后，判别分析中涉及的各个变量不能相关。只有样本数据同时满足这些条件，判别分析的结果才具有意义。

判别分析在气候分类、土地划分、市场调研等多个领域都具有重要应用。本节提及的美国运通公司构建客户流失预测模型的案例就是市场调研方面的一个重要应用。通过离散矩阵，可以观察自变量的组间差异是否显著，这能够帮助数据分析师确定导致客户流失的究竟是什么原因，而那些对公司十分忠实的客户关注的又是什么因素，从而指导企业做出正确的战略调整。

能够用于为客户分类的分析方法还有主成分分析、决策树和 Logistic 回归等分析方法。与其他分析方法相比，判别分析具有理论基础坚实、结果易于理解、同时适用于大样本和小样本等优点，它的局限则在于假设条件过多（这意味着繁重的数据清洗工作）、样本量过小时分类结果不佳等。因此，判别分析总是擅长处理那些样本数据量介于多和少之间、自变量个数较多的问题。

按照函数类型，判别分析可以分为线性判别和非线性判别，其中线性判别的发展要超过非线性判别。按照判别标准，判别分析又可以分为 Fisher 判别、距离判别、Bayes 判别等，其中 Fisher 判别分析是最常用的判别分析方法。在 SPSS 软件中已经安装了判别分析模块，R 语言中也有相应的程序包，因此判别分析的实现是十分容易的。

判别分析的另一个重要用途在于和其他分析方法进行联合。如方差分析法可以和判别分析相结合，用于回答有关自变量重要性的定性问题和定量问题；判别分析也可以作为神经网络、决策树等算法的预处理算法，帮助它们提前挑选有价值的自变量。总之，数据分析师对判别分析的学习应当着重于学习其思想，并在实际案例中多寻找判别分析的应用，这样才能将判别分析和其他分析方法有机联系在一起。

7.3　购物篮分析——找出零售业的最佳商品组合

购物篮分析和顺序分析一样，同属关联分析的一种，但购物篮分析不考虑项集的先后顺序，因此，购物篮模式更多地用于零售业。沃尔玛超市经典的"啤酒和尿布"的销售策略就是由购物篮分析发现的。本节讲解了购物篮分析中的 Apriori 算法，对频繁项集的一些重要定理加以阐述，并列举了更多购物篮分析的例子。

7.3.1　名动天下的"啤酒和尿布"案例

沃尔玛通过分析顾客购物小票上的数据，发现有些顾客在买尿布的同时总要购买啤酒。这两种截然不同的商品怎么会搭配在一起呢？超市经理通过观察，发现年轻爸爸们出于自我犒劳的心理，在给婴儿买尿布的同时还会给自己买些啤酒。这一发现鼓励沃尔玛将啤酒和尿布放在相邻的货架上，这同时促进了二者的销售。

这就是"啤酒和尿布"的案例，它发生在 20 世纪，被视为大数据推动企业决策的经典案例之一。同样的事情发生在其他大型超市里，起初这种分析方法和顺序分析并未清楚地分离开来，统称为关联分析，但很快人们发现大型超市使用的关联分析倾向于发现"顾客购买尿布时还会购买啤酒"这种规律，而电商们使用的关联分析则倾向于发现"顾客购买孕妇服的 4 个月后会购买婴儿车"这种规律。为了区分二者，人们将前者命名为购物篮分析，将后者命名为顺序分析。

购物篮分析总是被大型超市用于分析顾客有什么购物规律。这是因为一方面大型超市里的货物非常多，而且其货物的排列经常改变，如果顾客不能很快找到自己需要的所有商品，超市就很容易失去顾客；另一方面，实体超市并不像电商那样容易搜集顾客的历史购物记录，单张的购物小票是超市能收集的最有效数据，而仅使用单张购物小票就能完成的分析方法并不算多。

因此，购物篮分析是大型超市非常依赖的一种分析方法。它能够指导超市合理摆放商品，提高顾客的购物体验，从而促进商品的销售，它也能帮助超市确定促销策略，如一种饼干应当将 3 盒还是 5 盒捆在一起销售，以及哪些商品可以搭配销售等，这些细节能够帮助超市避免许多损失。

购物篮分析的经典案例还包括欧洲超市发现飓风季节里人们喜欢吃蛋挞，因此将蛋挞和飓风用品摆放在一起；日本超市发现下午 3 点后勤科采购垃圾袋时要替同事购买速溶咖啡，因此将垃圾袋和速溶咖啡放在一起等。这些案例数不胜数，即使较小的街角超市也可以使用购物篮分析尝试寻找顾客购物的奥秘。

作为最经典和常用的零售业分析方法之一，购物篮分析关注的是相关关系，而不是因果关系。它只能发现顾客购物的规律，规律背后的原因还需要数据分析师自行寻找。寻找购物规律背后的原因能够使超市正确地利用这些规律，如垃圾袋和速溶咖啡的关联关系只适合附近存在高级写字楼的超市，对其他超市来说，这种购物篮规律是没有意义的。

7.3.2　购物篮分析的频繁模式

在针对大型超市的购物篮分析中，我们将顾客购买的每个商品看作一个元素，将一张购物小票上的所有商品看作一个集合。我们所希望的就是通过寻找集合中的频繁元素，发现顾客购物的规律。和顺序分析类似，我们使用"0"和"1"表示某一商品在集合中是否出现。

表 7.2 是由 5 个集合、6 个元素构成的项集记录表，其中"1"代表某个元素出现在了某个集合中，"0"代表没有出现。我们希望从中找出出现频率较高的组合，如"啤酒+尿布"这种组合，这些组合就是我们所说的频繁项集。

表 7.2　购物篮分析项集记录表

集合序号	面　包	牛　奶	尿　布	啤　酒	鸡　蛋	可　乐
1	1	1	0	0	0	0
2	1	0	1	1	1	0
3	0	1	1	1	0	1
4	1	1	1	1	0	0
5	1	1	1	0	0	1

首先，将每种元素都单独拆开看，面包、牛奶、啤酒和尿布都出现了 4 次，可乐出现了 2 次，鸡蛋出现了 1 次。我们只关心那些频繁出现的项集，对于鸡蛋来说，即便知道顾客只要购买鸡蛋，就一定会购买牛奶，但由于购买鸡蛋的顾客实在太少了，因此这种频繁模式是没有意义的。因此，接下来我们只关心面包、牛奶、啤酒和尿布这 4 种商品。

其次，我们要分析两两出现的商品组合的频率。4 种商品能够两

两成对，组成 6 对。这 6 对商品出现的频率分别是{面包、牛奶}——3
次，{面包、尿布}——3 次，{面包、啤酒}——2 次，{牛奶、尿布}—
—3 次，{牛奶、啤酒}——2 次，{啤酒、尿布}——3 次。我们仍然只
关心其中出现频率较高的组合，即 4 种出现了 3 次的商品组合。

在两个商品组成的频繁项集中继续添加商品，可以发现{面包、牛
奶、尿布}、{面包、尿布、啤酒}、{牛奶、尿布、啤酒}出现了 2 次，
而{面包、牛奶、啤酒}只出现了 1 次。这 4 种商品全都出现的项集只
有 1 次。

根据分析，可以看出购物篮分析总是由小到大，从单个商品的分
析到多个商品的分析。图 7.4 是对 5 种元素遍历搜索频繁模式的示意
图。从图 7.4 中可以看出，5 种商品能够组合出的商品组合是非常多的，
随着商品数目的增多，商品组合的数目还会飞速增长。因此，找到一
种能够快速剪枝的方法是非常有必要的。

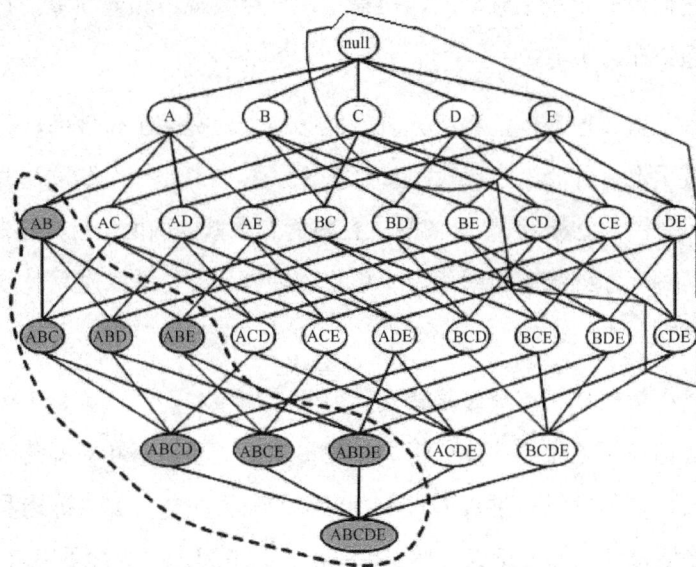

图 7.4　频繁模式剪枝原理示意图

频繁模式剪枝原理如下：如果某一项集是频繁的，那么它的子集全都是频繁的；如果某一项集是不频繁的，那么它的超集都是不频繁的。

如项集 CDE 是频繁的，那么它的子集 C、D、E、CD、CE、DE 都是频繁的，也就是图 7.4 右上部分实线勾出的项集都是频繁的；项集 AB 不频繁的话，那么它的超集 ABC、ABD、ABE、ABCD、ABCE、ABDE、ABCDE 都是不频繁的，也就是图 7.4 左下部分虚线勾出的项集都是不频繁的。这两个原理的本质是等价的，但在实际应用中，我们更多地使用后一种关于不频繁项集的描述。

这一原理可以在表 7.2 中得到验证，由于项集{可乐}是不频繁的，因此我们在分析多个元素组成的频繁项集时，根本就没有考虑包含{可乐}的多元素项集，因为我们知道，即使观察了包含{可乐}的多元素项集，它们也一定是不频繁的。换言之，一旦发现不频繁项集，它所对应的超集即可被剪去。

有了剪枝原理，购物篮分析就能够极大地提高工作效率，可以在几十甚至上百种商品中寻找频繁模式了。图 7.5 是一个购物篮分析的结果示意图，它涉及 10 种商品，且将所有频繁的两两组合连接起来，连接两种商品的线条粗细代表了项集的频繁程度，线条越粗，项集就越频繁。

这些频繁模式有很多是意义不大的，如鱼和新鲜蔬菜是一对频繁项集，但即便不做购物篮分析，售货员也知道要将鱼和新鲜蔬菜摆在一起卖，这是常识。频繁模式中有意义的只占少数，如冷冻肉和啤酒这一搭配就让人比较惊奇，图 7.5 中将这组搭配也用线标了出来。

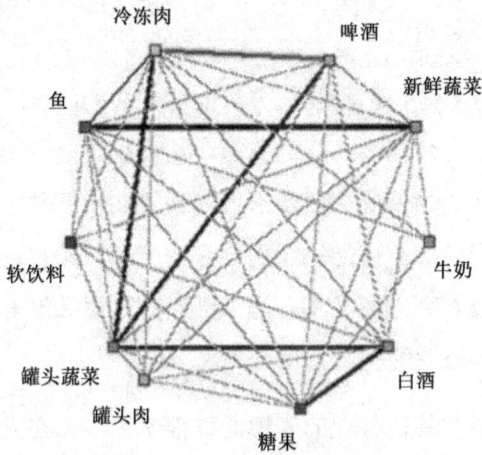

图 7.5　购物篮分析结果示意图

　　总体来说，购物篮分析所发现的频繁项集中只有 1%是有指导意义的，数据分析师要有一双善于发现的眼睛，才能在沙子中找到黄金。

7.3.3　购物篮分析小结

　　购物篮分析是一种基于机器学习的数据挖掘算法，它使用 0—1 编码来记录信息，这种方法也用于粗糙集算法和协同过滤。尽管购物篮分析和顺序分析都使用关联分析的思想，但购物篮分析远比顺序分析有名得多，这是因为购物篮分析在零售业有举足轻重、不可或缺的地位，以购物篮分析为基础的经典零售案例数不胜数。

　　购物篮分析与其他分析方法的联系并不紧密，它既不需要其他分析方法为它做数据预处理，也不能为其他分析方法分担数据清洗等工作。购物篮分析是一个独立的算法，它有完善的理论基础，能够独自解决某种特定类型的问题。

尽管延伸性不好,但购物篮分析能够解决的问题还是很多。购物篮分析能够精细刻画商品之间的关系,从而找到提升销售额的途径。零售业有关顾客购物偏好的问题都可以通过购物篮分析寻找答案,如顾客购买某一产品后,可能还会购买哪些产品?顾客购买饼干时,总是一次购买几袋?哪些商品具有季节性?哪些商品没有季节性?这些问题的答案和零售业的利润直接相关。

购物篮分析在其他行业的表现同样很出色。如在天气预报中,购物篮分析可以发现某些特定风向和特定天气之间的关联;在金融业中,购物篮分析可以找出特定指标的改变和股票的涨跌之间的联系。涉及多种事物之间联系的问题都可以用购物篮分析解决。

购物篮分析和相关分析都用于寻找事物之间的关联,但购物篮分析没有过多的假设条件,且购物篮分析能够分析离散型数据,因此购物篮分析比相关分析应用更加广泛。但是购物篮分析十分依赖数据量的大小,只有数据量足够大时,购物篮分析的结果才足够准确。但过大的数据量会使计算十分困难。数据库划分和数据采样等方法可以在一定程度上缓解计算复杂度和结果准确度之间的矛盾。

与其他分析方法不同的是,购物篮分析要求数据分析师对业务十分熟悉。这是因为购物篮分析只能揭示关联关系,不能揭示因果关系,但购物篮分析又总是被用于处理因果关系较为重要的问题。这就对数据分析师熟悉业务的能力提出了要求,数据分析师只有熟练掌握数据挖掘问题的业务场景,才能筛选出有用的频繁项集,并洞察分析结果背后的顾客心理,从而制订正确的销售策略。

7.4 马尔可夫链——准确预测客运市场占有率

实际生活中，有许多系统内部都充满了反复、转移、反馈的过程，即一个事件的发生影响了另一个事件，而这个事件受到影响后又反过来影响原来的事件。马尔可夫链就是一项专门用来研究这种复杂系统的算法，它能刻画系统内部运行的规律，从而预测系统达到平衡时的情况。这种能力是独一无二、其他算法所不具备的，因此马尔可夫链是一种非常重要的算法。

7.4.1 复杂的客运市场系统

飞机、客运火车、客运汽车一同组成了复杂的客运市场，客运市场是一个受多方调控的复杂系统。如果能够提前知道客运市场的占有率，那么城市建筑规划和交通道路规划就能更加合理，但客运市场的占有率又受到城市规划的影响，因此，预测客运市场的占有率是一个既复杂又重要的命题。

客运市场系统的复杂性主要在于它是一个充满了反馈的系统。我们知道，每个人在选择出行方式时都是随机的，没有人会一辈子只坐火车或者只坐飞机。同时，每个人选择这一次的出行方式时，又会受到上一次出行方式的影响，上一次坐了汽车，感觉十分辛苦，那这次选择汽车的概率就会小很多；上一次坐了飞机，感觉满意极了，那这次选择飞机的概率就会大很多。

客运市场也受到其他因素的影响，如某个城市将火车站搬到了很偏僻的地方，人们坐过一次火车后发现坐火车非常不方便，那下一次出行选择火车的概率就很小了。某个城市增加了客运汽车的数目，人们选择客运汽车的可能性就会增加。总的来说，客运市场是一个充满了控制和反馈的市场，每个微小条件的改变都会引起市场的连锁反应，这导致客运市场的占有率十分难预测。

与之相对的是预测客运市场占有率的重要性。我们在搞城市建设的时候不是想修几条路就修几条，想往哪修就往哪修的，政府建造火车轨道的时候也不能随心所欲地想建造几条就建造几条。如果马路和轨道修建的不恰当，那么就不能有效缓解交通拥堵的情况，而修路花费的金额是十分庞大的，一个不慎就会浪费上千万元人民币。因此，提前预测客运市场的占有率，在建筑工程正式开工以前就预测工程带来的改变是十分重要的。

直接将现有的客运市场占有率当作未来的市场占有率，并以此为依据修建工程并不妥当。如某城市的客运汽车占据客运市场的 20%，但城市道路仅能满足 15% 的需求，那么简单地多修 5% 的道路并不能解决问题，因为客运市场是一个充满控制和反馈的市场，当城市道路增多时，人们选择客运汽车的概率也会增多，客运汽车占据客运市场的份额就会增大，因此尽管城市道路扩建了，但市民还是会抱怨道路不够用。

马尔可夫链专门用于解决这种复杂的决策问题，本节使用了简明的例子帮助读者理解马尔可夫链的统计学原理和求解方法，并列举了更多的相似问题，使读者举一反三，理解如何在其他常见的问题上应用马尔可夫链。

7.4.2 概率转移矩阵的求解方法

对客运市场占有率的预测本质上是对概率转移矩阵的运算。在马尔可夫链算法中，估计每种状态的转移概率是首先要做的事情，这种估计可以是经验估计，也可以使用统计参数估计，总之要找出每种状态转移到其他状态的概率。在客运市场占有率预测的问题中，我们所要估计的就是每位乘客乘坐某种交通工具后，乘坐其他交通工具的概率。

表 7.3 给出了 3 种交通工具之间的转移概率。当一个乘客乘坐了汽车后，他第二次选择交通工具时选择汽车、火车、飞机的概率分别是 0.4、0.3、0.3；当一个顾客乘坐了火车后，他第二次选择交通工具时选择汽车、火车、飞机的概率分别是 0.6、0.3、0.1；当一个顾客乘坐了飞机后，他第二次选择交通工具时选择汽车、火车、飞机的概率分别是 0.6、0.1、0.3。根据转移概率，我们可以写出转移概率矩阵

$$\boldsymbol{P} = \begin{pmatrix} p_{11} & p_{12} & p_{13} \\ p_{21} & p_{22} & p_{23} \\ p_{31} & p_{32} & p_{33} \end{pmatrix} = \begin{pmatrix} 0.4 & 0.3 & 0.3 \\ 0.6 & 0.3 & 0.1 \\ 0.6 & 0.1 & 0.3 \end{pmatrix} \text{。}$$

表 7.3 客运市场转移概率表

第一次乘坐的交通工具 第二次乘坐的交通工具	汽 车	火 车	飞 机
汽车	0.4	0.3	0.3
火车	0.6	0.3	0.1
飞机	0.6	0.1	0.3

将市场占有率的初始状态记为 S。顾客每选择一次交通工具，每类交通工具的市场占有率便会发生改变，市场占有率的变化公式为 $S^m = S^{m-1} \cdot P = (p_1, p_2, p_3) \cdot P$，其中 S^m 是转移了 m 次以后的市场占有率，p_1，p_2，p_3 分别是转移 $m-1$ 次以后汽车、火车、飞机的市场占有率，将它们与转移概率矩阵相乘即可得到新的市场占有率。

随着 m 的增大，S^m 将趋于稳定，稳定的结果和 S 的初始状态是没有关系的，也就是说，无论最开始汽车、火车、飞机的市场占有率如何，只要转移概率矩阵是固定的，那么转移次数足够多时，这三者的市场占有率都会趋向一个具体的值，这个值不会随着初始占有率的不同而改变。

当市场占有率稳定时，将同时满足两个条件：市场占有率不再随着转移发生改变，所有的交通工具占有的市场份额之和为 1。用公式表达就是 $(p_1, p_2, p_3) = (p_1, p_2, p_3) \begin{pmatrix} 0.4 & 0.3 & 0.3 \\ 0.6 & 0.3 & 0.1 \\ 0.6 & 0.1 & 0.3 \end{pmatrix}$ 和 $p_1 + p_2 + p_3 = 1$。前者又可以继续拆为 3 个等式，故可以得到方程组

$$\begin{cases} p_1 = 0.4p_1 + 0.6p_2 + 0.6p_3 \\ p_2 = 0.3p_1 + 0.3p_2 + 0.1p_3 \\ p_3 = 0.3p_1 + 0.1p_2 + 0.3p_3 \\ p_1 + p_2 + p_3 = 1 \end{cases},$$

最终解得 p_1、p_2、p_3 分别是 0.5、0.25、0.25。也就是说，经过若干次转移以后，汽车、火车、飞机的客运市场占有率将分别稳定在 0.5、0.25、0.25。

表 7.3 只考虑了 3 种交通工具内部的转移矩阵，马尔可夫链还可以处理更加复杂的情况，如在模型中加入天气因素。如图 7.6 所示，下雨天和晴天出现的概率及已知第一天的天气后，第二天两种天气出

现的概率都是已知的，通过天气之间的概率转移矩阵，我们就可以计算不同天气出现的概率，以及不同天气下 3 种交通工具各自的市场占有率了。

马尔可夫链中还可以引入更复杂的情况，如春运现象、机票打折、意外灾害等各种变量，只要这些变量能够估计出转移概率矩阵，即可计算最终的市场占有率。这些变量的加入使马尔可夫链给出的结果更加切合实际、灵活可信。

通过增加值函数、Q 函数或四元组构成，马尔可夫链可以扩展为隐马尔可夫模型和马尔可夫决策过程。尽管模型不同，但这三者都可以用于解决含有大量反馈、控制过程的系统的预测问题。它们都有相同的假设，即后一状态只受前一状态的影响。马尔可夫链的计算过程是最简洁的，其预测结果也十分准确，因此马尔可夫链是一种十分常用的预测算法。

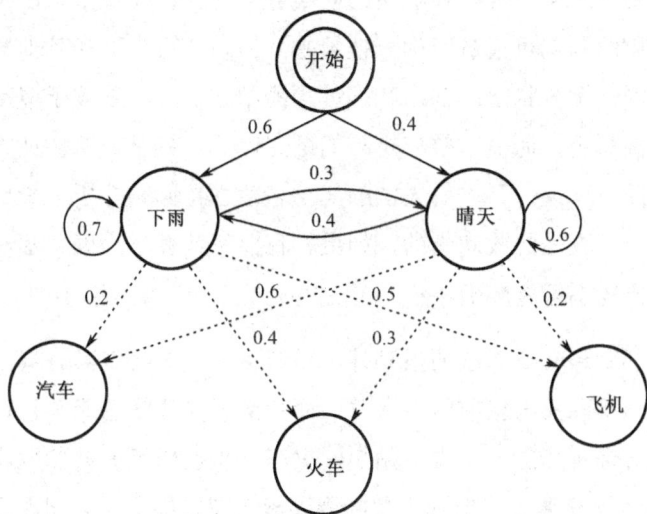

图 7.6　较为复杂的马尔可夫链模型

7.4.3　马尔可夫链小结

马尔可夫链是一类非常特殊的数据挖掘算法，它可以解决的问题也非常特殊。本节介绍了马尔可夫链的概率转移矩阵和方程组求解方法，马尔可夫链的计算方法非常简单，当数据量较小时，手算即可得到预测结果。

马尔可夫链的应用非常广泛，从客运市场占有率的预测、天气和灾害预测到食品销售预测、工资涨幅预测、企业人员变动等富于反馈控制的问题都可以使用马尔可夫链来解决。当这些复杂系统中某些条件发生变化时，马尔可夫链可以根据概率转移矩阵预先推算系统重新平衡时的各项指标，这种预测能力对政府和企业的决策有很大的影响。

尽管马尔可夫链能够解决的问题非常特殊，在反馈控制系统的预测问题方面马尔可夫链可谓一枝独秀，但马尔可夫链和其他数据分析算法的联系十分紧密。马尔科夫链预测结果的好坏依赖于概率转移矩阵的准确与否，而概率转移矩阵的准确性又依赖于概率估计方法的合理性。简单来说，马尔可夫链的成功是建立在回归分析、参数估计、概率估计等方法的成功上的，如果转移概率计算不准确，那马尔可夫链的结果也不可能准确。

除了受到其他算法的限制外，马尔可夫链本身也具有局限性。它假设后一状态只与当前状态有关，而和更靠前的状态无关，这一假设是不大符合实际的，一次不愉快的火车乘坐经历可能会使顾客在接下来的 100 次交通工具选择中都回避乘坐火车。根据实际问题适当修改概率转移矩阵能够增加马尔可夫链的准确度。

马尔可夫链还假设所有的变量都网罗在模型中，这一点也是不实际的,有些影响系统的变量难以估计概率,因此马尔可夫链的结果总是和实际结果有差异,通过增加模型中的样本量可以修正马尔可夫链的结果。

抛开这些局限不谈,对于充满控制、反馈的复杂系统来说,马尔可夫链仍是一种有效的预测方法。由于灵活性较强,且算法原理并不复杂,马尔可夫链并没有现成的模块可供数据分析师使用,我们使用马尔可夫链时,需要通过编程的方法构建算法模型。此外,学好概率估计方法是学好马尔可夫链的前提之一,只有概率转移矩阵贴合实际,马尔可夫链的结果才会有意义。

7.5 AdaBoost 元算法——有效侦测欺诈交易的复合算法

AdaBoost 算法是自适应 boosting 算法的简称。它通过构建一系列弱分类器来达到强分类器的效果,是一种非常有趣的算法。本节介绍了 AdaBoost 算法的核心思想,以及该算法中一些重要参数的计算方法,并通过侦测欺诈交易的例子展示了它是如何工作的。在本节的最后,还比较了 boosting 算法和 bagging 算法的异同。

7.5.1 弱分类器和强分类器之争

按照分类效果,分类器可以分为弱分类器和强分类器。其中,弱分类器指的是分类结果比随机猜测稍微好一些的分类器，如在二分类问题中错误率稍微低于 50%的分类器；强分类器指的是分类结果相当好，大部分样本点都能成功分类的分类器。

这两者就好像萤火虫的光和日光的差别一样，所谓萤火虫之光，岂敢与日争辉，但萤火虫的光的力量虽然微弱，只要积攒起千千万万，那也不一定比日光差到哪里去。总之，一系列弱分类器累加起来的分类效果不会逊色于一个强分类器，这是经过数据分析师的实践检验过的真理。

我们把一系列弱分类器一起构成的分类算法称为元算法，AdaBoost 算法就是元算法的一种，它属于 boosting 算法的一种，由多个弱分类器并联而成，每个弱分类器都针对前一个弱分类器的错误样本做出补救。元算法能解决一些强分类器不能解决的难题，如分类不均衡问题。

典型的强分类器有 K 均值聚类、决策树、朴素贝叶斯、Logistic 回归等算法。在进行训练时，它们都要求（至少是希望）每个类别中的样本数目大致相同，受样本数目影响最强烈的是 K 均值聚类，如果有一些类别中的样本数目明显多于另一些，那 K 均值聚类的聚类中心就会发生偏移。而元算法则没有关于不同类别样本数目是否均衡的局限，鉴于实际生活中有许多分类问题的类别样本都是不均衡的，因此元算法有极大的用武之地。

欺诈交易的侦测工作就是一个类别样本数目不均衡的问题。这很容易理解，如果一个信用卡公司的欺诈交易和正常交易一样多，那这个公司一定没有什么侦测欺诈交易的必要了，因为它早就该宣布破产了。一般而言，正常交易的数目至少是欺诈交易的几十倍，我们当然可以只选用一点点正常交易的样本，使正常交易和欺诈交易的数目达到平衡，从而在这个问题上运用强分类器。但这样做会抛弃很多正常交易中的有用信息，无疑是削足适履，得不偿失。

元算法没有这方面的顾虑，在侦测欺诈交易的问题上，元算法的表现迅速超越了其他分类算法，这种优势能推广到所有类别样本数目极不均衡的分类问题中。本节接下来要讨论的就是 AdaBoost 元算法究竟是怎样工作的，以及如何利用模型指标来评价元算法的好坏。在本节的最后，我们也将比较元算法与其他算法的差别，以及不同元算法之间的差别。

7.5.2　AdaBoost 元算法的分类器构建方法

元算法是一个庞大的家族，可以选择不同的聚合方法来聚合一系列弱分类器，如使用 boosting 算法或 bagging 算法。弱分类器的具体算法也有许多选择，K 均值聚类、决策树、朴素贝叶斯等都可以作为弱分类器算法，毕竟弱分类器只对分类效果做出了要求，而对具体的算法没有限制。聚合方法的多重选择，以及分类器算法的多重选择使元算法十分丰富多变。

以决策树算法为例，一个弱分类器可能如图 7.7 所示。图 7.7 给出了一个决策条件：用户年收入是否超过 10 万元？如果答案为是，就认为这是一个正常交易；如果答案为否，就认为这是一个欺诈交易。用这个简单的决策树去判断样本数据究竟是不是欺诈交易时，它显然会犯很多错，判断结果的准确性可能只比随意猜测高一点点，因此这是一个典型的弱分类器。

只单独依靠一个如图 7.7 所示的弱分类器显然是不行的，我们还需要构建更多的弱分类器。当第一个弱分类器构建完毕后，我们要找出已有的弱分类器不能成功分类的样本，并在下一轮的分类器训练中着重关注这些在上一次分类中没能正确分类的样本。

也就是说，元算法中的第一个分类器一定会犯错误，因此第二个分类器就要努力补救第一个分类器的错误，通过更多地关注第一个分类器分错类的那些样本以达到补救的效果。但是补救不可能一步到位，因此还需要第三个分类器来补救第二个分类器的错误，如此循环，直到错误率低于某个标准，或分类器的数目达到某个阈值为止。

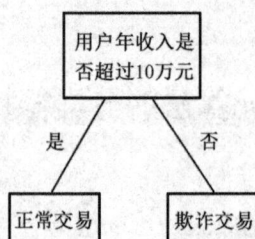

图 7.7　弱分类器算法示意图

当所有的弱分类器都训练完毕后，每个弱分类器都会给出一个分类结果，综合考虑所有的分类结果，便得到了最终的分类结果。AdaBoost 元算法使用加权求和的方法来找出最终分类结果，每个弱分类器的分类结果所得到的权重与弱分类器的错误率有关。

图 7.8 是 AdaBoost 元算法训练过程的示意。我们首先训练的是分类器 A，给定分类条件后，分类器的错误率为 $\varepsilon_A = \dfrac{S_w}{S}$，其中 S_w 是分类错误的样本数，S 是总的样本数。有了分类器的错误率，即可计算每个分类器的权重。权重 A 的计算公式为 $\alpha_A = \dfrac{1}{2}\ln(\dfrac{1-\varepsilon_A}{\varepsilon_A})$。

有了分类器的权重，即可根据分类结果对每个样本的权重进行更新,在分类器 A 中分类正确的样本的权重被更新为 $D_i^B = \dfrac{D_i^A \cdot e^{-\alpha_A}}{\text{Sum}(D)}$,在

分类器 A 中分类错误的样本的权重被更新为 $D_i^B = \dfrac{D_i^A \cdot e^{\alpha_A}}{\text{Sum}(D)}$。此时,分

类器 A 分错类的样本得到了更大的权重,分类器 B 会侧重于对它们正确分类。而根据分类器 B 的分类结果又可以计算权重 B,并同时更新分类器 C 中每个样本的新权重。由于分类器 A 是所有分类器中的第一个分类器,因此它训练样本时每个样本的权重都是一样的。

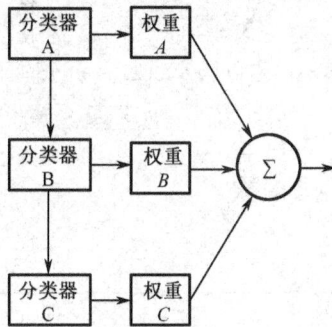

图 7.8　AdaBoost 元算法训练过程示意图

　　有了所有分类器的分类结果和分类权重后,我们使用 1 表示样本被分入欺诈交易类别,使用 0 表示样本被分入正常交易类别,将所有的结果加权求和后,即可得到最终的分类结果。

　　通过汇聚一系列的弱分类器,AdaBoost 最终可以达到强大的分类效果。图 7.9 是一个 AdaBoost 元算法的分类结果示意,可以看出,它能够构建非常复杂的分类曲面,将任意混杂在一起的样本分开。这种效果和支持向量机是十分相似的,这是因为这两种算法的本质思想颇有共通之处(可以将分类器想象成支持向量机的核函数)。

　　AdaBoost 元算法和支持向量机同样强大,它们都能妥善地解决复

杂的非线性分类问题。与支持向量机相同，AdaBoost 元算法只能处理二分类问题，如果想应用它来解决多分类问题，就需要构建多个元算法。元算法与支持向量机的计算方式并不同，因此分类结果也不会完全相似，随着样本空间维数的增加，这种差异也会更加明显。

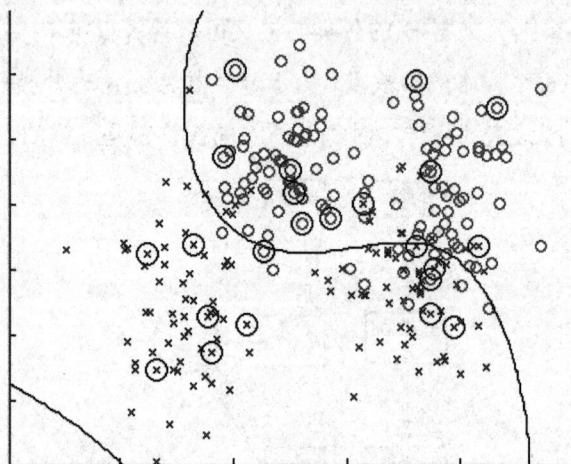

图 7.9   AdaBoost 元算法分类结果示意图

7.5.3   AdaBoost 元算法小结

AdaBoost 元算法是 boosting 方法中最流行的一种，所有的 boosting 方法都具有和 AdaBoost 相似的算法思想，即使用一系列新弱分类器纠正旧分类器的错误，从而降低错误率。Boosting 方法中的弱分类器的权重彼此并不相同，这也是 boosting 方法的一个特征。

除 boosting 方法外，bagging 方法是另一种流行的集成算法。bagging 方法首先对原始样本随机抽样，抽出许多和原始样本一样大的样本，由于抽样时允许多次抽取同一个样本点，因此这许许多多的新样本之间存在微弱差异。对每个新样本都训练一个弱分类器，将弱分类器的分类结果综合起来就得到最终的分类结果。著名的随机森林算法就是 bagging 方法的一种。

和 boosting 方法不同，bagging 方法中所有的分类器的权重都是相同的，而且 bagging 方法能够降低模型的方差，改善模型过拟合的问题，boosting 方法则能够降低模型的偏差，改善模型欠拟合的问题。总的来说，二者都能够解决分类问题中最严重的非均衡分类问题。

上文已经提到，不同类别样本数目不均衡的分类问题是一种非均衡分类问题。如信用卡公司的欺诈交易和正常交易的数目不会相同，再如心理学家关心的杀人犯和守法公民的数目不会相同。强行要求每个类别的样本数目相同是不明智的，而元算法可以解决这种棘手的分类问题。

此外，不同类别分类代价不相同的分类问题也是一种非均衡分类问题。例如，人们不会在乎收件箱里偶尔收到几份垃圾邮件，但是如果正常邮件被分到垃圾箱里，这就很糟糕了。再如，往鲑鱼罐头中加入鲫鱼会导致消费者投诉，而往鲫鱼罐头中加入鲑鱼，消费者就不会责怪厂家了。这些问题中，不同类别的样本分错类的代价是不同的，我们要尽可能使分类系统的整体代价最小才行。而元算法是一种能够在准确率和分类代价中找到平衡点的最佳算法。

AdaBoost 元算法最神奇的一点在于不同的弱分类器组合会产生不同的效果，这对其他元算法来说都是一样的。简单来说，AdaBoost 元算法既可以由一系列相同的弱分类器构成，也可以由一系列不同的弱分类器构成。针对某个具体问题来说，一些强分类器会造成过拟合的效果，另一些强分类器则会造成欠拟合的效果，而 AdaBoost 元算法能够完美地中和不同分类器的效果，从而得到最佳的模型。

尽管理论上 Adaboost 元算法是非常强大的一种算法，但是只要是算法，就会有局限性。AdaBoost 元算法要占用大量的计算空间和计算时间，如果计算机的内存不足，算法甚至可能跑不起来。另外，想要使 AdaBoost 元算法发挥最大的作用，数据分析师就必须对每种分类器的性能很熟悉，这样才能找出正确的弱分类器组合。即便理论知识和实践经验都很丰富，数据分析师也必须多次尝试，才能针对某一具体问题找到最佳的弱分类器组合。

第 8 章

经典的商业智能分析案例

商业智能分析是数据挖掘的一个重要的子类。本章将介绍 4 个优秀的商业智能分析案例，它们有的使用了专门的商业智能分析软件，有的则临时搭建数据挖掘框架，但它们都使用了好几种数据分析方法来解决问题。通过对本章的学习，读者将看到多种不同的数据分析算法是如何配合，以达到"1+1>2"的效果的。

8.1　商业智能分析综述

商业智能作为将数学算法为商业决策和行为赋能的领域，将数学、计算机和商业完美地融为一体。通过阅读本节，读者会了解商业智能的概念，以及商业智能领域的发展情况。

8.1.1　什么是商业智能

商业智能也称为 BI，这一概念最早于 1996 年提出，它描述了一系列概念和方法，通过应用基于事实的支持系统来辅助商业决策的制订。在今天，商业智能已成为每个商业公司不可或缺的一部分，市场上甚至出现了一些专门为其他公司完成商业智能分析的公司。

商业智能分析着力于辅助企业的决策。在业务分析方面，商业智能分析可以帮助企业了解客户的竞争对手的动向，业务分析的灵活性较强，它根据企业类型的不同有很大变动。在决策管理方面，商业智能分析主要用于帮助企业了解其内部的缺陷，以及帮助企业制订企业的发展方向和具体实施计划，这一点在大多数企业内部都是相似的。

一个完整的商业智能分析包含一系列的工作，包括提取数据、清洗数据、向软件中装载数据、使用多种分析方法分析数据、根据数据分析结果生成最终报告等。一个优秀的商业智能分析往往搭配使用数种不同的数据分析方法。在前文中我们总是将某种数据分析算法作为一个独立的整体来分析，但实际应用中并不是这样的，本章关于数据分析的介绍将更加贴近实际。

商业智能有 3 个阶段：报表阶段、数据分析阶段和数据挖掘阶段。在报表阶段，企业只具备微弱的商业智能分析能力，从数据中获取的知识非常肤浅，只能做一些简单的描述性报告。数据分析阶段是商业智能分析的中级阶段，在这一阶段，企业能够使用大部分成熟的数据分析方法来分析数据，如回归分析、聚类分析等，它们不但较为简单，而且多侧重于在小数据量上工作。数据挖掘阶段是商业智能分析的终极阶段，在这一阶段，应用于数据上的是一些新兴的数据挖掘算法，如神经网络、马尔可夫链等算法，它们侧重于在大数据量上工作。

商业智能的成功与否十分依赖数据质量的高低。这很容易理解，每个单独的数据分析算法都要求数据样本具有代表性、不含异常值、整体符合某种分布等，那么对于一系列数据分析算法的总和（即商业智能）来说，这些要求只会更苛刻。另外，商业智能往往涉及多种数据源、多个数据库、多种数据格式，因此它的数据处理过程更加复杂。

商业智能分析往往依赖商业智能软件来实现。如今市场上流行着多种商业智能软件（如 SAS、SPSS），这些商业智能软件集合了大部分常见的数据分析算法，数据分析师可以较为简便地完成商业智能分析。对于某些特别复杂的问题，数据分析师需要自己构建一个临时的数据分析框架，这个框架能够将输入的数据经过一系列处理后，变成一份优秀的分析报告，这一框架也可视为一个具有专门用途的商业智能软件。

8.1.2　商业智能的主流发展与应用

自从理查德·德文斯在它的《商业轶事的百科全书》中用"商业智能"来描述当时的大银行家福尼斯爵士的成功来源："他在荷兰、法国和德国构建了一套完美的商业智能列车，他总是可以先对手一步获得信息、采取行动、获取利润。"商业智能由此进入萌芽阶段。

到 20 世纪 50 年代末以前，科学技术的发展还不够成熟，因此使用技术手段来分析商业行为和做出决策的情况还是比较罕见的。直到科学家汉斯·罗恩的《商业智能系统》一文横空出世，他这篇文章中提出，可以使用一种自动系统向工业界、科学界等各个领域传播信息、搜集和组织数据。这对于整理和简化第二次世界大战后各行业繁荣发展导致的数据量暴增有着非常积极的意义。

而这也正是商业智能（BI）的核心：从大量繁杂数据中得出规律并做出正确的决定。由于汉斯·罗恩的在商业智能和分析系统结合中作出的杰出贡献，他也被后人称为"商业智能之父"。

在这之后的下一个阶段，随着计算机在商业领域中的成功应用和软盘、激光磁盘的出现，对公司而言，它们终于找到了另外的存储数据的方式，这还直接促使了数据库管理系统——支持决策系统（DSS）的诞生。虽然 DSS 是个革命性的成果，但是由于计算机在当时不普及而且这些软件的操作难度很高，DSS 类应用并没有得到广泛应用。在1988 年在罗马举办的数据分析联盟会议之后，各种各样的工具应运而生，如执行信息系统（EIS）、联机分析处理（OLAP）、数据仓库等，这也标志着商业智能全面进入了信息化时代。

执行信息系统（EIS）是 20 世纪 70 年代末诞生的一种为管理层提供商业分析的信息系统，它通过剔除决策过程中的冗杂信息，即时呈现最新的信息为基础，以丰富的图表形式呈现分析结果而受到广泛认可。

联机分析处理（OLAP）是基于现有的关系型数据库提供的简单查询越来越无法满足分析需要，而提出的可以分析多数据源、多视角和复杂关联的软件技术。它不但可以像传统的关系型数据库一样对简单查询快速返回结果，而且可以从多个角度抽取需要的数据，进行复杂查询，得到真正有价值的信息。

数据仓库（Data Warehouse）的概念兴起于 20 世纪 90 年代，能够很好地指导企业的生产经营管理，用于支持管理决策。由于数据量快速增长及数据类型的增加，传统的数据仓库无论是计算还是处理的能力都越发不能达到要求。随着大数据时代的到来，很多分布式系统框架（如 Hadoop、Spark）都开发和支持了数据仓库工具甚至是实时查询引擎，如 Hive、Pig、Impala、Presto 等。这些新的工具的诞生不但使得我们可以更加快速地分析大量数据，而且使得我们方便地将一些数据挖掘算法应用到商业智能领域中。图 8.1 是一个简单的数据仓库示意图。

2000 年以后，随着商业世界的联系越发紧密，人们对数据的时效性要求变得非常高。数据的流处理（实时处理）的出现标志着公司可以根据最新的数据做出决策，时效性更强，便于领先对手做出反应。随着大数据和人工智能的发展，预计将有更多算法被应用到商业智能领域，产生重要的影响——量化交易系统和反欺诈模型就是典型的商业智能的落地项目。另外，无线 BI 和云 BI 在会在不久的将来走进商业分析师们的视野。

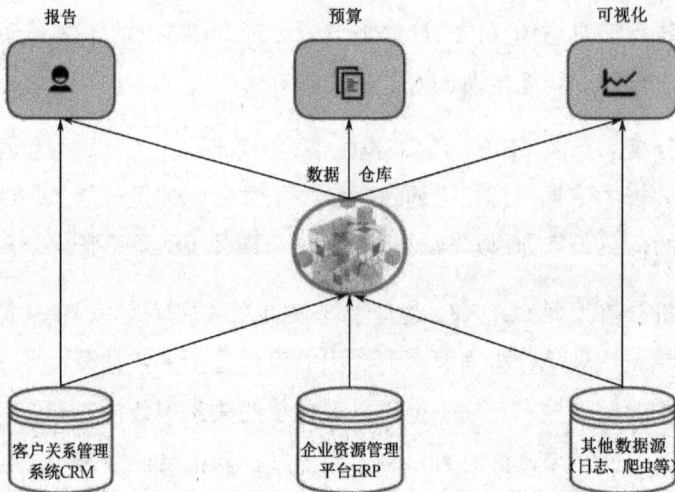

图 8.1　数据仓库示意图

　　尽管商业智能分析带有"商业"二字，但它的应用并不局限于工业、制造业等实业公司，正相反，商业智能分析能够应用于大部分由复杂数据支持的场景。本章选取了 4 个能够展示商业智能分析的丰富多彩的案例。它们涉及博彩业、物流业、公共安全业，以及体育业这 4 种行业，它们有的利用了现成的分析软件，有的则没有，但都非常有趣。

8.2　KXEN 分析软件——构建欧洲博彩业下注预测平台

　　在如今市场上流行的数十种商业智能分析软件中，KXEN 分析软件以分析速度和分析质量而著称。Tipp 24 AG 利用 KXEN 构建博彩下注预测平台就是一个经典的例子。本节通过这个案例分析了 KXEN 软件的工作流程，并从中总结商业智能软件的常见模式。通过学习本节，读者将对商业智能分析软件有进一步的认识。

8.2.1　现代博彩业背后的黑手

赌博是一项历史悠久的人类活动，是"吃、喝、嫖、赌"四大劣迹之一，名声实在不好，有关赌博败家的故事简直不胜枚举。

赌博行为中其实蕴含了许多数学知识，从小学五年级我们就开始做一些掷骰子的数学题，一直到研究生阶段也离不了掷骰子的题目。博弈论中甚至专门划出篇幅来讲解赌博行为中的概率知识。这些概率知识不但很有趣，而且切切实实被应用在实际中。

举个简单的例子，在庄家和玩家都不作弊的情况下，一个骰子掷出大点和掷出小点的概率都是 1/2，那么庄家只需将赔率设置为 10:9，也就是说，玩家投 10 元钱时，猜中后可以赢得 9 元（没猜中就 10 元全输掉），那么庄家就稳赚不赔了。当然，单独看某一局掷骰子，庄家有一半的概率会输给玩家 9 元钱，但从总体来看，赢的一定会是庄家，而且每有一个人来玩猜大小的游戏，庄家都会赚走 1 元钱。

这种小学生都会的古典概率知识非常粗暴有效，阿拉斯加赌场等仍然在使用这些几千年前流传下来的把戏，这种机制保证了庄家永远是最后的赢家，赌场绝对不会破产。

不过，我们大部分人都没有机会真正去赌场体验一把概率知识的神奇，对于普通人来说，最常接触的博彩活动就是各类体育彩票和福利彩票了。花 2 元钱买一张 9 位数的彩票，然后期待 500 万元的大奖落到自己头上，这种傻事不知道多少人干过。尽管 500 万元实在是一笔不小的数字，但和 9 个数字全猜对的概率相比，仍然显得微不足道。其他的六合彩、双色球、超级大乐透之类的博彩游戏也跳不出这个固有的盈利模式。

到了现代文明世界，博彩活动的花样越来越多了。巴西世界杯时，全球人民都疯狂地为自己喜爱的球队下注；欧洲的赌博网站还为威廉王子的大婚日期开出赔率；此外，还有王子大婚时女王帽子的颜色、畅销书排行榜的排名……只要你能想出来，没有什么不可以作为下注的主题。但可能大多数人都没有留意，无论是有关世界杯冠军的博彩，还是王子结婚日的猜测，这些大、小庄家都大赢特赢，无一例外。

也许你要说，他们是庄家啊！赔率都是他们定的，他们不赢谁赢？可是，球队和王子都不是骰子，计算球队获胜的概率也不能简单地数数骰子上的色点。那庄家的赔率要怎么设定呢？我既不相信这些庄家的赔率都是胡乱写的，也不相信这些庄家全都协同球队作弊了，在现代博彩业背后必然潜伏着一只黑手，它帮助庄家预测每个事件发生的概率，保证了庄家的不赔神话。

8.2.2　集体智慧和庄家赔率的联系

要想搞清楚庄家是怎么制定赔率的，首先要搞清楚庄家是如何计算每个事件发生的概率的。容易想到，每个博彩公司必定会豢养一大批数据分析师，专门计算概率。而数据分析师们依赖的数据是什么呢？答案是公共数据。

图 8.2 是 2013 年各国博彩数据的统计图，图中列出了 20 个最好

赌的国家，每个国家偏好的赌博类型和每个国家的人均损失。可以看
到，没有一个国家的赌民能从庄家手中捞到好处。另外，一个国家是
输惨了还是输得很惨，这也和国民好不好赌没有关系，反而和国民偏
好的赌博类型有关。

从图 8.2 中可以看出，赌场仍是较受欢迎的一种赌博方式，游戏
机和彩票都分走了一大块蛋糕，投注的受欢迎程度最低，而互动式博
弈的市场占有率则好于投注。最有趣的是，互动式博弈和其他赌博方
式都呈较为明显的负相关，这说明互动式博弈是一种全新的赌博方式，
鉴于科技发展越来越迅猛，我们有理由相信互动式博弈会越来越受欢迎。

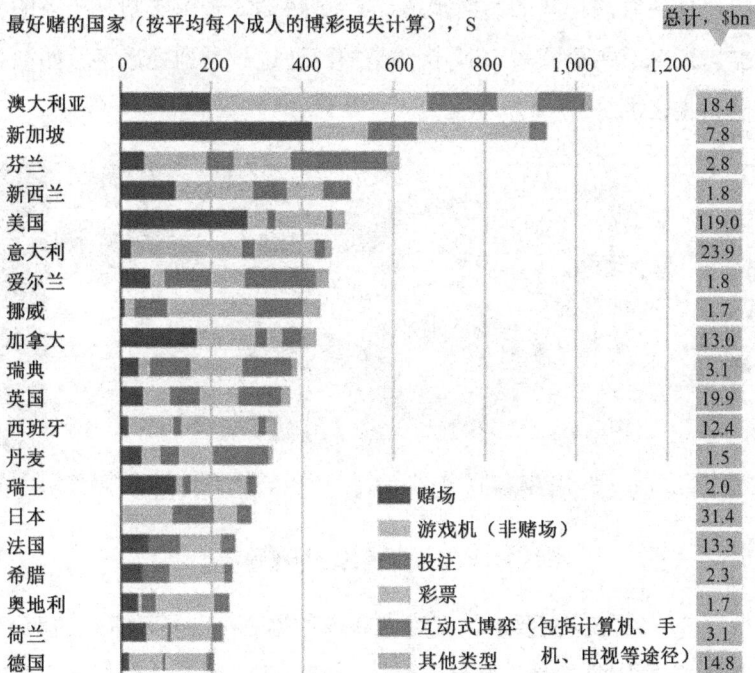

图 8.2 2013 年各国博彩数据统计图

互动式博弈指的是在电子设备上进行的博弈，没人会想和一个计算机程序猜大小，毕竟程序模拟出的骰子不是真实的，谁也不知道程序会不会作弊。因此，庄家和玩家都喜欢就实际生活中有趣的事情进行赌博，如赌一赌世界杯的冠军会是谁。

博彩公司往往采用集体智慧的方法来确定赔率。以世界杯为例，如果大部分赌民都认为巴西队比西班牙队强，那博彩公司就认为巴西队获胜的概率高一些，因此巴西队的赔率就低一些；如果大部分赌民都认为西班牙队比巴西队强，那么西班牙队的赔率就会低一些。

数据分析师猜测赌民意愿时可以使用推特、微博上的公众言论，也可以使用有关球队的新闻报道，Tipp 24 AG 采用的则是相关的交易数据。图 8.3 展示了 KXEN 软件是如何通过一系列处理将原始数据变成分析报告的。

图 8.3　KXEN 软件的分析流程示意图

首先，KXEN 需要从数据库中获取数据。在世界杯博彩的例子中，KXEN 就是从各个博彩网站上提取每支球队的赔率。由于这些赔率总是在变化，而且欧洲博彩业允许赌民自己坐庄，设定赔率，只要有人肯和他赌就行。因此，与世界杯博彩相关的交易数据是十分庞大的。

其次，KXEN 要进行数据处理和数据准备工作。KXEN 提供了事件记录、序列编码、文本编码和社会化等 4 个数据处理模块，这 4 个模块能够帮助 KXEN 将不同博彩网站上的交易数据转化为一致性较高的数据，并为一致编码过程做准备。

再次，KXEN 提供了 4 种常见模型，它们分别是稳健回归、聪明分群、时间序列和关联规则。其中稳健回归包含了大多数常见的回归分析，而聪明分群则包含了大多数常见的聚类算法。在世界杯博彩的例子中，回归分析和聚类分析无疑是最有用的分析方法。

最后，KXEN 还支持模型的调试和分析报告的生成。模型的调试能够测验模型是否在测试集上也工作良好，如果表现不好，KXEN 则返回之前的步骤，重新生成模型。分析报告则可以省去数据分析师制作图表的功夫，使数据分析师的工作更有效率。

使用 KXEN 分析软件构建的欧洲博彩业下注预测系统能够节省 70% 的模型构建时间。图 8.4 从模型产量和模型准确性两方面比较了 KXEN、SPSS、SAS 这 3 种软件的优劣。其中，SAS 的准确性较高，而产量较低，这说明数据分析师使用 SAS 建模时需要精细调整参数，才能达到最佳的模型效果。而 SPSS 的产量稍高，准确性则稍低，这与 SPSS 的模块僵化有关。

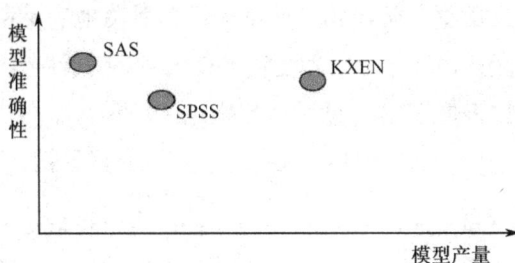

图 8.4　KXEN 软件与其他软件的比较图

KXEN 软件的模型准确度可以和 SAS 媲美，同时它的模型产量大大优于 SAS 与 SPSS，即 KXEN 软件能够同时较快地测试多种不同的模型，并从中选出最佳的模型。这与 KXEN 软件中内置了多种算法模块有关。

8.2.3　KXEN 软件小结

KXEN 是一个专门用于解决各企业商业智能问题的软件，它具有不错的泛化能力，能解决大多数常见问题。与其他数据挖掘软件相比，KXEN 具有专业化、智能化、模型多样化等优点，它处理数据的速度之快也是一大亮点。

KXEN 软件为企业提供了一个数据分析框架，极大地简化了数据分析的流程，以本节提到的博彩预测为例，数据分析师只需搜集足够的数据，将它们输入 KXEN 中并选择恰当的模型，即可较为轻松地获得分析结果。KXEN 同时也包括诸多的接口和扩展模块，这些都提高了 KXEN 的灵活性。

对于数据分析师来说，KXEN 软件是一种嵌入式应用。由于每个具体的商业智能项目都有其特定的解题思路，KXEN 只能尽力找出最符合大众需要的数据分析模式，而不能尽善尽美地满足每个项目的每个细节要求。因此，数据分析师仍需要在 KXEN 软件分析的基础上做出其他努力，如根据 KXEN 软件的聚类结果写出决策树代码，或首先将数据进行因子分析后再使用 KXEN 完成回归分析等。

在 Angoss Software、Unica、Fair Isaac、ThinkAnalytics 等十多种商业智能分析软件中，KXEN 是最具有前瞻性和发展潜力的软件。它打败了其他竞争对手，被 Gartner 分析公司认为是最具"远见卓识"的分析软件。KXEN 提供的拓展模块中不乏神经网络和支持向量机这样的新兴数据挖掘算法，同时 KXEN 提倡的自动化数据挖掘概念也是未来数据挖掘的流行趋势。

KXEN 能够快速处理较大数据量的数据挖掘问题。在博彩预测的问题中，KXEN 能够同时处理数十亿次交易数据，不过这也和它内置的算法都是计算较为简单的算法有关。KXEN 软件特别擅长处理营销推广、客户挽留、销售方案制定等方面的问题，能介入大部分企业的日常决策，并起到较大的积极作用。

但 KXEN 软件仍有缺点，对各种商业问题的普适性既是它的优点，也限制了它的发展。对一些精细复杂、专业程度较高的问题来说，KXEN 就不再适用了。此外，KXEN 对输入数据有较高的要求，如果输入的数据代表性不足，或其中异常值较大，那么它提供的结果也会有很大偏差，而且这种偏差是较难发现的。

总的来说，KXEN 十分适合制作日常报告，它操作简捷，结果有一定的准确度。因此，每个数据分析师都可以用 KXEN 制作每日报告，以便决策层及时掌握企业的动向。对于一些简单的数据挖掘问题来说，KXEN 的表现也非常夺目。但是在专业程度较高的问题情境下，尤其是数据分析师还未完全了解原始数据的特性时，KXEN 就不是最好的选择了。因此，即便 KXEN 能够为我们提供极大的方便，我们还是不能放弃编程能力，在危急关头，它们才是能救命的东西。

8.3 数据废气再利用——物流公司数据成功用于评估客户信用

本节关注的重点是数据废气的再利用。随着时代的发展，企业需要的数据越来越多，而收集数据的成本又越来越高，因此，如何最大限度地从现有数据中攫取信息就成了数据分析师关心的问题。本节辨析了数据废气、黑暗数据等概念的异同，并通过物流公司将数据用于客户信用评估的例子展示了单一数据是如何应用到不同的商业问题中去的。

8.3.1　数据废气和黑暗数据的异同

大数据时代最大的特征就是人们制造数据、收集数据和分析数据的能力都大幅提高了。视频、音频、新闻报道、推特、微博……互联网上充斥着形形色色的信息，人类历史上以往 1000 年产生的信息总量都比不上近一百年产生的信息总量。聪明的数据科学家们不断发明新算法，以便处理如此庞大的信息量，但平心而论，新算法产生的速度是远远赶不上新数据产生的速度的。因此，在我们的世界中，能够被有效利用的数据实际上只是冰山一角。

数据废气指的就是那些被搁置在角落的商业数据，它们也许曾经被利用过，也许没有，人们收集时并不清楚它们在数据挖掘方面的作用。如汽车制造商会收集每批汽车的生产日期、生产温度、生产数量、质检情况等，但它们只是被简单记录下来，供日后出纰漏时查询，这种占据了大量存储空间而又没有较大价值的数据就是所谓的数据废气。

在以往，数据废气总被认为是可有可无的，但现代的许多数据分析案例都证明，数据废气有极大的再利用价值，在商业决策上能起到化腐朽为神奇的作用。如汽车制造商例行收集的汽车生产数据就能够用来预测各个地区的汽车销量；再如对公司员工绩效的记录数据可以用来指导人事调动工作，在提高员工满意度的同时改善公司效益。

与由来已久的数据废气不同，黑暗数据则是新兴的一种数据。随着企业主对商业智能和数据挖掘的认可度不断上升，数据分析师们的调研资金也越来越充足，我们经常会为了某一特定问题专门收集一些数据。这些数据只为单一问题服务，当这一问题解决时，这些数据似乎也就没用了，我们称这种数据为黑暗数据。

黑暗数据与数据废气类似，都是实际价值未被充分利用的数据。如何从这些数据中再次挖掘有用的信息是一个很值得商榷的问题。

首先，这些数据都被攥在各个企业手中，就像一个个彼此间缺乏联系的孤岛，也许这边的数据对那边的问题有帮助，但双方都不知道，或者彼此知道了，但这边不愿意轻易把辛苦搜集的数据交出来，因此数据的再利用就受到了限制。

其次，数据的再利用具有延时性，推特刚发明时，没有一个人想到可以从千万推特中获取知识，这是因为文本分析技术还不成熟。同样地，一些数据在现在看来毫无价值，但也许十年后出现了一种新算法，正好可以用上这些现在毫无价值的数据。

由于受到以上局限，数据废气和黑暗数据的再利用案例就较为少见了，尤其是跨行业的数据废气再利用就更为少见了。本节所要介绍的就是这样一个案例，即物流公司的数据被应用到征信业，并在客户信用评估的问题上取得了卓越的成绩。

8.3.2 论如何充分利用物流公司数据

和大多数人想象的不同，物流公司是一种由来已久的行当。我们在上海能买到老北京布鞋，在新疆能吃到杭州的藕粉，显然，北京人不会专门跑到上海做布鞋，杭州人也不会跑到新疆去种藕，负责在不同地区间运输货物的就是物流公司。物流公司负责将山西的煤块送到河北，将苏州的丝绸运往海外，从广义上看，物流公司肩负着沟通世界的重任，没有他们，全球一体化就是个笑话。

作为一种实业，物流公司和我们普通人的联系并不紧密。直到淘宝网成了全球第一大电商网站，当当网、京东网群雄并起，网店和实体店分庭抗礼，人们网购货物后不可避免地开始直接接触物流公司，物流公司这才真正地走进了大众的视野。

京东用了 5 年时间在全国范围内部署了一整套物流中心，这使京东快递成为全国服务最快、最周到的快递。京东的快递中心在我国东南地区最多，西北地区最少，这与我国东南地区经济发达、人口众多有直接关系。

快递公司和交通运输业的关系最为密切，快递公司搜集的数据中也含有大量的交通数据。在以往，快递公司的大数据应用主要集中在怎样将数据应用于优化内部车队调度方面，如 UPS 开发出一套软件，专门用于研究哪条线路是最省时省力的。实践证明，许多经验丰富的司机都不是这个软件的对手，它每年能够为 UPS 节省数百万美元的油费。这种应用固然很神奇，但究其本质，仍属于将企业的内部数据应用于内部需求，没有达到跨行业应用的范畴。

其实，物流公司和经济发达程度有密切的联系。在经济发达的地方，京东的物流中心就多；经济落后的地方，京东的物流中心就少。不仅是京东物流，其他物流公司也必然符合这一规律。同时，物流公司的物流数据还记录了每种商品的流动情况和每个地区的经济状况。因此，物流公司的数据十分真实、生动地刻画了各地区、各行业的发展趋势。

掌管货物流动的物流公司是实业界的一分子，和掌管金钱流动的金融界并不相干。但京东快递这种有金融大佬做后台的物流公司给物流数据和金融服务的协同工作提供了机会，数据分析师做出的第一个尝试就是使用物流数据来评价客户的信用。

图 8.5 是 11315 企业征信平台给出的企业信用档案组成示意图。从图中可以看出，在评价一个企业的信用时，我们要考虑银行信贷信息、企业运营信息、消费者评价信息、行业评价信息、媒体评价信息和政府监管信息。这 6 方面信息中最重要的是政府监管信息，其次才是消费者评价信息和银行信贷信息。

图 8.5　企业信用档案组成示意图

物流公司的数据能够给出非常准确的企业运营信息，某企业在某时间段内卖出多少货物，这是非常有效的企业运营信息。同时，消费者评价信息也能够在网购平台上直接获取。而消费者评价信息和企业运营信息又会影响银行信贷信息。因此物流公司的数据能够增加客户信用评价时企业运营信息和消费者评价信息的准确度，同时提升这二者在客户信用评价时的重要程度。

此外，物流公司的数据也能够提高客户信用评价系统的速度。在传统的客户信用评价系统中，需要客户提供各类资质证明，还需要人力检验这些证明的可靠性，工作是非常烦琐的，一次评价需要至少 5 个工作日。而物流公司的数据在平日里就勾勒出每个公司的经营状况，当需要评价公司信用时，公司的经营信息是随手可得的，因此大大简化了信用评价的步骤，有些小额贷款只需几小时便可给出答复。

8.3.3　数据废气再利用小结

本节的主题是数据废气的再利用。8.2 节的例子介绍了大数据是怎么帮助庄家从玩家手中赢钱的，这种做法使信息本就不对等的双方更加拉开了差距；而本节则介绍了大数据是怎么帮助金融机构评估贷款人的信用的，这缩小了金融机构和贷款人之间信息不对等的差距（贷款人一般都清楚自己到底能不能、会不会按时还款，而金融机构却不清楚）。

关于数据废气的再利用，还有许多经典的商业案例可以举证。例如，全球夜景的历史数据可以真实反映每个小区的入住情况，从而为房地产投资与开发制作研究报告；麦当劳的外送服务也能够获取用户的地址数据，这一数据不但有助于麦当劳筹划新店地址，同样也可作为房地产行业的内部数据；历年累积的理赔师报告中隐含了欺诈案例的一般模式，它可用于削减代位追偿金。

这些案例数不胜数，但和我们所拥有的数据量相比，仍是沧海一粟。数据废气的再利用更像在一片沙海中淘金，它仍然存在巨大的进步空间，同样，也存在巨大的阻力。

外忧方面，尽管我们拥有的数据是海量的，但它们也掌握在海量的企业主手中，这些数据分布在不同标准、不同规模的数据库中，如何将它们整合在一起是一个难以解决的问题。此外，企业主们日益认识到数据的价值，越来越不愿意将手中的数据公开，这也是数据分析师需要面对的问题。

内患方面，数据废气的再利用，尤其是跨行业的再利用固然能创造巨大价值，但也对数据分析师的业务能力提出了要求。以本节所举的物流数据用于客户信用评价为例，如果数据分析师不熟悉物流行业和征信行业中的任何一方，也就难以想到可以使用物流数据来评价客户信用，更不用说去实施了。因此，想要将数据废气成功地再利用，数据分析师就必须对业务十分熟悉。

数据废气的再利用实际上并不一定需要多深奥的数据挖掘模型，它更多的是考验数据分析师的大数据意识。而培养大数据意识则需要数据分析师对大数据算法有深刻的认识，并熟练掌握业务知识。只有具备这些素质，数据分析师才能从被废弃的数据中发现别人发现不了的价值。

总的来说，本节探讨的主题并不是要大家了解某个特定的数据挖掘算法，而是想告诉大家：数据分析是一门精细的技术，数据分析师必须高瞻远瞩，并且具备紧密联系业务的能力，才能发掘数据的真正价值，做出真正有用的数据模型。

8.4　必应预测——使用往期信息预测自然灾害

必应预测是微软推出的大数据预测系统，它可以预测各种有趣的或严肃的事情。从必应预测的发展可以看出，大数据预测将会越来越多地介入我们的生活中,并切实起到积极作用。本节将着重介绍微软大数据是怎样准确预测自然灾害的,并介绍必应预测的更多应用。通过阅读本节,读者将领略大数据预测的更多神奇之处。

8.4.1　预测自然灾害的必要性

干旱、海啸、地震、瘟疫、泥石流、龙卷风、火山爆发、行星撞地球,这些都属于自然灾害。从古时候起,人们就知道自然灾害会给人类带来痛苦,并认为这是上天的惩罚,因此发明了各种各样的祭祀方法,希望天神能饶恕人们,收回惩罚。

当然,现代人知道这种想法是封建迷信,并不科学。自然灾害是一种自然现象,和天神没有任何关系。这种现象是不以意志为转移的,如所有人都希望不要地震,但我们谁也没有办法阻止。但是自然灾害也不是不能预知的,如地震前井水会倒流,家畜会惊慌,这些现象都在提示我们地震即将发生。

有些灾害容易预测,有些灾害不容易预测,但我们希望所有自然灾害都能预测出来。随着国家之间的联系越来越紧密,某一地区发生的自然灾害会极大地干扰全世界所有人类的正常生活。如日本核辐射了、韩国闹流感了、所罗门地震了……这些令人措手不及的自然灾害都会导致盐涨价了、油涨价了、粮食涨价了……最要命的是,即便灾害过去了,价钱也不会跌下来,所以,你们知道预测自然灾害为什么这么重要了吧?

我并不是说为了维持物价,自然灾害发生以后我们不应该予以救援,但是预测自然灾害能够减小伤亡,使人们有心理准备,为政府赢得宝贵的救灾时间。除去财产损失外，自然灾害还会给人们带来巨大的心理伤痛和阴影，即便是人满为患的中国，也不会有人希望用自然灾害这种办法削减人口数量。因此，预测自然灾害是非常有必要的。

预测自然灾害并不是一件轻松容易的事情。首先，自然灾害的相关数据并不容易收集，如在海啸正式开始前，海底会有一些异动，这种现象是绝佳的海啸预警数据，但可惜它们很难及时收集；其次，自然灾害的爆发具有随机性，灾害的发生与否实质上是一个概率问题，在同样的条件下，灾害可能发生，也可能不发生；最后，自然灾害不会重现，世界是不断变化的，在涉及气流、气温、植被、动物迁徙等诸多变量后，想要精确预测自然灾害的发生与否及严重程度是非常困难的一件事。

虽然历史不会重现，但历史总是相似的。本节介绍的必应预测就尝试从历史数据中寻找未来的自然灾害发生的可能性。从下文中可以发现，必应预测在各种预测问题上都有不俗的表现，是一个极具潜力的预测系统。

8.4.2　微软大数据预测的优与劣

人们若想要知道未来的事情该怎么办，那他们最好往回看。微软大数据研究院采用了过去 20 年间《纽约时报》报道的内容，以及这 20 年间其他的线上数据（如各种论文及相关的博客文章），来构建各种自然灾害和疾病的预警系统。

这个预警系统本质上是一个时间序列模型，它的特别之处在于使用了许多文本变量，以及非常大的数据量。这一系统令人惊讶的准确而且实用，如根据某一地区干旱发生的几年后暴发霍乱的概率会上升这一规律，预警系统认为 2006 年发生过干旱的安哥拉很可能会发生霍乱，后来安哥拉确实发生了霍乱。

这种预警系统不但能预测各种各样的自然灾害在每个地区发生的概率，还能预测每个地区发生暴力活动的可能性，如发生暴动、枪杀、示威等活动的可能性。

微软大数据预测系统在疾病暴发和暴力活动等方面的预测最为准确，准确率能达到 70%～90%。这是由于疾病暴发和暴力活动都和人类活动联系密切，由于人类的迁徙活动和政治活动较容易掌握，因此对疾病暴发和暴力活动的预测也较为容易。此外，预警系统对伤亡人数的预测也较为准确。

微软的灾害预测系统一共使用了超过 90 个数据源，并尝试将电子书和报纸等也列为信息来源。丰富的数据源使微软的灾害预测系统适用于多种问题，如预测某个地区的 GDP，或预测某个国家的人口数量和人口流动方式等。这些预测结果又进一步为预测疾病扩散途径、预测经济中心转移途径或解决交通规划等问题提供了便利。

必应预测集合了所有微软大数据预测中较为成熟的项目，这些项目千奇百怪，十分有趣。图 8.6 是一张必应预测界面的示意图，可以看到，其色调优雅，布局精美，视觉效果不亚于百度疾病预测的界面。而且必应预测的功能之丰富也是其他互联网巨头望尘莫及的。

必应预测提供的预测项目包括时尚风格预测、运动竞赛预测、颁奖典礼预测、旅游趋势预测和饮食热点预测等。微软大数据预测的经典例子包括在巴西世界杯和奥斯卡颁奖典礼上的准确预测，以及对苏格兰独立的民众投票倾向预测等。尽管微软号称只需微软旗下的 Excel

软件便可准确预测世界杯，但考虑到微软所使用的 90 种数据来源，恐怕此话不能尽信。

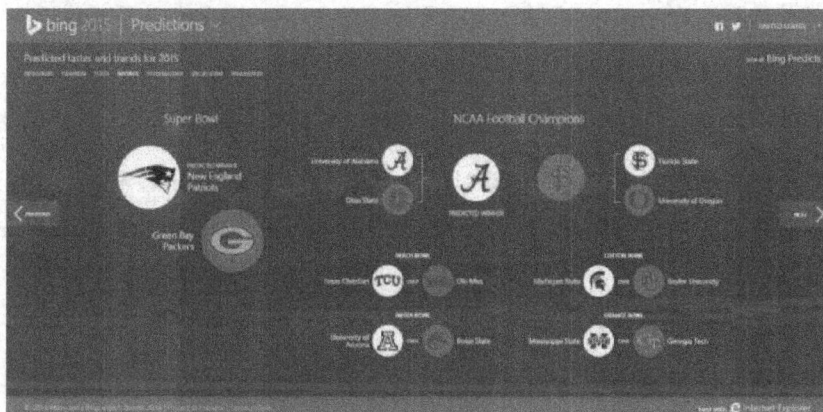

图 8.6　必应预测示意界面

观察必应提供的预测服务，不难发现这些服务都集中在趣味性较强，比较无关紧要的方面，这和预测成本及预测精度都有关系。一方面，有关政治、经济、生活的预测需要较高的数据成本和人力成本；另一方面，这些预测干系重大，一个测不准就会引发严重后果，因此，微软不得不谨慎行事。但不难想象，在不久的将来，有关世界政治、经济等方面的重要预测也将井喷，并将引起整个世界的变革。

8.4.3　必应预测小结

本节介绍的案例是必应预测使用时间序列模型预测未来自然灾害的发生。但本节所关心的并不是时间序列模型的重要价值，而是大数据预测在未来的多方应用及重大作用，使读者领略大数据预测的巨大前景才是本节的最终目的。

　　大数据预测是未来最炙手可热的领域之一。如今，大数据预测已经崭露头角，在时尚界、饮食界和娱乐界都有所作为，但大数据预测仍未达到巅峰，在未来，大数据预测将介入更重要的政治领域、经济领域和教育领域，以及无处不在的公共事业领域。

　　以我国为例，80%的二级城市都列出了智慧城市的建设计划，建设部也公布了国家智慧城市的试点名单，而智慧城市的建设最离不开的就是大数据预测的支持。奥巴马要求美国政府各个部门都拿出至少一个大数据项目，欧洲国家也纷纷推行大数据实验，大数据预测在政治领域的渗透力可见一斑。不要以为大数据预测离我们很遥远，每个成功的大数据预测项目都是从实际生活中获取数据，并将分析结果应用到实际生活中去的。

　　目前，大数据预测面对的阻力主要是计算能力不足，以及数据源难以获取。如果想达到类似科幻小说《少数派报告》中那样神乎其神的预测能力，就需要政府和企业收集和公开更多的数据，以及铺设更多的基础 IT 设备，并达到更高的计算机性能要求。这不仅涉及前期设备问题和技术发展问题，更涉及多方势力的博弈。

　　但总的来说，大数据预测一直在向好的方向发展。物联网、移动互联网和云计算等新兴技术将一起帮助大数据预测克服这些困难。在未来，大数据预测的准确性、精确性和实时性将臻于完美，这将有助于实现高效便捷的政府管理服务和合理的产业布局。

　　无论最终博弈结果如何，作为数据分析师，最重要的就是紧跟时代潮流，随时拓展数据挖掘技能。如今的大数据预测已经可以精确预测每届奥斯卡奖项的获奖得主，未来的大数据预测则将在方方面面影响我们的生活。本节所介绍的不过是大数据发展的一种可能，在时代的洪流下，我们最需要的是一双敏锐的眼睛，以及一颗不懈进取的心。

8.5　点球成金——助力 NBA 大数据分析的多
种神秘软件

作为本章的最后一个案例，本节选择了轻松有趣的 NBA 篮球比赛
作为数据分析的主题。本节将探讨数据分析在体育界的几大应用，并
介绍被 NBA 的二十多个教练共同欣赏的 Scout 软件。通过阅读本节，
读者将看到数据分析是如何改造体育界的，并了解数据分析在体育界
引起的反响。

8.5.1　NBA 的有效球员数据

篮球活动发明于 1891 年，至今已有一百多年的历史了。作为篮球
的发源国，美国也是最热爱篮球的国家。NBA 的全称是美国职业篮球
协会，是一家国际集团。起初，NBA 的比赛并不那么著名，直到 NBA
的老板修改了比赛规则，增加了得分动作，使每场比赛的比分波动都
剧烈起来，NBA 篮球比赛才成为让人热血沸腾的现代运动之一。

显然，篮球活动中充斥着形形色色的得分，一场 50 分钟的比赛中
双方球队都可拿下一百多分，除了得分率以外，球员的助攻、防守、
牵制等方面的表现也可以用数据来衡量，而这些表现又和球员的身体
素质、年龄、经验等数据息息相关。这些数据虽然数量级并不大，但
是彼此之间存在复杂的相关关系，可以形成十分多变的数据模型。

图 8.7 是一张标准的 NBA 球场，图中清楚地标出了球场的罚球区、限制区和三分投篮区等区域，并给出了每个区域的尺寸。在篮球活动中，每队都有 12 名参赛球员，他们分别担任中锋、大前锋、小前锋、组织后卫和得分后卫这 5 种角色之一，他们相互配合，为取得胜利而努力。

显然，篮球是一种要求分工协作的团体活动。现代篮球活动已经发展出多种有效的战术，并为每个球员都分配好了角色，根据角色的不同，每个球员的活动范围也会有差异，而这些差异的主观表现就是篮球传递模式的不同。一次篮球比赛可以抽象为一次拓扑结构，每个球员都是一个节点，而篮球的运动轨迹就是拓扑结构中链接每个节点的线条。这种拓扑结构可以有效地揭示球员与球员活动范围的不同，并找出处于交锋点的重要球员。

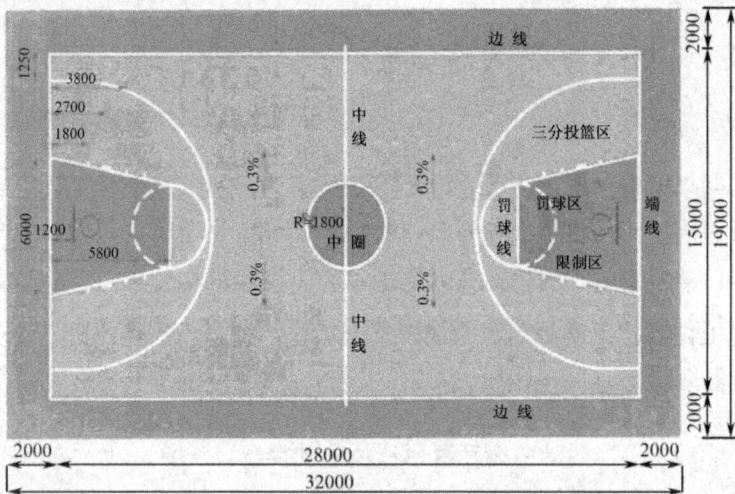

图 8.7　NBA 球场标准尺寸

以上已经总结了对 NBA 球员分析的两种模式，一方面可以将每个球员作为单独的个体来研究，可供研究的资料有球员的各项身体指标和比赛指标；另一方面可以从每场比赛入手，研究每个球员在每场比赛中起到的具体作用。

如今这两种数据分析方法都广泛流行于 NBA 教练和体育记者中。NBA 教练用数据分析方法来判断自己手中球员的价值，决定是否要签下某位新球员，并根据球员设计最好的比赛战术。体育记者则在新闻报道中大量使用比赛数据，没有数据支持，网站简直都不好意思把报道刊登出来。

随着互联网的飞速发展，有很多专门的 NBA 数据统计和分析的网站和 App 被开发出来，供数据分析师进行辅助分析，如 Basketball-Reference 网站、ESPN 的 NBA 个频道等。如图 8.8 所示，是根据日志信息来对每个回合球员行为做可视化的示例。综上，通过种种简便的技术，数据分析师们可以对数据展开全面的分析，进而挖掘有价值的信息。

图 8.8　NBA 比赛动态可视化

8.5.2　有关点球成金的靠谱方法

《点球成金》描述了一个职业棒球队经纪人如何使用逆向思维搜罗了一大批棒球怪才，组建了一支不起眼的棒球队，并与实力雄厚的纽约扬基队相比肩的故事。这个电影的励志色彩十分浓厚，看完之后让观众热泪盈眶，并产生有一种"嗯，只要努力就能成功"的感觉。但我们都知道，它只是一部电影而已。在实际生活中，电影中出现的数据分析技术已经相当深入地介入了体育赛事，但越来越多的证据表明，黑马不是那么容易出现的。

斯坦福大学的学生 Muthu Alagappan 是一个篮球迷，他根据 452 位 NBA 篮球队员的比赛数据制作了一个拓扑模型。这一模型的本意是试图寻找 NBA 球队的战术模型可能存在的漏洞，但却得到了令人意外的发现。

人们通常将 NBA 球队的 12 个球员分为中锋、大前锋、小前锋、组织后卫和得分后卫这 5 种角色，但根据球员之间彼此联系建立的拓扑模型表明，对球员类型的分类还可以进一步细分。Muthu 将 NBA 球员进一步分为进攻控球者、防守控球者、综合控球者、投篮控球者、角色控球者、三分篮板手、三秒区保护者、罚球线保护者、NBA 第一阵容、NBA 第二阵容、角色球员、孤独球员等 13 种角色。详细的角色分类与拓扑模型结合起来后会产生不可思议的效果。

图 8.9 是 Muthu 为小牛队制作的球员关系拓扑模型，作为曾经的 NBA 总冠军，小牛队的拓扑模型显示他们确实有资格骄傲。小牛队的球员非常均衡，在防护和进攻方面都有出色的球员，因此小牛队的战

术布局出错的可能性是较低的。其他球队的球员分布就存在薄弱之处，
这意味着其他球队的战术必须十分精准巧妙，才有可能打败小牛队。

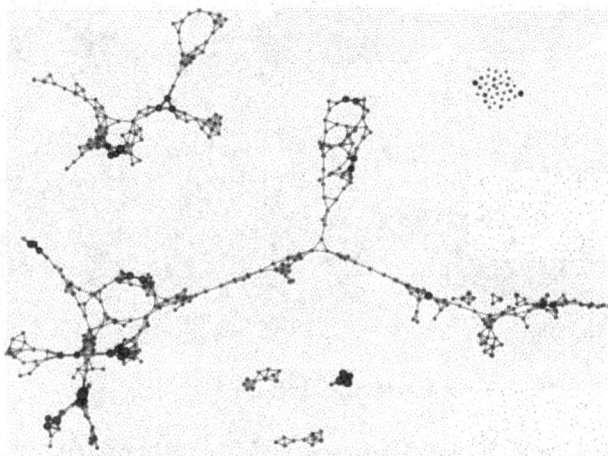

图 8.9　Muthu 的小牛队球员布局拓扑模型

这种拓扑模型是相当靠谱的一种数据分析方法，它能够帮助教练
更加清楚地认识自家球员的优势和薄弱之处，对照对手球员的优势和
薄弱之处，教练在制定训练方针和战术布局时将更加合理。Muthu 的
发现使他赢得了麻省理工商学院体育分析大会上的最佳体育革新奖。

除了 Muthu 提供的拓扑模型外，NBA 自己也发布了一个较为靠谱
的数据分析网站，网站提供了对各个球员和各个球队的分析排名。NBA
所使用的是较为传统的得分率、投球数、防守得分、助攻得分等直观
数据，它提供了丰富的组合查询功能，并公布了大部分内部数据。这
意味着球迷和教练对球队的认识将处于同一个起点。

图 8.10 是对 5 个球员的 5 种指标的组合查询，查询结果使用条形
图展示。此外 NBA 官方网站也提供热力图和趋势图等多种数据可视化

图表，这些图表都有助于刻画球队和球员的实力分布。

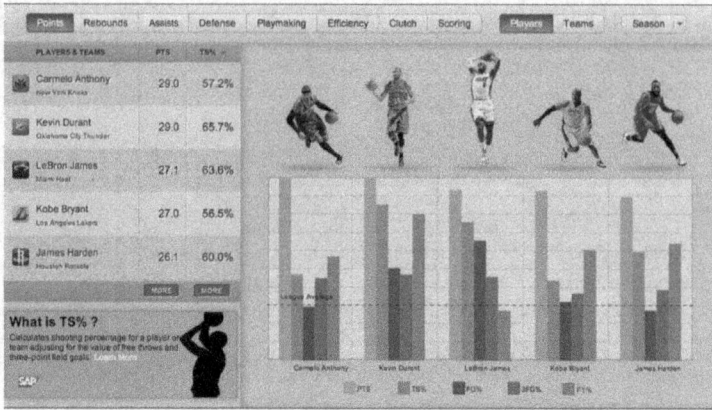

图 8.10　NBA 与 SPA 联合发布的数据分析网站

　　除了 Muthu 的拓扑模型和 NBA 的传统数据以外，IBM 旗下的 Scout 软件也起到了重要的作用。Scout 软件最大的特点是实时性，在魔术队对阵迈阿密热队时，迈阿密热队连赢两场，魔术队教练立即使用 Scout 软件分析魔术队的布局优劣，发现是两个后卫在拉低整体分数。在教练替换了一个后卫以后，魔术队果然止住了跌势，尽管最终魔术队还是输给了迈阿密热队，但 Scout 软件也帮助魔术队坚持打满了 5 场比赛。

8.5.3　点球成金小结

　　本节讨论了数据分析在 NBA 球赛中的作用，以及一些优秀的体育竞技类数据分析软件。NBA 所有的历史数据加起来也不超过 1TB，但篮球界确实是受大数据冲击最大的一个领域。这是因为篮球界的数据复杂多变，还有许多都是非结构数据，而且大数据提供了观察球赛的新角度，使《点球成金》中的技术有机会走出荧幕，变成现实。

大数据使篮球界发生了翻天覆地的变化，这种变化既有好的一面，也有坏的一面。好的方面表现在教练对球队的了解加深了，这使教练能够更合理地选择球员、安排战术，避免了财富资源和人力资源的浪费。坏的一面则表现在出奇制胜的战术越来越难以奏效，每个球队的老底都被掀了出来，这意味着决定比赛结果的因素开始向球员素质倾斜，没有钱签下好球员，就没有机会胜利，也就是说，上升的渠道变窄了，小球队脱颖而出的机会也越来越少。

针对球赛的数据分析也使球迷们越来越不满，提前知道比赛结果使观众丧失了许多乐趣。而且数据分析总是建议球员避免类似高难度后仰跳投等花哨而不实用的技巧，因为这对获胜不利，但抛弃了这些精彩技巧后，比赛显得沉闷了不少。

与数据分析不被球迷接受这一消息比起来，另一个坏消息更让人头痛。大数据毕竟不是巫术，它离百分百精确还有很大一段路要走。

首先，现有的数据分析模型不能挖掘所有的信息。以 Muthu 的拓扑模型为例，它认为隆多表现平平，属于角色球员，但这显然不是真的；其次，现有数据分析模型中并未引入意外事件。在 NBA 的赛场上，球员犯规、过多或过少的失误、临时替换队员等意外事故都会直接影响数据分析模型的准确度。如果一场比赛能按照预想的样子打下来，一点意外也没有，这才会令人惊奇。

NBA 球赛的案例只是一个引子，本节希望读者能够认识到大数据还有很长的一段路要走。不只是体育界，在其他各行各业，大数据都面临着来自外部和内部的双重考验。如何说服人们接受大数据，将大数据技术切实落地，以及如何提高大数据的准确度，使数据挖掘的结论真实可信，都是我们需要即刻解决的问题。

反侵权盗版声明

  电子工业出版社依法对本作品享有专有出版权。任何未经权利人书面许可，复制、销售或通过信息网络传播本作品的行为；歪曲、篡改、剽窃本作品的行为，均违反《中华人民共和国著作权法》，其行为人应承担相应的民事责任和行政责任，构成犯罪的，将被依法追究刑事责任。

  为了维护市场秩序，保护权利人的合法权益，我社将依法查处和打击侵权盗版的单位和个人。欢迎社会各界人士积极举报侵权盗版行为，本社将奖励举报有功人员，并保证举报人的信息不被泄露。

举报电话：（010）88254396；（010）88258888

传　　真：（010）88254397

E-mail：　dbqq@phei.com.cn

通信地址：北京市万寿路 173 信箱

     电子工业出版社总编办公室

邮　　编：100036